通往金融幸福之路

廖理 ◎ 主编
张伟强 ◎ 副主编

ALL ROADS LEAD
TO FINANCIAL WELLBEING

中国出版集团
中译出版社

图书在版编目（CIP）数据

通往金融幸福之路 / 廖理主编；张伟强副主编 . -- 北京：中译出版社，2023.5
ISBN 978-7-5001-7368-7

Ⅰ.①通… Ⅱ.①廖…②张… Ⅲ.①金融学—通俗读物 Ⅳ.① F830-49

中国国家版本馆 CIP 数据核字（2023）第 041895 号

通往金融幸福之路
TONGWANG JINRONG XINGFU ZHI LU

主　　编：	廖　理
副 主 编：	张伟强
策划编辑：	于　宇　薛　宇
责任编辑：	于　宇
营销编辑：	马　萱　纪菁菁　钟筱童
出版发行：	中译出版社
地　　址：	北京市西城区新街口外大街 28 号 102 号楼 4 层
电　　话：	（010）68002494（编辑部）
邮　　编：	100088
电子邮箱：	book@ctph.com.cn
网　　址：	http://www.ctph.com.cn

印　　刷：	山东临沂新华印刷物流集团有限责任公司
经　　销：	新华书店
规　　格：	710 mm × 1000 mm　1/16
印　　张：	26.25
字　　数：	428 千字
版　　次：	2023 年 5 月第 1 版
印　　次：	2023 年 5 月第 1 次印刷

ISBN 978-7-5001-7368-7　　　　定价：89.00 元

版权所有　侵权必究
中 译 出 版 社

编委会成员

主 编：

　　廖 理

副主编：

　　张伟强

研究团队成员：

　　戴璐　曹然　包欣

　　金巧林　王泓月　解琦伟

人物谱系介绍

为了提升读者的阅读体验,本书引用了苏小轼和王小弗一家人作为讲述金融知识所依托的主要对象,带领读者身临其境去理解金融理论知识。将定义、概念应用于具体场景,有助于您更好地理解本书的内容。

下面让我们一起走进苏小轼一家吧!

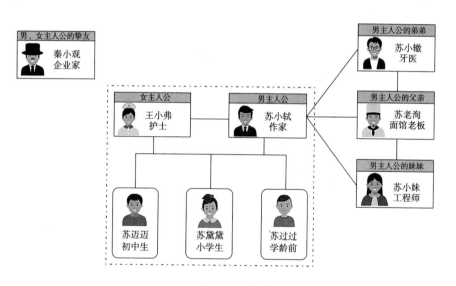

本书人物关系图谱

人物关系表

人物姓名	性别	职业／身份	人物关系
苏小轼	男	作家	王小弗之夫；苏老洵之长子；苏迈迈、苏黛黛、苏过过之父；苏小辙、苏小妹之兄
王小弗	女	护士	苏小轼之妻；苏迈迈、苏黛黛、苏过过之母
苏迈迈	男	初中生	苏小轼、王小弗之长子
苏黛黛	女	小学生	苏小轼、王小弗之长女
苏过过	男	学龄前儿童	苏小轼、王小弗之次子
苏老洵	男	面馆老板	苏小轼、苏小辙、苏小妹之父
苏小辙	男	牙医	苏小轼之弟，苏老洵之次子
苏小妹	女	工程师	苏小轼之妹，苏老洵之长女
秦小观	男	企业家	苏小轼、王小弗之挚友

序

一、金融有助于人民实现幸福生活

新中国成立以来，尤其是改革开放以来的40多年里，我国经济实现了快速发展。从经济总量上看，我国国内生产总值从1978年0.36万亿元上升至100万亿元以上，在21世纪前10年陆续赶超了法国、英国、德国和日本，跃居全球第2位。与此同时，我国城乡居民收入大幅增长，已摆脱了绝对贫困，人民生活由温饱不足到实现全面小康，成为世界上中等收入人口最多的国家。我国居民食品支出的比重大幅下降，家电汽车文化旅游等支出的比重大幅上升，住房条件得到显著改善。

习近平总书记指出，"世界上最大的幸福莫过于为人民幸福而奋斗"。党的二十大报告进一步明确，我国社会主要矛盾是人民日益增长的美好生活需要和不平衡不充分的发展之间的矛盾。我们必须坚持在发展中保障和改善民生，鼓励共同奋斗创造美好生活，不断实现人民对美好生活的向往，增强人民群众获得感、幸福感、安全感。

金融制度是现代社会经济发展中重要的基础性制度。一方面，金融作为国家重要的核心竞争力和国之重器，是国家的经济命脉；另一方面，金融不断深入人民生活，越来越多的人参与到投资、储蓄、借贷和保险等各种金融活动中，金融成为社会公平和人民幸福的稳定器。不断学习金融知识从而指导金融实践，可以更科学有效地管理资产、负债、收支和风险，帮助居民更好地实现幸福生活，让他们有更多更丰富的生活选择，这就是本书的核心——帮助大家实现金融幸福。

二、追求金融幸福面临挑战

1. 我国居民家庭资产负债表极大丰富

随着收入的不断增加，居民的财富开始积累，一个显著的标志就是家庭资产的不断丰富。越来越多的居民拥有了住房和汽车，并逐步开始涉足金融市场开始拥有金融资产。与此同时，大多数购买住房和汽车的居民背负了长期的房贷和中期的车贷，加上短期的消费贷，家庭的资产负债表开始形成并变得日益复杂。截至2021年底，全国共开立银行卡92.47亿张（人均6.55张），其中信用卡8亿张（人均0.57张），金融机构住户存款103.3万亿元（人均7.32万元），住户贷款71.1万亿元（人均5.03万元），其中短期消费类贷款8万亿元，中长期消费类贷款（房贷）45.5万亿元，经营性贷款16.2万亿元。虽然97%以上投资者持股市值在50万元以下，但我国资本市场个人投资者超过1.9亿。面对日益复杂的金融产品和金融服务，居民既要管理好自己的资产，又要管理好负债，这是挑战之一。

2. 金融科技对金融幸福是双刃剑

依托于移动互联网、人工智能、大数据、云计算、区块链等技术的快速发展，金融科技能够提升金融的效率、降低交易成本、增加了居民的金融可得性。金融机构从之前的不愿意服务于个人客户到积极开拓零售市场。但金融科技的发展在带来金融创新和便利的同时，导致金融风险的不断扩散。例如，短暂存在的互联网存款，导致某些地区村镇银行的风险从局部蔓延至全国。又如，网上支付给居民提供了便利，但是也给金融诈骗带来了可乘之机。在金融科技时代居民做好风险管理，这是挑战之二。

3. 居民金融知识水平仍不容乐观

在金融科技的推动下，金融产品和服务日益精细化和复杂化。与此同时，居民金融素养水平仍落后于金融业的发展，大部分居民很难正确理解和使用金融产品和服务，例如很多金融产品说明书对居民来说如同"天书"。更令人担心的是，有些消费者虽然金融素养较低，但却对自己的金融认知高度自信。他们不但会在不理性的金融交易中损失财富，而且极易成为金融欺诈的受害者。已有的研究发现，我国居民的整体金融知识水平在国际上属于较低水平，2021年4月，人民银行消费者保护局在全国范围内开展了金融素养调查，其结果不容乐观：比如虽然74.63%的受访者认为高收益往往伴随着高风险，但是对什么是风险并不很了解，仅有48.37%的受访者知道单只股票比股票型基金的风险更大；又比如只有44.69%的受访者能够将季度收益率转化为年化收益率。居民的金融知识普遍有待提高，这是挑战之三。

4. 金融行为不理性带来后果

在上述背景下，相当多的居民无法应对这些挑战。我们的研究显示，金融素养越低的家庭更不愿意持有风险资产，以及更不愿意借贷，在需要借贷的时候他们会选择更高成本的非正规渠道。人民银行的调查结果也显示只有21.65%的受访者查询过个人信用报告，同时在防范风险方面也表现的严重不足，只有21.82%的受访者购买过商业保险，这里的保险包括了寿险、重疾险、医疗险、车险等多种保险。调查还显示分别有34.09%和6.61%的受访者表示收入等于支出和支出大于收入。在有贷款的受访者中，分别有33.72%和7.31%的受访者表示债务负担较重和非常重。在应对意外开支上，虽然有59.67%的受访者现有储蓄足以应对意外开支，但分别有18.74%、16.01%和5.58%的受访者需要卖出部分金融资产、借钱和无法应对。

三、本书的编写思路和架构

金融普及教育能够帮助居民提高金融素养，引导居民正确使用金融工具，提高居民对金融风险的防范，这一点目前已经成为国际共识。世界上很多国家已经制定和正在实施金融普及教育国家战略，为国民量身定制金融普及教育方案。金融普及教育在国际社会合作中也被广泛接受，2012年G20峰会上已经通过了《国家金融普及教育战略的高级原则》，用于指导金融普及教育在全球的开展。在随后的G20峰会上，高级原则被升级为战略政策手册，指导各国开展金融普及教育，我国的金融普及教育也在上述原则的指导下积极推动。

早在2006年，我们开始研究中国的消费金融问题，当时中国的消费金融业务还处于萌芽状态，在刚刚过去的十几年间，我们经历了中国消费金融业的飞速发展。一系列的消费金融产品和服务从无到有、从小到大，极大地改变了居民的生活。金融对于居民生活是一把双刃剑，合理地使用金融产品和金融服务，有助于提高和改善居民的生活水平和质量，实现金融幸福。反之，如果不能合理地使用金融产品和金融服务，不仅不能实现金融幸福，反而会降低居民的生活水平和质量，亟须开展正确的金融普及教育已经逐步形成共识。现有的金融普及教育读物分为两大类：一类是学院派的教材，更多用于高等学校的教学中，需要一定的基础知识，不适合自学；另一类是普及读物，相对简单易懂，但是相当多读物的科学性与严谨性存在不足，甚至存在不少错误，例如过于强调投资收益而忽视投资风险，过于强调资产管理而忽视了负债管理。

在这个过程中，我们产生了一个编写一本金融普及教育读物的想法，我们一直在严谨科学和通俗易懂之间努力寻找平衡，一方面不愿放弃著作的科学性，向读者传达准确无偏的信息；另一方面又不愿放入太多的公式和理论，提高著作的可读性。本书几易其稿，采取了如下措施解决上述问题。一方面将金融带入生活，本书虚构了苏小轼和王小弗一家人，以他们一家生活中的金融故事为例讲述金融知识；另一方面引入金融产品和服务的案例解读，方便大家学习和掌握。

本书共分为六大篇十六章。第一篇是金融幸福，包含第一章、第二章和第十六章，第一章介绍了什么是金融幸福和什么影响了金融幸福，第二章介绍了金融幸福的经济学理论，特别是那些背离金融幸福的行为偏差，第十六章则是全书的总结，实现金融幸福我们该怎么办。第二篇是财务规划，包含第三章和第四章，第三章在介绍了家庭的资产负债表和收支表基础上，介绍了理财规划的重要性和如何制定理财规划，第四章则介绍了纳税和如何做好纳税规划。第三篇是资产管理，包含第五至第八章，第五章是对家庭资产的总括介绍，第六至第八章是按照流动性高低分别介绍了如何管理流动性资产、金融资产和实物资产。第四篇是债务管理，包含第九章和第十章，第九章讲解了如何在现代社会做好信用管理，第十章则告诉大家什么是好的负债和如何管理负债。第五篇是风险管理，包含第十一至第十三章，第十一章介绍了如何做好基础的社会保险管理，第十二章则是如何管理好商业保险，第十三章是如何防范金融诈骗。第六篇是养老和传承，包含第十四章和第十五章，第十四章介绍了各种养老方式和如何做好养老管理，第十五章则是遗产和财富传承方法。

四、走上通往金融幸福之路

本书试图用生活中的具体实例给大家介绍金融幸福的概念以及追求金融幸福的知识框架，我们团队在撰写过程中更多、更详细了解了之前未曾接触到的金融产品和服务，本书的撰写也是一个学习的过程。在改革开放的初期以及更早的时候，居民家庭几乎没有金融负债，存款很少，保险就更少，那个时候是没有金融幸福可言的，我们只有在摆脱了贫困并逐步走上富裕之路的时候，追求金融幸福才成为可能。

我们需要指出的是：一是本书的目的在于通过提供一个完整的框架来帮助大家学习金融知识，更好地实现金融幸福，它不是帮助大家获得"点石成金"的金手指，而是希望成为大家追求金融幸福的好帮手；二是由于每个人的年龄、收入、支出、教育和家庭情况各不相同，现实中不存在适用于所有人的万能金融方案，我们需要根据具体情况做出适合自己的最优金融决策；三是金融幸福的实现是一个动态的过程，需要不断完善。我们需要掌握扎实的金融知识并付诸实践，在不断学习和调整中逐步走上金融幸福之路。

廖理
清华大学五道口金融学院讲席教授、博士生导师
2023 年 2 月于清华五道口

目录

第一篇 金融幸福

第一章 开启金融幸福之门
第一节 基础知识　005

第二节 什么影响金融幸福　009

第三节 如何实现金融幸福　013

第二章 金融幸福的经济学理论
第一节 基础知识　020

第二节 背离金融幸福的行为偏差　032

第二篇 财务规划

第三章 理财规划
第一节 基础知识　055

第二节 厘清财务状况　058

第三节 实施理财规划　069

第四章 纳税管理
第一节 基础知识　079

第二节　劳动收入纳税　082

第三节　其他收入纳税　102

第四节　非收入纳税　106

第五节　如何做好纳税管理　118

第三篇
资产管理

第五章　资产管理概述

第一节　基础知识　123

第二节　如何做好资产管理　131

第六章　流动性管理

第一节　基础知识　137

第二节　流动资产　139

第三节　如何做好流动性管理　149

第七章　金融资产管理

第一节　基础知识　155

第二节　金融资产　158

第三节　如何做好金融资产管理　195

第八章　实物资产管理

第一节　基础知识　199

第二节　实物资产　201

第三节　如何做好实物资产管理　214

第四篇
债务管理

第九章　个人信用管理
　　第一节　基础知识　221
　　第二节　个人征信　224
　　第三节　如何做好个人信用管理　231

第十章　负债管理
　　第一节　基础知识　235
　　第二节　负债　249
　　第三节　如何做好负债管理　275

第五篇
风险管理

第十一章　社会保险管理
　　第一节　基础知识　285
　　第二节　社会保险　287
　　第三节　如何做好社会保险管理　298

第十二章　商业保险管理
　　第一节　基础知识　303
　　第二节　人身险　310
　　第三节　财产险　333
　　第四节　如何做好商业保险管理　339

第十三章　金融诈骗防范

　　第一节　基础知识　343

　　第二节　金融诈骗　346

　　第三节　如何防范金融诈骗　356

第六篇
养老与传承

第十四章　养老规划

　　第一节　基础知识　363

　　第二节　养老规划的流程　368

　　第三节　如何做好养老规划　372

第十五章　财富传承管理

　　第一节　基础知识　377

　　第二节　财富传承的方法　381

　　第三节　如何做好财富传承管理　388

第十六章　通往金融幸福之路

第一篇
金融幸福

第一章

开启金融幸福之门

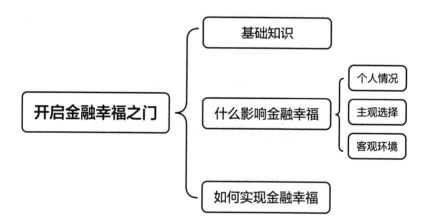

党的二十大报告提出，增进民生福祉，提高人民生活品质，鼓励共同奋斗创造美好生活，不断实现人民对美好生活的向往。其中，金融幸福作为民生福祉的重要组成部分、提高人民生活品质的关键环节与实现人民美好生活的必不可少的要素，希望每位读者都能够了解它。本书将为读者介绍什么是金融幸福，以及如何实现金融幸福。

第一节　基础知识

一、什么是金融幸福

金融幸福，是消费者根据自己的金融状态而感受到的幸福程度。如果金融状态很好，那么消费者感受到的金融幸福可能也比较强烈；如果金融状态比较差，那么消费者可能不太会感受到金融幸福。

金融状态，可以用两部分来衡量：客观状态与主观状态。我们个人或者家庭的收入水平、支出水平、资产、负债、保险等情况，都属于客观状态；而每个人掌握的金融知识，以及做出的金融决策等，则属于主观状态。

拥有较高金融幸福感的消费者，能够根据掌握的金融知识做出较为合理的金融决策，能够在当前和未来拥有金融安全感和幸福的生活水平。

这里的金融安全感是指既能够应对日常开支，也能够应对意外的大额财务需求，而幸福的生活水平是指个人有能力选择期望的生活方式。

二、金融幸福四要素是什么

第一个要素是金融知识。金融知识分为以下几个方面：一是基本的金融概念，比如货币的时间价值、复利、风险和资产分散化等；二是基本的金融理论，比如生命周期理论、信息不对称、有效市场假说等；三是了解和熟悉市场上的金融产品和金融服务，比如股票、基金、债券和期货等。

第二个要素是金融决策。金融决策是指人们根据自己掌握的金融知识和理论做出的金融行动。比如，当人们充分了解资产流动性的重要性，就会配置一部分资产在流动性高的金融产品上；了解了人生会遇到各种风险，就会购买保险来管理或者对冲这些风险；了解了资产分散化的好处，就会把个人或家庭资产配置在不同类别的资产上；了解了个人征信记录的重要性，就会管理自己的借贷和偿还行为等。

第三个要素是金融安全。金融安全首先包含人们应付日常必要开支的能力。我们每天都有日常开支，比如购买食物，支付水电费、房租、交通费用等。衣食住行的开支是必要的，也是无法回避的。如果我们的基本生活存在问题，那么也谈不上金融幸福。长期来看，人们也需要具备承担意外支出的能力。虽然不希望产生意外支出，但是为了预防意外事故的发生，我们也需要提前购买保险，或者准备一定的储蓄，这会增加我们承受金融冲击的能力。

第四个要素是幸福生活。幸福生活是指人们不断提高生活品质，自由做出让自己和家人感到幸福的选择。在保证金融安全的前提下，如果一个人拥有更多享受生活的自由，如享受美食、便利交通，以及更高的生活品质，如出国旅游、参与公益事业等，就能够获得更高的金融幸福感。

三、如何量化金融幸福

基于居民金融幸福四要素，我们从支出、储蓄、贷款、保险和养老五个方面设计了可以进行评分的问题。每个问题均描述了在不同情境下，个人对于金融幸福各个方面的感受，部分问题可以用数字1—9来量化感受。大家在回答下述问题之后，将会得到自己的金融幸福分数。分数越高，意味着金融幸福感越强。

表 1.1　调查问卷：个人金融幸福分数测评

序号	问题
	支出
1	您在购买食物时，感觉支付困难吗？（从左至右：不困难—困难） ○ 0 ○ 1 ○ 2 ○ 3 ○ 4 ○ 5 ○ 6 ○ 7 ○ 8 ○ 9
2	您在支付生活账单（水费、电费、网费、燃气费、房租等）时，感觉支付困难吗？ （从左至右：不困难—困难） ○ 0 ○ 1 ○ 2 ○ 3 ○ 4 ○ 5 ○ 6 ○ 7 ○ 8 ○ 9
3	您在规划旅行时，感觉支付有困难吗？（从左至右：不困难—困难） ○ 0 ○ 1 ○ 2 ○ 3 ○ 4 ○ 5 ○ 6 ○ 7 ○ 8 ○ 9
	储蓄
4	您现在感觉您的储蓄与同龄人和朋友相比是多是少？ （从左至右：远远多于他们—多于—差不多—少于—远远少于他们） ○ 0 ○ 1 ○ 2 ○ 3 ○ 4 ○ 5 ○ 6 ○ 7 ○ 8 ○ 9
5	如果未来六个月没有收入，您是否需要节衣缩食？ （从左至右：完全不需要—非常需要节衣缩食） ○ 0 ○ 1 ○ 2 ○ 3 ○ 4 ○ 5 ○ 6 ○ 7 ○ 8 ○ 9
6	假设突然有个朋友发来喜帖，您是否可以轻松随礼？ （从左至右：非常轻松—非常困难） ○ 0 ○ 1 ○ 2 ○ 3 ○ 4 ○ 5 ○ 6 ○ 7 ○ 8 ○ 9
	贷款
7	您是否拥有贷款？（贷款包含信用卡未还款） ○有　　　　○没有
8	您现在申请贷款，被拒绝的可能性有多大？ （从左至右：不可能被拒绝—很有可能被拒绝） ○ 0 ○ 1 ○ 2 ○ 3 ○ 4 ○ 5 ○ 6 ○ 7 ○ 8 ○ 9
9	如果您有贷款，您现在的还款压力是怎样的？ （从左至右：没有压力—压力很大） ○ 0 ○ 1 ○ 2 ○ 3 ○ 4 ○ 5 ○ 6 ○ 7 ○ 8 ○ 9
10	如果您有贷款，过去五年贷款的逾期次数是多少？ （逾期：没有按时还款，包含信用卡逾期） ○ 0 次　○ 1—2 次　○ 3—6 次　○ 7—12 次　○ 12—24 次　○ 24 次以上
11	如果过去五年您的贷款出现逾期，最长的一次逾期时间是？ ○ 1—7 天　○ 8—30 天　○ 31—90 天　○ 91—180 天　○ 180 天以上

续表

序号	问题
保险	
12	您是否缴纳过社保? ○有　　　○没有
13	您是否购买了商业保险? （商业保险是指：社保之外的人身保险、财产保险） ○有　　　○没有
养老	
14	您是否担心退休后，生活质量会下降? （从左至右：完全不担心—非常担心） ○1　○2　○3　○4　○5　○6　○7　○8　○9

扫码获得
金融幸福分数

大家扫描左侧的二维码图片并回答问题，可以直接获取属于自己的金融幸福分数。

支出是金融幸福最基础的问题。每个人每天都会产生基本生活支出。除去基本生活开支，余下的开支属于其他消费。支出状况强烈影响着金融幸福感。如果支付不起最基础的日常生活开支，那么金融幸福感相对较弱；如果除了最基础的需求，支付其他消费账单很困难，那么幸福感也不会太强；如果有余力追求更高的生活品质，则金融幸福感较强。

储蓄状况也是检验金融幸福的重要风向标。储蓄状况可以分为两种。从短期看，如果突然发生意外，例如生病、受伤、失业等，我们是否有一笔存款，能够在短期内应付意外支出？如果应对意外支出游刃有余，那么可以判断我们的金融幸福感比较强；如果面对这种情况手足无措，没有足够的钱来应对，那么我们的金融幸福感也会相对较弱。从长期看，是否有规律储蓄的习惯、是否设立了长期的储蓄目标等，都是考量金融幸福的切实因素。

贷款状况是金融幸福的重要衡量标准。合适的贷款有利于帮助人们的生活。但是，如果还款压力巨大，每月将大比例收入用于偿还贷款，那么势必会减少消费，支出状况与储蓄状况也会因此受到影响，导致金融不幸福。此外，虽然我们拥有一定的还款能力，但如果由于信用水平较低，无法获得贷款，那么也会因此而金融不幸福。因此，适度的借贷有助于提升金融幸福，但是我们需要谨慎借贷，用好这项金融工具。

个人或家庭的抗风险能力是构成金融幸福的重要一环。虽然谁都不希望发生意外，但是也应该为可能发生的风险问题做足准备。如果我们具有较强的风险防范意识，并拥有一定的保险储备，那么金融幸福感肯定会更高；如果不具备风险防范意识，抗风险能力也比较弱，那么金融幸福感会因此大打折扣。

养老是每个人都应该考虑的问题，它与人生的幸福感息息相关。在学习生命周期理论后，我们会发现通常退休后的收入要低于工作时的收入。而随着年龄的增长，各种患病、发生意外的风险会越来越高。做好养老的准备，可以帮助人们度过一个更加幸福的晚年。很多年轻人可能认为这个问题比较遥远，但实际上，越早考虑养老问题，退休后可能生活得越轻松。是否拥有基本养老保险、商业养老保险等养老工具，则是评判金融幸福的重要因素。

影响金融幸福的因素包括个人对待金融的态度、个人所处的年龄阶段、家庭状况、负债情况，以及所掌握的金融知识等。

第二节　什么影响金融幸福

一、个人情况

1. 年龄是否影响金融幸福

研究发现，不同年龄段的人群金融幸福感不同。随着年龄增加，通常金融幸福感随之增强，因此金融幸福感与年龄可能是正相关的关系。这可能是因为随着年龄的增加，财务收入也随之增加，金融幸福感更强。例如高收入的人群，任职时间较长，随着年龄的增加，财富积累得更多。也可能是因为年龄偏大的人基本已偿还完长期贷款，没有还贷压力，因此金融幸福感更强。

结合生命周期来看，人生的每一个阶段都会有不同的生活目标、财务目标，因此，年龄不同，影响金融幸福的因素也不一样，金融幸福感也会出现差异。但是年龄越大金融幸福越高的说法不一定完全准确。例如，一个人在中年时期若是没有做好投资管理、贷款管理等，老年时期的金融幸福感不一定比中年时期强。

2. 家庭人员构成如何影响金融幸福

家庭人员构成也会极大地影响金融幸福。如果"一人吃饱全家不饿"，那么储蓄与开支的压力相对较小，风险问题也较小，实现金融幸福的难度相对较低；但是，如果上有老下有小，那么开支、储蓄压力会变大，风险防范意识也需要提高，实现金融幸福的难度也会变高。

有研究发现，在经济上支持子女的成年人，金融幸福感略低一些。这在逻辑上也可以理解，养育孩子会造成财务上的压力，限制了他们去做其他的选择。

3. 住房是否影响金融幸福

有研究发现，对住房更满意的人群更能感受金融幸福，拥有自住房的人群也比租房的人群具有更强的金融幸福感。

房子影响金融幸福的背后，可能反映的是财务经济状况。因为资金富余的人，可以更灵活地选择符合心意的房子，因此幸福感更强。

但拥有自住房一定会带来更强的金融幸福感吗？不一定。一对年轻夫妇通过"六个钱包"努力在大城市购买了一套房产，但贷款金额较高，还款压力较大，日常生活也要尽量节俭，那么他们不一定金融幸福；与之相反，如果经济条件较好，喜欢租房居住，那么就算没有自住房，也可以拥有很强的金融幸福感。

4. 债务和信贷是否影响金融幸福

债务和信贷情况与金融幸福密切相关，既有正面影响也有负面影响。

比如，个人创业者向银行申请创业相关的政策性贷款，那么该债务带来的就是正面积极效应；成功申请了助学贷款进入大学，对于经济困难的学生来说就是提升了金融幸福感。

如果个人申请贷款被拒、长期使用高利率贷款、债务远远超过收入，这些都会对一个人的金融幸福产生负面影响。

5. 知识是否影响金融幸福

通常情况下，一个人的受教育程度越高，他的金融幸福感也就越高。而且受教育程度带来的金融幸福差异大于年龄、住房、家庭成员构成等其他特征所带来的差异。

金融知识会影响金融幸福。学术研究发现，具有较高金融知识和金融技能水平的个人金融幸福感也较强。此外，具有更多金融技能的人可能比具有更丰富金融知识的人金融幸福感更强。

二、主观选择

1. 工作性质如何影响金融幸福

工作性质对金融幸福有很大影响。一份稳定的工作会在很大程度上提升金融幸福。它不仅影响个人的支付能力、储蓄规模，也会影响贷款可得性。在人们申请房贷、信用卡等贷款时，稳定、连续的收入流水会让银行对其信用水平做出更好的评价，使其更容易获得贷款。

如果我们的工作收入稳定，"五险一金"可及时缴纳，那么金融幸福感会很强；如果频繁更换工作，收入不稳定，更需要防范可能发生的风险，那么金融幸福感会相对较弱。由此可以判断，受工作性质的影响，金融幸福感也会不同。

2. 个人态度是否影响金融幸福

个人对待金融的态度会影响金融幸福。

在生活中，我们积极了解理财规则和技能，积极实践所学的金融知识，会获得更强的金融幸福感。有研究发现，经历较多金融活动的人，他们的金融幸福感会比经历较少的人强。

对于实现财务目标的信心度也与金融幸福相关。信心度越高，金融幸福感也越强。一方面，具有较高信心的个人通常会在财务状况上感到更安全，或者更可能采取措施去改善财务状况，从而使得财务状况更好。另一方面，财务状况较好的个人可能会更多地实现自己的财务目标，因此变得更有信心。

储蓄习惯和日常资金管理的行为，也与金融幸福相关。有财务规划行为，尤其是长期的规划，会获得更强的金融幸福感。

三、客观环境

1. 生命周期如何影响金融幸福

通常来说，在人生的不同阶段，个人收入与支出会有较大的差异。

年轻时，我们刚刚开始工作，经验不足，收入相对较低，但支出也相对较少。步入中年后，收入逐渐增加，然而房贷、子女教育等开支也会增多。步入晚年后，收入下降，患病及出现意外的风险却上升，很可能出现支出大于收入的情况（第二章第一节将详细介绍生命周期理论）。

在大致了解每个阶段的收入与支出情况之后，我们可以理解，处于不同阶段的人们对于前文的问卷，即使回答了相同的答案，也会有不同的得分。

以100万元房贷为例，一个人在30岁"背"100万房贷，与50岁"背"100万元房贷相比，金融幸福感肯定不同。30岁时的100万元房贷虽然会给我们带来一定的压力，但随着收入的增加，我们对于预期还款的态度是积极的；而50岁临近退休，未来收入增长也有限，面对100万元房贷，通常会产生较大的压力。

2. 可得性是否影响金融幸福

可得性会影响金融幸福。可得性是指我们在市场中是否有机会获得金融产品、享受金融服务。除个人的内在因素以外，在市场中是否有机会获得金融产品、享受金融服务，是否有机会接受金融教育获取金融知识、金融技能等外在因素，也都是影响个人金融幸福的因素。

研究发现，低收入或者收入不稳定的家庭，不太可能获得满足他们需要的金融产品和金融服务，这在一定程度上会影响他们的金融幸福感。监管机构通过努力，提供定制的金融工具和信息，使低收入和经济上处于弱势的消费者能够做出明智的财务决策，从而提升他们的金融幸福感。

3. 金融教育是否影响金融幸福

金融教育会影响人们的金融幸福。研究结果表明，金融教育会帮助我们提高金融技能、获取有效的金融信息和做出更好的金融决策，这些都与金融幸福有着有效且积极的关系。因此金融教育会影响金融幸福。

金融教育可以帮助人们：识别何时需要信息，如何找到可靠的来源，利用所学知识做出金融决策、制定规划和目标，并实施这些决策。当人们学会了这些技能，就可以在金融决策中运用它们。例如，随着人们不断地实践并运用金融技能，可能会对未来做出金融决策和实现金融目标的能力更加自信。当更自信地做出金融决策时，我们对实现财务目标也会更有自信，金融幸福感也会随之增强。

第三节　如何实现金融幸福

在了解了金融幸福是什么、什么因素影响金融幸福之后，一个新的问题出现了：如何实现金融幸福？

通过对本书的学习，我们将找到实现金融幸福的答案。本书从以下六篇，全面介绍有关家庭金融的各个方面。

- 金融幸福
- 财务规划
- 资产管理
- 债务管理
- 风险管理
- 养老与传承

图1.1简单介绍了本书的框架，将六篇细分为十六章，从整体理财规划的角度对框架进行了解读。图1.1也梳理了实现金融幸福的四个步骤。

首先，我们会学习一定的基础金融常识，对金融知识进行储备。

其次，在财务规划这篇中，我们会学习如何设计、制定属于自己或家庭的理财规划，并学习如何进行税务管理。

再次，我们会通过资产管理、债务管理、风险管理、养老与传承管理四个方面学习如何执行我们的理财规划。

最后，理财规划不会是完美的。在执行过程中发现了问题，我们要回过头来，调整自己的理财规划，使它更加科学、可持续。

学习完成后，我们会了解金融幸福的概念，会更加深刻地认识个人或家庭的理财规划。接下来，让我们按照前文中的四个步骤，详细了解每个步骤都需要做什么。

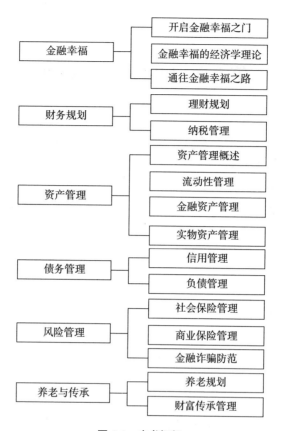

图 1.1 本书框架

一、实现金融幸福的第一步——储备金融知识

我们需要学习一些实现金融幸福必备的金融知识和理论。这些金融知识与理论是实现家庭金融幸福的基础。

很多金融知识并非常识，我们也没有与生俱来了解它的能力。同时，金融知识也并未出现在义务教育课程中，这导致我们对金融知识缺少必要的了解。

但金融知识很值得学习。如果没有对金融知识的初步了解，我们很难理解许多金融现象与金融行为，更谈不上进行理财规划，控制家庭负债，让资产稳步增值。

二、实现金融幸福的第二步——制定理财规划

通过制定科学的理财规划，可以逐步提升金融幸福感。很多人对自己或家庭的开支、资产等情况一头雾水，不了解自己的财务状况，更谈不上拥有一定的理财规划。

然而，科学制定适合自己或家庭的理财规划是帮助我们实现金融幸福的重要渠道。有句话是："想种树，最好的时间是10年前，其次是现在。"理财规划同样如此。尽早做理财规划，可以尽早减少负债、享受更多的投资回报，逐步获得更强的金融幸福感。

三、实现金融幸福的第三步——执行理财规划

在学习完金融知识、制定了理财规划以后，我们就会进入实际操作环节。在这一部分我们要学习管理自己的资产和负债、控制风险、管理家庭税务以及规划养老和财富传承。这一步也是实现金融幸福的重中之重。如果没有对资产和负债的管理，没有对风险的防范，没有对税务、退休和遗产的规划，理财规划也只能是纸上谈兵。只有进行了实践，才能在实践中发现问题。

此外，预防金融诈骗也是金融知识中不可或缺的一部分。我们在理财投资中很容易掉入各式诈骗陷阱。通过本书，了解了投资理财的常见陷阱后，我们应对各式金融诈骗也将更加游刃有余。

四、实现金融幸福的第四步——修正和完善理财规划

通常我们制定的理财规划并非完美无瑕，也很难保证能完全应对未来的突发情况。在理财规划的执行过程中，针对出现的新情况、新问题，我们要对理财规划进行适当的调整与改进。在学习与实践中，我们需要不断地修正和完善理财规划。只有科学地设计、执行和完善理财规划，才可以真正地提升金融幸福感，走向家庭金融幸福之路。

第二章

金融幸福的经济学理论

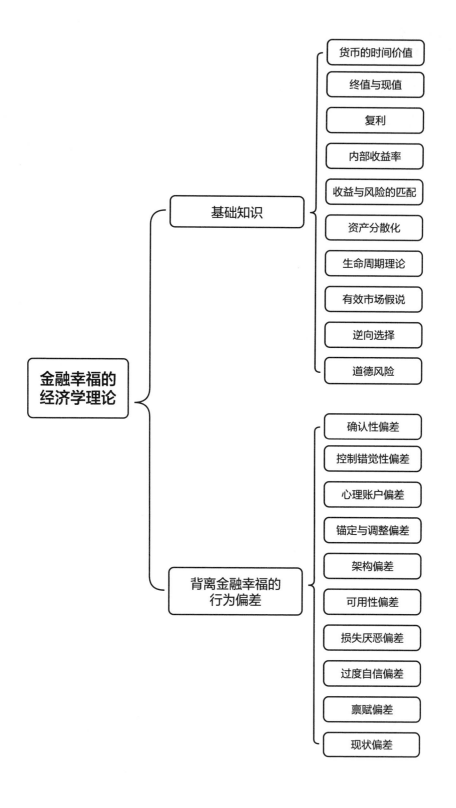

国外已有多篇学术文章论证，金融知识水平越高的家庭，往往储蓄越多①。他们更有可能提前规划退休养老问题，参与投资股票市场，以及更加多样化和分散化地投资金融资产。国内学者的研究也有同样的发现：金融知识的提高有助于低收入家庭跃迁至高收入阶层②；金融知识水平越高的家庭，家庭风险资产配置种类更多样性③；金融知识水平的提高会提升家庭正规信贷需求，并促进家庭积极申请贷款④。由此可以看出金融知识对金融幸福的重要性，金融知识是实现金融幸福的基础。

除了解金融基本概念以外，作为投资者最好再储备一些关于行为偏差的知识。每个人都是非理性的个体，因此了解一些行为偏差，可以从心理层面了解我们为什么做出这样的金融决策，进而辅助自己做出更好的投资决策，实现理财目标，提升个人金融幸福感。

生活中有很多鲜明的例子都是由于个人匮乏金融知识而遭受损失。例如，保险经纪人为了获取佣金可能会竭力推荐我们并不需要的保险产品；理财顾问可能会为了更高的佣金收入而推荐交易成本更高的投资产品；市场中一些"财商教育课"，如"1元理财课""小白基金课"等，通过"低投入高回报""实现

---

① Wason P C. On the failure to eliminate hypotheses in a conceptual task [J]. Quarterly journal of experimental psychology, 1960, 12(3)：129–140.
② 王正位，邓颖惠，廖理. 知识改变命运：金融知识与微观收入流动性 [J]. 金融研究，2016（12）：111–127.
③ Chu Z, Wang Z W, Xiao J J, Zhang W Q. Financial Literacy, Portfolio Choice and Financial Well-being [J]. Social Indicators Research, 2017, 132(2):799–820.
④ 廖理，初众，张伟强. 中国居民金融素养与活动的定量测度分析 [J]. 数量经济技术经济研究，2021（7）：43–64.

财务自由"的噱头吸引人们报班上课，其实这些课只是"钓鱼"的工具，并不能帮助学员学会"点石成金"的本领。缺乏金融知识会影响基本判断力，我们无法甄别顾问推荐的产品和给出的建议是否适合自己，也可能会受诱惑性语言的蛊惑，随意购买或者投资金融产品，结果导致受骗、遭受损失。

调研发现，我国城市居民对金融知识的了解其实较为匮乏，在国际上属于较为落后的状态。其中我国城市居民对金融核心知识，如复利、通货膨胀、风险分散化的掌握程度不高，落后于大多数发达国家。

学好金融知识既是保护自己财富的重要途径，也是拥有金融幸福的重要环节。这不仅指了解基本的金融概念和金融产品等，也包括运用金融相关知识对金融信息进行搜集、处理，并做出合理的金融决策。

从本章内容开始，先认识和了解一些基本的金融概念，然后阅读后续章节，丰富多方面的金融知识，再将其运用于实际生活之中，提高金融决策的能力，最终实现金融幸福。

第一节　基础知识

一、什么是货币的时间价值

货币的价值与收到这笔钱的时间有关。现在得到 2 000 元，和 5 年后得到 2 000 元，我们倾向于在哪个时间得到？答案是现在得到比较好。为什么呢？因为货币现在的价值比 5 年后高。

从花钱的角度看，由于通货膨胀的存在，商品的价格会上涨。现在的 100 元相比于 5 年后的 100 元，可以买到更多的东西。20 年前，100 元大约可以买 18 斤猪肉，而现在只能买 5 斤左右。

从存钱的角度看，今天我们把钱存入银行，接下来的 5 年都会产生利息。换言之，今天的 100 元比 5 年后的 100 元更值钱。例如今天将 100 元存入银行，利息率为 3%，两年后就可以拿到 106.09 元（见表 2.1）。用金融术语可以称这 106.09 元为终值（Future Value, FV），100 元则是两年后这 106.09 元的现值（Present Value, PV）。

表 2.1 复利作用下的资金收益情况

现在	一年后	两年后
100 元	103 元	106.09 元

该理论的核心思想就是今天的 1 元钱比未来的 1 元钱更值钱。越早拿到货币，就可以越早开始储蓄或者投资；当资金用于投资、产生利息之后，就能"钱生钱"。经过较长时间的累积，资金金额将会变得非常可观。

二、什么是终值与现值

如果把一笔钱存入银行账户，这笔钱的金额会以一定的百分比增加，增加的这部分金额是银行支付的利息，银行以此吸引储户持续把钱存在该账户上。这笔存入银行的资金，在 1 年、10 年、30 年后，会累积成多少，这就是终值。那么终值应该如何计算呢？

计算终值需要知道存入的金额、存款的利率以及投资年限。假设我们存入 1 000 元，年利率为 5%，则一年后这笔存款的利息是：

$$利息 = 利率 \times 存款金额 \quad (2-1)$$
$$= 5\% \times 1\,000 元 = 50 元$$

加上本金 1 000 元，一年之后连本带利将会得到 1 050 元。这就是 1 000 元资金在一年后的终值。但如果我们想计算 1 000 元在投资 10 年后、20 年后、50 年后的终值呢？以往我们是通过查表的方式获得终值系数，再通过下述的公式，得出终值。

$$终值 = 现值 \times 终值系数 \quad (2-2)$$

随着科技的进步与网络的发达，现在我们可以直接在互联网上搜索终值计算公式，输入初始金额、利率以及年限可以更为便利地得出终值数额。

值得注意的是，利息不一定以年为单位进行计算，也能以季、月、天的形式计算。但毫无疑问，期限越长，利率越高，投资的增值速度就会越快。同理可得，如果借贷债务的计息越频繁，那么债务也会越滚越多、越滚越快。当然，债务与资产的累积不仅与利息有关系，更与复利密切相关。

三、什么是复利

有一个经典的复利小故事。发明国际象棋的西塔向国王要的赏赐是放满棋盘64个格子的麦子，第1格放1颗，第2格放2颗，第3格放4颗，以此类推，后一个格子里的麦子是前一个格子里麦子的2倍。国王本以为很容易满足，没想到整个国库清空也没能填满整个棋盘格。可见，复利的威力。从金融角度看，复利是指每年产生的利息收益变成了本金的一部分，在后续年度中继续产生利息。生活中，它也被称为"利滚利"。

资金可以赚取利息。复利加上时间，便可将小额资金转变为大额资金。假设在银行存入1 000元，年利率为5%，每年可以获得利息50元（1 000×5%）。第一年后，在银行的存款由1 000元增长为1 050元。在第二年，5%的年利率不但适用于之前的本金1 000元，而且也适用于第一年产生的50元利息。这样利滚利的过程就是复利。时间在复利中的力量是不可思议的。图2.1是1 000元本金在年投资收益率为5%的复利作用下逐年增长的趋势图，可以看出在复利的作用下，1 000元本金在第10年增长至1 629元，增加了62.9%，第30年便是原来本金的4倍多。

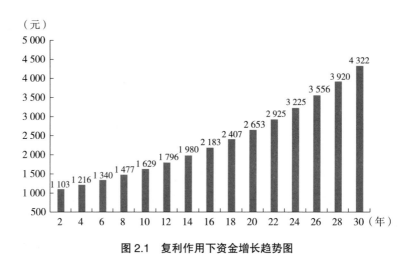

图2.1 复利作用下资金增长趋势图

吸烟有害健康，但是据统计，截至2018年我国烟民的数量已超过3亿。如果一个烟民能把抽烟的钱用于储蓄和投资，不仅有助于他的身体健康，而且在复利的作用下，他还能攒下一笔不少的养老资金。假设烟民购买一包烟的价格为 15 元，如果每天少抽一包烟，他可以储蓄多少钱？答案是一年可以储蓄 5 475 元。如果从 20 岁开始，到 60 岁，他可以储蓄多少钱？答案是 21.9 万元。但是如果他在储蓄的同时将这笔钱以 5% 的年利率进行投资，在 60 岁时，便可存下 66.14 万元。

在家庭理财领域，货币的时间价值、复利随处可见。例如，家长为了准备小孩读大学需要的教育开支，从小孩出生开始，每年存款 5 000 元，以 5% 的年利率计算，18 年后可以存超过 14 万元；假设购入一套价值 120 万元的房产，其中 20 万元是首付，剩余的 100 万元选择贷款，贷款期限是 30 年，房贷利率为 5%，那么每年需要还款的金额为 6.5 万元。另外，通过了解货币的时间价值以及复利的含义，也可以帮助我们规避那些充满噱头、刻意迷惑消费者的理财产品和投资方案。

四、什么是内部收益率

内部收益率（Internal Rate of Return，IRR）是能够比较准确地反映投资收益或者贷款成本的利率。内部收益率的计算，是将未来产生的现金流量折现到现在，且刚好等于投资成本，此时使用的折现率就是内部收益率。生活中会使用到内部收益率的情况有：计算投资项目的收益率、年金保险的收益率以及贷款的实际年化利率等。

从投资的角度看，内部收益率可以帮助人们做出更合适的投资选择。投资时，应选择内部收益率更高的产品。

例如，王小弗计划在女儿苏黛黛 2 岁时，为她存入一笔教育基金，目前有两个教育年金产品可供选择。具体的投入资金和领取金额如表 2.2。产品 A 是前 5 年每年存入 1 万元，从苏黛黛 18 岁起，可以连续 4 年取出 1 万元，最后在 30 岁时取出 67 680 元。产品 B 也是前 5 年每年存入 1 万元，从 18 岁开始可以连续 4 年取出 6 243 元，在 22 岁时可领取 75 000 元。那么王小弗选哪个产品更合适？

表 2.2 产品 A 和产品 B 资金投入和领取情况

项目	苏黛黛年龄	产品 A	产品 B
投入资金	2—6 岁	每年投入 1 万元	每年投入 1 万元
领取资金	18—21 岁	每年领取 1 万元	每年领取 6 243 元
	22 岁	—	领取 75 000 元
	30 岁	领取 67 680 元	—

教育年金产品 A 的 IRR 计算公式如下：

$$\frac{-10\,000}{(1+i_A)^0} + \frac{-10\,000}{(1+i_A)^1} + \frac{-10\,000}{(1+i_A)^2} + \frac{-10\,000}{(1+i_A)^3} + \frac{-10\,000}{(1+i_A)^4} +$$

$$\frac{10\,000}{(1+i_A)^{16}} + \frac{10\,000}{(1+i_A)^{17}} + \frac{10\,000}{(1+i_A)^{18}} + \frac{10\,000}{(1+i_A)^{19}} + \frac{67\,680}{(1+i_A)^{28}} = 0$$

教育年金产品 B 的 IRR 计算公式如下：

$$\frac{-10\,000}{(1+i_B)^0} + \frac{-10\,000}{(1+i_B)^1} + \frac{-10\,000}{(1+i_B)^2} + \frac{-10\,000}{(1+i_B)^3} + \frac{-10\,000}{(1+i_B)^4} +$$

$$\frac{6\,243}{(1+i_B)^{16}} + \frac{6\,243}{(1+i_B)^{17}} + \frac{6\,243}{(1+i_B)^{18}} + \frac{6\,243}{(1+i_B)^{19}} + \frac{75\,000}{(1+i_B)^{20}} = 0$$

通过计算，教育年金产品 A 的 IRR 为 3.61%，产品 B 的 IRR 为 4.07%，从投资收益率角度看产品 B 更合适。

从贷款的角度看，内部收益率是采用复利计算法后，个人需要承担的贷款年化利率成本，我们以分期还款产品为例来阐述。

例如，苏小轼在 A 银行办理一笔 12 期账单分期业务，当期的账单还款金额为 12 000 元，手续费为 0.60%。每期分期手续费为 72 元（12 000×0.60%），每期分期本金为 1 000 元（12 000/12），每期应还款额为 1 072 元。此时，苏小轼办理这笔分期业务需要承担的利率是多少？

这里并不是简单地以月手续费率 0.60% 乘 12 来计算年化手续费率，而是使用内部收益率的公式计算。因为苏小轼每月都在还款，所以贷款的本金是在逐步下降的，通过公式计算得出真实的贷款利率为 13.03%。公式如下：

$$12\,000 = \frac{1\,000+72}{(1+i)^1} + \frac{1\,000+72}{(1+i)^2} + \cdots\cdots + \frac{1\,000+72}{(1+i)^{12}}$$

IRR 的计算本质是解一个高次方程，一般很难手工计算。以前通常用试错法使用计算器计算，现在我们可以通过互联网、电脑或者手机的应用程序来计算。

五、什么是收益与风险的匹配

除了通过辛劳工作获得工资性收入，若将闲置资金存入银行、投资实体项目或者购买金融资产，也可以获得收益。不同类型的投资会获得高低不同的收益，也会面临不同程度的风险。一般而言，收益与风险之间存在着匹配关系，收益较低的投资产品面临的风险较低，收益较高的投资则须承受较高的风险。虽然人们都喜欢高收益低风险的投资，但是现实中并不存在这样美好的投资机会。

银行存款是我们日常生活中最常见的投资，也是一种低收益低风险的投资产品。我国银行会为储户购买存款保险，保障最高可赔付 50 万元（本金加利息合计数额）。即使银行出现倒闭破产等情况，银行的储户也会收到存款损失的赔付款，但最高为 50 万元。高出 50 万元存款的部分，会根据银行破产清算结果决定是否能给予赔付以及赔付多少。银行存款的风险极低，与此相匹配的收益也较低。图 2.2 中展示了 2010—2020 年人民币一年期整存整取的收益率。从图中，我们可以看到一年期整存整取的收益率在 1.75%—3.38% 浮动，近 5 年利率保持在 1.75%。虽然利率低，但是稳定且为正收益，没有出现亏损情况。

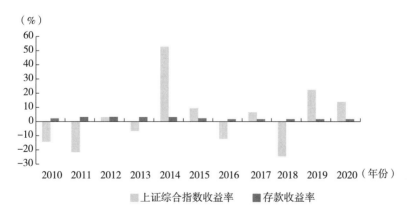

图 2.2 2010—2020 年上证综合指数和存款收益率

资料来源：中国人民银行，上海证券交易所。

基金，相对于银行存款，属于高风险投资，收益率在一定时期内会远高于银行存款。但是基金的收益率波动大，投资者面临的风险高。图 2.2 展示了 2010—2020 年我国上证综合指数的年度收益率。从图中可看出，近 10 年中，收益率最高为 52.87%，最低为 –24.59%。假设在 2014 年第一天，申购 1 000 元的上证综合指数基金，在年末最后一天赎回，不考虑交易手续费，可盈利 528.7 元；但是如果在 2018 年的第一天，申购 1 000 元的上证指数基金，在年末最后一天赎回，不考虑交易手续费，会亏损 245.9 元。相对于银行存款稳定的低收益，基金的收益起伏大、风险高。

获得较高收益的背后必然承受了较高的风险，但是承受高风险不意味着一定可以获得高收益。以投资股票为例，假设获得了 20% 的收益，背后承受的是股票的高波动风险；但是，即使承受了股票的高波动风险，也有可能获得零收益，甚至亏损。这就是承受高风险不一定会获得高收益的道理。

在投资任何高风险产品或者项目时，不能想当然地认为一定会获得预期的收益。投资的总体风险是不可控、不可预测的，高风险高回报在现实生活中并不常常见效。在极端情况下，高风险不仅会导致本金的损失，甚至可能导致负债的增加。如 2020 年的原油宝事件，有投资者投资 12 万元的原油多单，最后亏损超过 42 万元。

六、什么是资产分散化

假设我们拥有一笔资金，期望获得 10% 的收益，现在有两种选择：一是通过购买某一只股票获得，二是通过配置多个资产获得（同时购买多只债券和股票，打包成一个资产组合）。我们应该选择什么投资方式？答案是选择资产组合进行投资。这是美国经济学家哈利·M. 马科维茨（Harry M. Markowitz）在 1952 年提出的投资组合理论（Portfolio Theory），该理论帮助他在 1990 年获得了诺贝尔经济学奖。通过资产组合的配置可以降低风险，同时也能获取与预期同样或更高的收益。

在这里我们先普及一个概念：收益率的标准差。它是用于描述某个资产的风险程度，数值越大，则风险越高。也可以把它理解为收益的波动率，数值越大，意味着收益率的波动也越大。假设现在市场中有 5 种投资产品，分别是 A、

B、C、D、E，表 2.3 为投资这 5 种资产可能获得的收益率和标准差。

表2.3 5种投资产品的收益率和标准差

资产	收益率（%）	标准差（%）
A	10	19
B	20	25
C	4	6
D	2	4
E	15	22

现在我们想获得 10% 的收益，既可以通过买入 A 资产获得，也可以通过分别买入这 5 种资产，组成一个资产包，最终达到 10% 的收益。实证研究的结论告诉我们，资产组合包收益率的标准差一定会小于单独购买 A 资产的标准差。

那么这个比例如何确定？它可以由投资组合理论公式计算得出。但是这个公式较为复杂，本书不在此赘述，感兴趣的读者可以通过互联网查找更为详细的描述。

在日常生活中，基金就是一个资产组合。购买基金，事实上是直接省去了我们自行配置资产的步骤，每一只基金的基金经理都承担着资产配置的责任。

对于资产组合更通俗的理解是，无论投资什么，收益都是不确定的。因此，通常来说我们都会避免将全部的资金投入单一的金融产品中，因为一旦该产品出现亏损，那么整个投资都会亏损。我们可以选择将钱投入不同类别的金融产品中，通过资产的多样化来分散风险。例如，资产组合中配置的 X 股票近期有所下跌，而 Y 股票正在上涨，Y 股票就会弥补 X 股票带来的亏损，这就是俗话所说"鸡蛋不要放在一个篮子里"背后的经济学原理。

七、什么是生命周期理论

生命周期理论是一个很宽泛的概念。生命周期是指人或事物在不同阶段由出生到去世的一个过程，将生命周期与家庭财富积累的过程相结合，就得出了家庭理财的生命周期理论。理财的生命周期告诉我们，在不同阶段人们的收入与支出有明显的差异，为了更好地应对人生不同阶段做出的决定，如买房、结婚、生子等，以及意外情况，如失业、生病等，我们要在合适的时间使用不同的财务规划,以利于我们过上更幸福的生活。

图2.3展示了一个人的理财生命周期。根据人生中不同的阶段,简单地分为青年期、壮年期和老年期。

在青年期,收入小于支出,属于负储蓄阶段。在求学毕业以前,人们基本没有收入来源,只有支出,找到第一份工作以后才开始获得收入,但是由于年轻人有更强烈的消费冲动和消费需求,收入不一定能够覆盖消费,因此可能会负担一些消费贷款。到青年期后期,人们面临组建家庭、生儿育女、购置房产等大额开支,此时长期支出会远高于当期获得的收入,于是开始背负一些长期贷款,也开始需要债务偿还的规划。

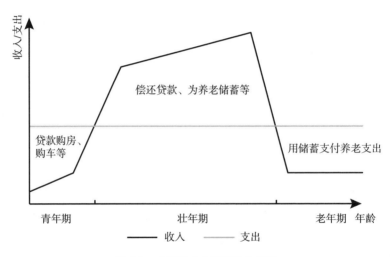

图2.3 典型的个人理财生命周期

在壮年期,收入大于支出,属于正储蓄阶段。此时开始进入财富积累阶段。随着工作年限和能力的增长,收入不断增加,支出在这个阶段也较为稳定,家庭可以快速地储蓄存款。到壮年期后期,人们开始需要规划退休后的生活,确定现有的储蓄存款和保险保障是否做好了准备,财务目标侧重于财富的保值和稳定增长。

在老年期,收入小于支出,属于负储蓄阶段。在现有退休规则下,一般女性56岁、男性61岁就进入了退休生活,收入出现较大幅度减少,支出不会出现大幅变化,但医疗保健的消费会大幅增加,总体上收入要小于支出。

在一个人的生命周期里，收入与支出是不匹配的。为了应对不同阶段收入与开支的差异，我们应该在高收入阶段多储蓄，低收入阶段多控制开支。把握好家庭不同时期的特点，合理分配收入，实现平稳消费，将消费平摊到每个时期，不要在某个时期过度消费，这样可以持续保持良好的财务状况，也可以为退休做好足够的准备。

八、什么是有效市场假说

有效市场假说是经济学家尤金·法玛（Eugene Fama）在1970年提出的，他因此在2013年获得了诺贝尔经济学奖。有效市场是指证券的价格可以准确反应证券的价值，不存在定价不准确的问题，证券的价格也不能被预测。有效市场可分为三种形态，分别是弱式有效市场、半强式有效市场和强式有效市场。

1. 弱式有效市场

在弱式有效市场中，股票的市场价格已经充分准确反映了过去所有的历史信息，如股票的成交价、成交量等。投资者通过技术分析（如K线、形态、技术指标等）不能获取超额收益，但是通过基本面分析（如宏观经济状况、政治政策、企业运营等）可能帮助投资者获得超额收益。

例如，通过基本面分析，我们发现A公司的营业收入稳步增长，营业成本维持在较低的水平，偿债比例处于合理水平，市场竞争力也处于优势。总体而言，A公司的估值有较大上升空间，目前的股票价格没有反映出该公司的真正价值。此时，买入A公司的股票便能获得超额收益。

2. 半强式有效市场

在半强式有效市场中，股票的市场价格既充分反映了过去所有的历史信息，也反映了公司所有的公开信息，如公司管理情况、盈利预测、公开的财务报告等。此时，技术分析、基本面分析都失去了作用，投资者只有通过内幕消息的交易才能赚取超额收益。

例如，A公司想提高市场占有率，意向并购同行业的B公司。B公司高管把该消息透露给了他的朋友，朋友赶在消息公布前，大量购买了B公司股票。并购消息宣布后，B公司股票大涨，朋友因而获得了大额收益。此时，B公司高管的朋友便是通过内幕交易获取了超额收益。但内幕交易是违法行为，《中华人民共和国刑法》第一百八十条、《中华人民共和国证券法》的第六十七、第六十八、第六十九条均对此有明确规定。

3.强式有效市场

在强式有效市场中，股票的市场价格不仅充分反映了过去的历史信息和目前公开的信息，而且反映了那些内部没有公开的信息。此时，投资者做任何的分析研究都不会获取超额收益。

举个例子，假设A公司的股票价格现在是每股100元，这每股100元的价格已经包含且反映了与A公司相关的所有信息，如A公司的历史交易情况、财务状况、运营前景、政策影响，以及未公布的内部意向并购B公司的消息等。每股100元是A公司股票最为准确的价格。此时购买该股票不会获得超额收益，只可能获得与所承担的风险相对应的正常收益。

那么我国股票市场处于哪种形态呢？早期研究[1][2]表明我国股票市场未达到弱式有效市场的状态，是非有效市场。随着时间的推移，我国股市不断成熟，有研究发现[3][4]我国股票市场达到了弱式有效市场的状态。也有研究[5]发现在突发事件情境下，我国股市达到了半强式有效市场状态。

九、什么是逆向选择

市场中相互交易的投资者拥有不同的信息，部分人拥有的信息会多于另一部分人，因此会存在信息不对称问题。信息不对称带来了两个问题：一是逆向选择；二是道德风险。

逆向选择是事前的信息不对称，指一方通过利用自己比对方拥有更多的信息，与对方签订交易合同，使自己受益。

在消费者和保险公司之间，消费者对于自己的健康状况更了解。在健康保

---

[1] 贾权，陈章武.中国股市有效性的实证分析[J].金融研究，2003（07）：86-92.
[2] 陈灯塔，洪永淼.中国股市是弱式有效的吗——基于一种新方法的实证研究[J].经济学（季刊），2003（04）：97-124.
[3] 张兵，李晓明.中国股票市场的渐进有效性研究[J].经济研究，2003（1）：54-61，87-94.
[4] 张月飞，陈耀光.香港与大陆股市有效性比较研究[J].金融研究，2006（3）：33-40.
[5] 高佳，荣鹰.自然灾害对企业价值的实质影响——基于中国上市公司地震公告的事件研究[J].管理科学学报，2022，25（04）：67-87.

险合同给定的价格下，那些身体健康状态不佳的消费者愿意支付更高的价格去购买保险，积极去购买；而健康状态良好的消费者只愿意支付更低的价格，或者不愿意去购买。结果，保险的购买者都是那些身体健康状态不佳的消费者，保险公司的最终赔付水平要高于定价的赔付水平，导致保险产品的亏损而不能持续经营。

对于逆向选择问题，目前已经有一些解决办法。例如，同样以健康保险为例，虽然保险公司不知道消费者的真实健康状况，但可以通过设立一定的条件去筛选合适的消费者。方法如下：超过一定保额的医疗保险需要提交个人的体检报告、医疗保险合同设置30—180天的等待期、拥有既往症状的投保人不能享受保额赔偿等。这些方法降低了市场中的逆向选择风险，有利于防范劣币驱逐良币的发生，促进医疗保险市场的有效运营。

十、什么是道德风险

信息不对称带来的另一个问题是道德风险。道德风险是事后的信息不对称，指合同的一方利用自己的信息优势，采取另一方无法监测到的行为，而损害对方的利益。

众所周知的委托—代理问题就是道德风险问题。代理人为谋求自身的利益，不顾委托人的利益。例如，公司经理人和股东之间。2008年第二季度，通用汽车季度亏损达到155亿美元，股票大跌超过50%，股价下探至1954年以来的最低点。时任CEO里克·瓦格纳（Rick Wagoner）为了挽救通用汽车，前往华盛顿参加国会听证，试图说服国会批准250亿美元资金救助。正当瓦格纳极力阐述救助方案，讲述通用汽车如何缺少资金、政府的资金如何帮助缓解之时，议员问道："瓦格纳先生，请问您是怎样抵达华盛顿的？""我坐专机来的，议员先生。"通用汽车的运营已经出现了严重问题，但经理人依然使用昂贵的专机出行。

道德风险同样也会发生在基金经理人身上。基金经理人是基金的管理者，代替投资人管理资金。部分基金经理为了获得更高的收益率，或者为了业绩排名靠前，会不顾投资人的风险偏好，购买一些高风险产品。这就是基金经理只顾自身利益最大化而忽视投资者利益的道德风险行为。

第二节　背离金融幸福的行为偏差

在研究经济学理论时,经济学家都是以经济参与者是理性人的假设为基础。理性人指经济参与者做出的决策都是理性的,并且追求以最小的经济成本获取最大的经济利益(获得财富效应最大化)。但事实上,在日常生活中,我们基本上不是理性人的状态,多少会做出一些偏离理性的消费和投资行为。过度自信、处置效应、锚定效应、心理账户等都属于行为偏差的表现。

一、确认性偏差

1. 什么是确认性偏差

确认性偏差(Confirmation Bias)是英国心理学家皮特·C.沃森(Peter C. Wason)于20世纪60年代提出的一种行为偏差[1][2]。确认性偏差是指人们持续寻找与自己观点相符的信息,刻意忽略与自己观点相冲突的信息的一种行为。

当人们认定一件事情之后,会通过各种渠道来寻找信息,来确认自己的观点是正确的。在生活中,我们可能听过"生病不要乱搜索,没病也能吓死你"这句话。

举个例子,当一个人吃得过饱时,他可能会出现腹痛,晚上肚子就疼痛难忍。此时他认为自己可能患上了某种疾病,并在网上寻找这种疾病的症状。一旦某种疾病的症状与其症状类似,哪怕已有明确的信息表明这次肚子疼只是因为偶尔吃得太多,是消化不良的表现,这个人也会认为自己患上了某种不治之症。这就是确认性偏差最典型的一种表现。

2. 确认性偏差的经典实验

图2.4中是四张双面卡片。这四张卡片均正面是汉字,反面是数字。关于这

---

[1] Wason P C. On the failure to eliminate hypotheses in a conceptual task [J]. Quarterly journal of experimental psychology, 1960, 12(3): 129-140.
[2] Wason P C. Reasoning about a rule [J]. Quarterly journal of experimental psychology, 1968, 20(3): 273-281.

副卡片有一个说法：如果卡片的正面是"甲、乙、丙、丁"中的一个，那么卡片的另一面一定是单数。如果可以选择两张卡片验证，哪两张卡片能最有效地验证这个说法呢？

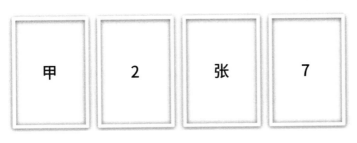

图 2.4　四张双面卡片

实验证明，大部分人都会选择"甲"和"7"来验证上文的假设。因为在"甲、乙、丙、丁"与单数的前提下，我们很容易受确认性偏差的影响，认为单数的另一面一定是"甲、乙、丙、丁"四个汉字。但实际上，只有"卡片的一面是甲、乙、丙、丁，则另一面是单数"这一个条件，并不知道单数卡片的背面是甲、乙、丙、丁，还是其他汉字。因此，"7"的另一面可能是任何汉字，包括甲、乙、丙、丁。选择"7"对于验证这个假设没有任何帮助，而"甲"和"2"才是验证该假设的正确选项。

在这个例子中，人们可以感受到确认性偏差对自己的影响。选择"7"而非"2"，是因为人们在接到这个假设的时候，更倾向于相信它的正确性，而不是直接去反驳它，以至于无法做出正确的选择。

3. 确认性偏差如何影响金融幸福

确认性偏差的表现是人们主动寻找符合自己观点的信息，忽略与自己观点相矛盾的信息。当在投资过程中呈现确认性偏差时，假如我们的观点是正面的，就会寻找与投资相关的正面信息，忽略相关的负面信息，从而认为所投资的资产十分具有价值，并长期持有该资产。确认性偏差会使人们在处理新信息时，形成一个防火墙。这个防火墙让人只看到自己想看到的信息，从而做出了错误的投资决策。

过多接触与自己观点相符的信息，会导致人们在投资过程中对自己的判断过度自信。在购买自己公司的股票时，在工作中接触到过多的正面信息会使我们认为自己有"信息优势",导致过度集中持有自己公司的股票。

2001年在美国发生的安然事件就是一个典型案例。安然公司曾是美国500强企业中排名第七的大型公司,它曾是世界上最大的能源服务公司之一。2001年末,安然公司由于财务造假申请破产保护,导致很多投资人损失惨重,而那些持有很多安然股票的安然员工则是损失最为惨重的人群之一,不仅丢了工作,也丢了自己的养老金。

在这个例子中,正是因为这些员工在工作中过多地接触了所属公司的正面信息,认为公司经营能力正在向好的方向发展,导致他们忽略了负面信息,从而产生了确认性偏差,导致损失发生。

二、控制错觉性偏差

1. 什么是控制错觉性偏差

控制错觉性偏差(Illusion of Control Bias)是美国心理学家艾伦·兰格(Ellen Langer)于20世纪70年代提出的行为偏差[1]。控制错觉性偏差是指人们认为自己可以影响一件独立事件的结果,但事实上这件独立事件的结果是随意的、不受任何人掌控的。控制错觉性偏差通常会与过度自信偏差、知识错觉偏差等情感型偏差一同出现。

控制错觉性偏差在生活中最典型的表现就是"赌徒心理"。例如,当我们买彩票时,认为自己精挑细选的号码会比机选的号码更容易中奖。或者在玩斗地主游戏时,认为自己的运气可以影响发牌结果,比如在连续几次抓到炸弹后,会认为自己的运气可以在下一局也抓到炸弹,甚至认为可以预测下一局的牌型或点数。

2. 控制错觉性偏差的经典实验

表2.4记录了一场抛硬币的游戏。我们以拥有正面、反面的一元硬币为例,甲、乙玩家分别抛了八次硬币,得到了他们抛硬币的结果。

---

[1] Langer E J. The illusion of control[J]. Journal of personality and social psychology, 1975, 32(2): 311–328.

表 2.4 甲、乙玩家抛硬币结果

次数	甲玩家	乙玩家
第 1 次	反	反
第 2 次	反	反
第 3 次	正	正
第 4 次	正	反
第 5 次	正	正
第 6 次	正	正
第 7 次	正	反
第 8 次	正	正

两个人都抛了八次硬币。甲玩家在抛出两次反后，剩下的六局全部抛出了正；而乙玩家得到反与正两种结果的次数较为平均。那么，参与游戏的玩家会如何猜测第九次抛硬币的结果？

首先看乙玩家，由于游戏结果较为平均，比较符合我们平常对抛硬币结果的认知，所以这名玩家更可能认为下一次抛出正面的概率仍然为 50%，因此他受控制错觉性偏差影响较小。

反观甲玩家，在连续六局获得正之后，他更可能认为之前的游戏结果是他个人的能力决定的。或许是因为抛硬币的手法，或许是因为运气因素，但无论如何他都认为自己下一次抛硬币依旧获得正面的概率要大于 50%。这就是控制错觉性偏差的明显表现，因为下一次抛硬币的结果仍然是随机的，得到正反的概率都是 50%。

3. 控制错觉性偏差如何影响金融幸福

控制错觉性偏差最直观的表现就是人们往往认为自己可以控制独立性事件的结果，因此控制错觉性偏差可能导致我们在投资的过程中过于高估自己的实际控制能力。尤其是我们在投资创业或者买卖股票时，控制错觉性偏差会导致我们忽略其中的风险，造成重大损失。同时，控制错觉性偏差还可以导致我们认为可以影响资产的收益，过于集中地持有某一项资产，没有有效地分散风险。

举例来说，我们都知道创业之路可谓是"九死一生"，创业的失败率很高，但是每当风口来临时，人们都义无反顾地投入创业的大潮之中。

2017年,"共享单车"概念十分火爆,仅这一年全国运营共享单车的企业就有70多家。悟空单车的创始人雷厚义曾表示:"我喜欢赌,而且只赌大的。我自认为,既然我能让一个公司起死回生,就有能力做好共享单车。"但是令人没有想到的是,悟空单车仅仅运营了4个月就宣布了破产。

通过这个例子不难看出,雷厚义当时的想法就是控制错觉性偏差最典型的表现。他认为他既然能让之前的公司转型成功,那么做共享单车业务肯定也会成功。但是他忽略了创业是一个复杂的过程,个人因素在很大程度上难以影响整个事件的结果。

三、心理账户偏差

1. 什么是心理账户偏差

心理账户(Mental Accounting)是指人们会在脑海中建立不同的账户,把自己的钱分到每一个账户里,并且每一个账户都有明确的功能和用途,如购置房屋账户、教育开支账户、日常开支账户、休闲娱乐账户等。根据不同的获取金钱途径,如工资、奖金、中奖、家人的接济等,人们规划金钱用途账户可能也不尽相同。例如,我们通常会把工资用于日常基本开销,但是如果突然中了一笔5 000元的彩票,很多人会选择将这笔"意外之喜"花在旅游、娱乐、购物等方面。但其实不管金钱的来源或用途是什么,钱就是钱。一个完全理性的人,不应该根据金钱的来源或预期用途的不同,对金钱进行区别对待。

图2.5 大脑中的"心理账户"

心理账户偏差说明我们在金钱面前，不是理性人的状态，而是很主观的状态。钱的来源不同，我们也会将其分入不同的账户。比如，我们对待投资本金和投资利润的态度截然不同，对待本金会更为谨慎，对待利润会更愿意冒风险；辛苦赚来的钱和意外获得的钱也分属不同的账户，辛苦赚来的钱会有严谨的规划，意外所得则会安排得更宽松随意。而事实上，钱不会因为来源不同而产生差别。

2. 心理账户偏差的经典实验

人们的大脑通常会把每个月的支出划分进不同的账户。正如上文提到的，根据钱的来源不同，人们对待它的方式也存在差异。20世纪80年代，麻省理工学院的教授德拉赞·普拉雷克（Drazen Prelec）和邓肯·西梅斯特（Duncan Simester）进行了一项心理账户实验。

他们组织了一场非公开的投标活动，拍卖凯尔特人队一场比赛的门票。不同的是，一半人被告知，他们在拍卖结束后的24小时内需要用现金支付；另一半人被告知，在拍卖结束后的24小时内可以用信用卡支付。结果，可以使用信用卡支付的投标者平均的下注金额，是使用现金支付的投标者平均下注金额的两倍。如果使用现金支付的人平均投标价格是100美元，那么使用信用卡的人投标价格高达200美元。

从这个例子可以发现，现金与信用卡被人们分成两个不同的心理账户。现金代表我们当下的流动资产，而信用卡仿佛代表了未来的收入。但实际上，使用现金与信用卡所支付的钱都来源于自己，它们并没有差别。

3. 心理账户偏差如何影响金融幸福

在投资时，我们通常会按照一定比例将资产分配在不同的投资产品上，如银行理财、基金、股票、债券等，该比例就可以体现我们的心理账户。但是，跨类别资产之间的相关性会因此被忽视。因为不同类别的投资产品之间存在关联性，如果投资者忽视了关联性，只通过自己的心理账户进行一定比例的投资，很可能无法达到收益的最佳效果。

我国也存在心理账户偏差的实践研究。薪酬是企业吸引、激励和保留员工的重要途径。然而，企业支付给员工的薪酬金额员工是否可以感受得到，直接关系到企业薪酬的支付效用。有研究通过对10家企业共338名员工主客观薪酬数据的整合研究，揭示了员工对于薪酬收入感知的"心理折扣"现象，及其在不同所有制企业中的差异。心理折扣可以理解为员工对于公司的福利会在心理上打折。例如公司花费1 000元成本为员工提供自主福利，但是在员工看来这项福利只值500元或更低，并没有感受到价值1 000元的福利。研究结果表明：在工资、奖金、法定社保和企业自主福利四类薪酬心理账户中，员工对企业自主福利的心理折扣最大；与外资企业员工相比，国有企业员工对工资和企业自主福利的心理折扣程度都明显更大。

四、锚定与调整偏差

1. 什么是锚定与调整偏差

锚定与调整偏差（Anchoring and Adjustment Bias）指人们在做出判断时，容易受第一印象或第一信息支配，就像沉入海底的锚一样，把船（人们的判断）固定在某处。如果人们需要估计一个未知的数值，通常会先预想一个基本的数值，将其作为锚，就算后续需要通过信息和分析调整，最终的估值也还是在锚的基准上进行调整或重新评估。但实际上，研究数据表明，无论最初的锚是多少，人们做出的调整都可能不够充分。在生活中，先入为主就是这种偏差典型的表现形式。

在偿还信用卡债务时，最低还款就是这个"锚"，它处于一个醒目的位置，我们会受到其带来的强烈影响，不知不觉中选择了最低还款，或者较低的金额还款。近期，分期还款方式成为银行主推的新"锚"。在部分银行App的分期还款界面上标有显眼的优惠或者折扣提示，吸引用户选择分期模式。但不论是最低还款还是分期还款，只要不是全额还款，就需要承担利息。如果选择最低还款，利率为18.25%；分期还款的利率根据不同银行和不同还款期数而不同。

购物时，很多衣服的吊牌上会出现两个价格：一个是建议零售价，另一个是实际零售价，建议零售价都会比实际零售价高。此时，建议零售价就是锚，让我们感觉实际的价格没那么高，这是日常消费中典型的锚定与调整偏差。

2. 锚定与调整偏差的经典实验

1974年，丹尼尔·卡内曼（Daniel Kahneman）和阿莫斯·特沃斯基（Amos Tversky）进行了一个实验，让实验者估测非洲国家在联合国所占席位的比例。在回答之前，两组实验参与者需要转动圆盘（见图2.6）。

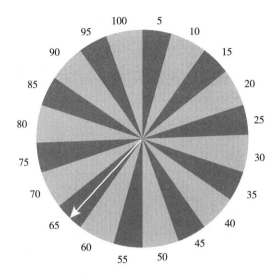

图 2.6　锚定与调整偏差实验的圆盘

第一组实验者转动圆盘，看到的是数字 65；第二组实验者转动圆盘后，看到的是数字 10。在分别看到这两个数字之后，实验者才会回答问题。

统计估测结果发现，看到数字 65 的第一组实验者认为非洲国家在联合国所占席位的百分比为 45%；而看到数字 10 的第二组实验者回答 25%。实验者回答的百分比虽然与圆盘上转出来的数字不同，但是都受到了该数字的影响。看到大的数字，预估的数字也大；看到小的数字，预估的数字也小。这就是人们受到锚定与调整偏差的典型影响。即使看到的数字与实际数据没有关系，但仍然受该数字的影响，做出偏向该数字的判断。

3. 锚定与调整偏差如何影响金融幸福

在任何时候，如果我们特别专注于一个数据或一项事实，而这些数据或事实并不会在决策中起到合理作用，那么我们的决策就很有可能会受到锚定与调整偏差的影响。

我国也对锚定与调整偏差进行了大量的研究。2005 年，我国全面推行股权分置改革。非流通股为了获得流通权，会向流通股股东支付一定的对价。据观察，首批通过股改方案的 3 家试点公司，非流通股东支付给流通股东的对价分别为 10 送 2.5、10 送 3 和 10 送 3.972，平均 10 送 3.157。而后不论是第 2 批试点公司还是全面股改公司，他们的对价大部分集中在 "10 送 3" 水平。2007 年，许年行、吴世农[①]对该现象进行研究后发现我国股改存在"锚定效应"。在第一批"10送3"后，由于先入为主的印象，后续进行股改的公司纷纷遵循"10送3"这一习惯，使"10送3"成为我国股权分置改革中的对价标配。

五、架构偏差

1. 什么是架构偏差

架构偏差（Framing Bias）通常指决策者会根据环境的不同，对不同的情况作出不同的反应与倾向。这种带有个人色彩的倾向会在很多情境下出现，如遣词造句、数据的展示方式等。该理论最早由特沃斯基与卡内曼于1981年提出。图2.7展示的是架构偏差的经典例子，图中的两条线，大家觉得哪一条更长呢？

图2.7 架构偏差实验

乍一看，可能会觉得上面的线更长，这是受视觉效应影响产生的错觉。再看图2.8，两条线的两端均添加了垂直线作为参考，就会发现这两条线的长度是一致的。这就是箭头带给我们的错觉，平时在接收信息时就会被"箭头"这类细节影响。

例如，受框架偏差的影响，当以获利的方式提问时，人们倾向于避免风险；当以损失的方式提问时，人们倾向于冒风险。

生活中也能够见到架构偏差的例子。例如，人们在两家淘宝店购买相同的商品，一家表示如果使用借记卡而非信用卡，可以享受2%的折扣；另一家表示，如果购买商品时使用信用卡，需要额外支付2%的费用。即使享受折扣的商品价格和支付额外费用的商品价格没有差别，但对于消费者而言，会更倾向在

---

① 许年行，吴世农. 我国上市公司股权分置改革中的锚定效应研究[J]. 经济研究，2007，42（1）：114-125.

第一家购买。因为相比较"收益",人们总是更重视"损失"。这就是商家在表述价格时,无意中微妙地暗示了消费者,对消费者产生了潜在影响。

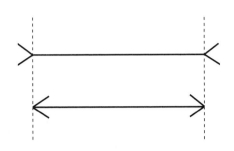

图2.8 架构偏差实验(有辅助线)

2. 架构偏差的经典实验

1981年,特沃斯基与卡内曼展示了一项经典实验[①]。他们对300多人进行了测试。假设一种新型疾病的出现导致了600人被感染,此时我们有两项治疗该疾病的方案可供选择。

表2.5 两种情境下A、B、C、D四个方案情况

情境一	方案A	200人生还
	方案B	1/3的机会600人生还;2/3的机会无人生还
情境二	方案C	400人死亡
	方案D	1/3的机会没有人死亡;2/3的机会所有人都会死亡

仔细观察A、B、C、D四个方案后,我们可以发现方案A与方案C实际上阐述了同一种结果,600人中"200人生还"意味着"400人死亡";而方案B与方案D的结果也是一致的,均表达了1/3的概率所有人生还,2/3的概率所有人死亡。

但在对300多名测试者阐述了以上两种情境后,结果表明,在第一种情境下,有72%的人会选择方案A,只有28%的人会选择方案B;而在第二种情境下,有22%的人会选择方案C,高达78%的人会选择方案D。显而易见,相比较消极词汇"死亡",大家更倾向于选择具有积极性的"生存"。虽然阐述的方

---

① Tversky A, and Kahneman D. The framing of decisions and the psychology of choice [J]. Science, 1981, 211(4481): 453–458.

案事实没有改变，但该实验证明，同一事实经过不同倾向的措辞修饰，人们会做出不同的选择。这就是架构偏差。

3. 架构偏差如何影响金融幸福

人们平时的消费行为可能并不由自身而决定，而是受周围人的影响。如果邻居买了一辆宝马5系车，那我最好买一辆奔驰E级车；如果同事将孩子送去学小提琴，我也想让孩子去学钢琴……这就是同侪压力（Peer Pressure）。它可以理解为来自周围同龄人的压力，是架构偏差带来的典型影响。如果受此偏差影响，不自觉地攀比各类物质水平，不仅会过度消费，也会降低我们的金融幸福感。但反过来看，某科技大厂将总部从北京迁移至武汉，员工待遇不变，但在武汉可以花300万元购买一套市区大平层，在北京却只能用相同的价格购买一套一室一厅的小房子。环境的变化也会让人提升金融幸福感。

此外，架构偏差与损失厌恶偏差在投资行为中会相互作用。在遭受损失时，我们可能会认为这是从事冒险行为的机会，但当获得利润时，我们可能会因为投资决策带来的额外风险而犹豫不决。生活中，我们在遭受损失时很可能冒风险继续投资，而在盈利时却可能变得更加谨慎、选择自己更有把握的事。

六、可用性偏差

1. 什么是可用性偏差

可用性偏差（Availability Bias）通常指人们过分强调现成的信息。人们在估计未来某个结果的概率时，往往容易受到过去的印象、记忆、经验的影响。过分关注容易得到的东西是一条精神捷径。但实际上，如果我们糅合过去的经验及想象得出结论，这个结论从统计学上说其实是无意义的，它与其他任何结论并没有区别。

以交通工具为例，很多人会认为，出门旅行乘坐飞机比自驾出游危险很多。但实际上，我们之所以认为飞机是危险的交通工具，是因为每次飞机出事都会被媒体大量报道，我们对飞机事故的记忆更深。事实上，自驾出游比乘坐飞机出游的事故率高很多。这点从保险公司的保费中就可以看出。一般而言，出险率高则保费高或保额低。以中国平安保险的保险产品定价为例，平安境内自驾旅游保险保费为1.2元/天，最高赔付额度为50万元；而平安交通工具意外保险（全球）保费为0.2元/天，出现航空意外的赔付金额则高达800万元。航空意外险的保费更低廉，但赔付金额要比自驾游保险高出几十倍。这就是生活中会遇到的可用性偏差。

2. 可用性偏差的经典实验

1973年，卡内曼和特沃斯基曾经进行了一项实验[①]。他们分组拟了两份39人的名单。第一组有19个男性名字和20个女性名字，男性名字中包含一些男性名人（如本杰明·富兰克林、乔治·华盛顿等）的名字，20个女性都是普通名字；第二组有20个男性和19个女性名字，女性名字中有一些女性名人（如伊丽莎白·泰勒等）的名字，20个男性都是普通名字。

这两份名单均以2秒钟一个名字的频率为两组实验者朗读，在实验者听完后，询问男性名字多还是女性名字多。而两组都得出了相同的结论：80%的实验者认为名人性别的名字更多。也就是说，第一组虽然男性名字少，但是一些男性名字为名人，令实验者印象深刻，所以实验者误认为男性名字更多；而第二组实验者虽然听到了更多的男性名字，但因为记住了更多女性名人的名字，所以也认为女性名字更多。

这是因为实验者对于那些名人的名字更加熟悉。在回忆时，那些名人的名字也更容易想起来。最容易获取的想法似乎也是最可信的，但实际上实验者受到了可用性偏差的影响。

表2.6试列了一组人名。大家可以在快速浏览之后，凭感觉回答：男性的名字多还是女性的名字多？

表2.6 人名列表实验

赵梦蕊	李信	魏慧珍	任小英	孙策
何小蕾	赵本山	李世民	黄忠	钱可珊
曹操	徐胜男	王雨涵	赵萱萱	陈妙琳
韩书燕	杨思真	白起	张良	杨戬
郎朗	李白	成吉思汗	辛弃疾	诸葛亮
郑怀曼	程咬金	卫雅颂	孔玉琳	姜子牙
李雅欣	关羽	李商隐	沈甜	李美娟
张诗琪	王子茜	孙斌	周梦露	杜甫

---

① Tversky A, Kahneman D. Availability: A heuristic for judging frequency and probability [J]. Cognitive psychology, 1973, 5(2): 207–232.

3. 可用性偏差如何影响金融幸福

大多数投资者在选择基金时，更容易选到那些营销力度大的基金。这些基金公司通常会把自己历史业绩最佳的几支基金拿来大力宣传，提升整个基金公司的形象，并在第三方销售平台上占据醒目位置，使投资者很容易对这类基金公司产生好印象，因此忽视了其他业绩表现良好的基金，而购买这些重在推广的基金。这也是投资者受可用性偏差影响较大的事例。

此外，我们可能没有意识到，自己更容易选择那些能够引起"共鸣"的投资，或者与自己经历、性格等特质相关的投资。投资者可能会错过很多好的投资机会，只因为他们不会接触到此类投资。比如，节俭的投资者很可能不喜欢高价股票，因此可能会与贵州茅台的股票擦肩而过。

七、损失厌恶偏差

1. 什么是损失厌恶偏差

损失厌恶偏差（Loss Aversion Bias）是指人们内心对损失与获得的敏感程度不同，面对同样量级的损失与收益，人们承受损失带来的痛苦要大于收益带来的快乐。损失厌恶偏差的研究普遍认为，这两者之间呈现2倍的关系，也就是说损失1 000元承受的痛苦，需要收益2 000元的快乐才能抵消。

由于存在损失厌恶心理，人们会出现厌恶收益风险、追逐损失风险的现象。以下经典的行为经济学实验可以检测是否存在损失厌恶偏差。

2. 损失厌恶偏差的经典实验

目前有一个投资机会，对于这个机会你会如何抉择呢？

表2.7 损失厌恶偏差问题测试

问题1	A	100% 会获得1 000元
	B	50% 的机会获得2 000元；50% 的机会一分不得
问题2	C	100% 会损失1 000元
	D	50% 的机会损失2 000元，50% 的机会一分不失

实验结果发现，问题1中，大部分人会选择选项A；而问题2中大部分人会选择选项D。问题1中，在面对确定的收益1 000元时，多数人选择见好就收，

不想承担收益的不确定性风险，此时这多数人是风险厌恶者。问题2中，面对确定的损失1 000元，为了争取不发生一分损失，多数人愿意去承担更多的风险，即使可能会损失2 000元。此时这多数人转变成了风险喜好者。

可见1 000元的收益与1 000元的损失，给人们的感受是截然不同，损失带来的感受更为痛苦，这就是损失厌恶偏差。

3. 损失厌恶偏差如何影响金融幸福

损失厌恶心理会导致处置效应（Disposition Effect）发生。在股票交易时，人们会更倾向于卖出已盈利的股票，继续持有亏损的股票，即俗称的"出赢保亏"。获得盈利的时候，人们是风险厌恶者，倾向于卖出股票获得确定的收益，落袋为安；在面对损失的时候，人们变成了风险偏好者，会继续持有亏损的资产，寄希望于未来，期待变亏为赢。

处置效应会导致投资者过早地卖出盈利的资产，过长地持有亏损的资产，对实现金融幸福有消极影响。过早卖出资产，虽然获得了一定收益，但是在一定程度上限制了收益的上限。不愿意接受资产的损失，希望通过继续持有亏损资产来挽回损失，可能会在未来承受更多的风险和损失，这种行为会导致整个资产组合的回报率下降。另外，过早卖出会伴随频繁交易的现象发生，也会降低投资回报率。有学者研究台湾地区个人投资者的交易行为发现，"出赢保亏"的交易行为导致个人投资者的损失大约是个人总收入的2.8%，几乎等同于个人在服装和鞋类方面的总开支[1]。

试想，如果我们在上市首日买入了中国石油的股票，因为损失厌恶偏差而一直持有，寄希望于未来的某一天可以回本，那么在哪一天可以回本呢？图2.9是中国石油自上市以来的股价图。由图2.9可见，中国石油的股票自上市第一天创造了史上最高价格48.62元，当日收盘在43.96元，之后一路下跌，约1年后跌至10元左右。从2007年上市至2022年，已经过去了15年，在2022年11月后复权股价为7元多。如果从上市之日持有至今日，亏损八成多。在2015年，股价最高曾回涨至18元左右，当时若能卖出，也会亏损约六成。

---

[1] Barber B M, Lee Y T, Liu Y J, et al. Just How Much do Individual Investors Lose by Trading? [J] Review of Financial Studies, 2009, 22(2): 609–632.

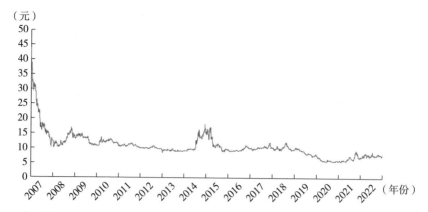

注：图中为考虑现金红利再投资、配股、拆送股等情况，将交易所公布的收盘价进行复权后的价格。

图 2.9　中国石油股价趋势图

资料来源：CSMAR。

在资产管理建立投资计划时，投资者应该设定止损止盈机制，并严格执行，避免因损失厌恶偏差而过早卖出盈利资产，过久持有亏损资产。投资要基于未来投资前景，而不是眼前的收益或损失。

八、过度自信偏差

1. 什么是过度自信偏差

过度自信偏差（Overconfidence Bias）是指投资者会高估自己获得信息的准确性，高估自己分析信息的能力，以及高估自己判断的准确性。

我国个人投资者的过度自信偏差，在股市中表现较为显著。根据《2017年个人投资者状况调查报告》和《2018年股民信心指数报告》，我们发现投资者对2018年股市的前景预测，有39.0%的投资者倾向乐观，51.1%的投资者持中性态度，仅9.9%的投资者表示悲观。但实际上在2018年亏损的投资者人数比例高达88.44%，仅有11.56%的人盈利，盈利也多在10%以内，亏损在30%以上的投资者人数占比高达41.55%。也就是说，接近90%的投资者对股市保持中性和乐观态度，但是事实上却只有不到12%的投资者盈利。

2. 过度自信偏差的经典实验

通常来说,更自信的投资者会进行更多的交易,但更频繁的交易量并不能带来更高的回报率。过度自信的投资者会高估他们获得信息的准确性,也就会高估交易的预期收益。

2001年,布莱德·巴伯(Brad Barber)和特伦斯·奥丁(Terrance Odean)发表了他们关于过度自信偏差的一项研究[①]。他们对一家大型经纪公司35 000多个账户在1991年2月至1997年1月的交易进行分析。

这些账户被分成了四组:单身男性、单身女性、已婚男性、已婚女性。其中单身男性的交易量最高,年平均换手率高达85%;而已婚男性的年平均换手率为73%。相比之下,单身女性和已婚女性的年平均交易换手率分别为53%和51%。由于男性比女性更为自信,男性的交易量更多,收益率也比女性低。

3. 过度自信偏差如何影响金融幸福

过度自信偏差对于投资和负债方面都有一定的消极影响。过度自信会让人们在分析投资资产价值时,过高估计自己拥有信息的准确性,而忽略负面信息,使人们不能正确评估资产的真实价值,从而做出错误的投资决策。

过度自信偏差会导致投资者出现过度频繁的交易行为。在深交所《2018年个人投资者状况调查报告》中过度自信发生率为43.8%。一周内交易若干次的投资者占比达46.4%;一个月内交易1—2次的占比31.9%;一季度以上才交易超过1次的占比21.7%。过度自信地进行频繁交易并不能让投资者获得更高的收益[②],投资者的交易量越高,实际投资收益越低[③]。

此外,过度自信偏差会导致投资者实际承担的风险可能高于自己的承受能力。投资者会集中投资单只股票,偏好风险资产,在资产组合中配置多样化的风险资产,产生更多的家庭债务。

认识并遏制过度自信是实现金融幸福的基础。可以通过查看过往的投资记录、计算收益回报,认识自己在投资决策时的过度自信问题。通过了解过度自

---

① Barber B M, Odean T. Boys will be boys: Gender, overconfidence, and common stock investment [J]. The quarterly journal of economics, 2001, 116(1): 261–292.

② 高楠,梁平汉,何青.过度自信,风险偏好和资产配置——来自中国城镇家庭的经验证据[J].经济学(季刊),2019(3):1081–1110.

③ Barber B M, Odean T. Trading is hazardous to your wealth: The common stock investment performance of individual investors[J]. The journal of Finance, 2000, 55(2): 773–806.

信会导致的风险损失，从而更谨慎地做出决策。

九、禀赋偏差

1. 什么是禀赋偏差

禀赋偏差（Endowment Bias）是指人们在拥有一件物品时，对它的估价要高于没有拥有它时的估价[1]。换句话说，与即将拥有的东西相比较，人们更看重自己已经拥有的东西（所有权效应）。

在生活中，二手车市场有典型的禀赋偏差。卖家找不到好的买家，买家则买不到便宜的车。禀赋偏差让卖家高估了自己东西的价格，买家则因为价格高而望而却步。同样，在股市中，假设我们投入1万元买入了A股票，现在跌到了1 000元，大部分人仍不愿意卖出。但假设极端情况下，如果不小心点了卖出，那我们还会不会立刻买回来？大多数人都不会再买回。他们心里会想：卖了也好，及时止损。一旦失去，我们的态度立刻发生了转变，因为持有股票时的禀赋偏差没有了。

2. 禀赋偏差的经典实验

1989年，尼奇做了一个关于杯子与糖果的实验来验证禀赋偏差[2]。在实验开始前，他调查了实验者对于杯子和糖果的偏好：如果只能得到其中的一个，想要杯子的人与想要糖果的人大致各占一半。

 还是

图 2.10　杯子还是糖果

---

[1] 刘腾飞，徐富明，张军伟，等. 禀赋效应的心理机制及其影响因素 [J]. 心理科学进展，2010，18（4）：646-654.

[2] Knetsch J L. The endowment effect and evidence of nonreversible indifference curves [J]. The American economic review, 1989, 79(5): 1277-1284.

他将实验者分成两组。第一组 76 名实验者每人先收到了一个杯子，然后完成了一份调查问卷。但是，当询问第一组实验者是否愿意将杯子更换为糖果时，89% 的实验者拒绝了更换。

第二组实验者共有 87 人，他们先拿到了一些糖果，填写了调查问卷，然后被询问是否希望把糖果换成杯子，高达 90% 的实验者拒绝用糖果换杯子。

这就是禀赋偏差。杯子和糖果在实验的一开始，并没有显示出哪一个更受欢迎。然而当实验者得到了其中一个时，他们就会对其产生偏好。也就是说，消费者的偏好受到他们禀赋偏差的影响。

3. 禀赋偏差如何影响金融幸福

禀赋偏差会阻碍投资者正确认识投资标的，陷入一种"情人眼里出西施"的状态，无法客观评价资产的优缺点。从而导致投资者持续持有已经买入的资产，对自己持有的资产有过高的估值。

此外，禀赋效应会影响投资者执行理性的投资策略。当市场环境发生变化时，因为禀赋效应而不愿意改变现有的投资结构，也不愿意将资产变现，可能会难以与时俱进地调整资产组合的配置，或者会滞后调整资产配置的时机，也可能因此错过一个较为合适的卖出时机。

十、现状偏差

1. 什么是现状偏差

现状偏差[①]（Status Quo Bias）是指人们在做出选择时，更倾向或容易选择与现状比较接近的选项，而不选择会发生改变的选项（决策规避）。

我们可以用一个问题来测试自己是否存在现状偏差。

假如接到财务顾问的突然通知，现有的投资组合需要进行重新调整。虽然此次重新调整会给现有的投资组合带来很大改变，甚至需要缴纳更多的税款，但是重新调整确实是必要的行为。那么我们会做出怎样的反应呢？

---

① 刘腾飞，徐富明，张军伟，等. 安于现状偏差的心理机制、影响因素及应用启示 [J]. 心理科学进展，2010（10）：1636-1643.

A. 听从财务顾问的建议，立刻行动。

B. 认真仔细地考虑全盘投资组合的优劣性，仔细阅读调整计划，并在一周内再次约见财务顾问，重新调整投资组合计划。

C. 答应财务顾问会考虑该计划，但实际上对此比较抗拒，甚至几个月都不会再次约见财务顾问。

在上述选项中，选择 C 选项的人存在现状偏差。与 A、B 选项相比，选择 C 选项的人明显更愿意保持现状，抗拒做出改变。

在生活中，现状偏差是十分常见的一种偏差。例如，长时间习惯使用某一个品牌的产品，在之后会持续选择该品牌，不会轻易更换。想想家中的洗衣粉、纸巾、沐浴露等品牌，就可以发现现状偏差的存在。

2. 现状偏差的经典实验

1988 年，萨缪尔森和泽克豪瑟做了一个实验[①]，实验者被告知他们从叔叔那里继承了一笔遗产，并且可以在 A、B、C、D 这 4 个投资组合中择一进行投资。

实验进行了两次，第一次是除了上述信息外，实验者没有其他信息，直接在 4 个投资组合中做出选择；第二次是在上述信息外，实验者还被告知，叔叔在去世前曾投资了 B 投资组合。实验结果发现，B 投资组合在第二次实验中明显比第一次实验中更受欢迎。通过实验结果对比，可以明显看到，投资者更倾向于维持现状，这就是现状偏差。

3. 现状偏差如何影响金融幸福

现状偏差可能会导致人们错过高收益的资产，从而影响资产收益率。例如在投资领域，人们会安于现状地持有以前的资产，而忽视了能带来更高收益的资产信息。

现状偏差也可能导致人们承担更高的成本。在 2018 年，英国金融行为管理局为了改变信用卡持卡人选择最低额还款行为进行了实验。因为使用最低额还款，会给持卡人带来较高的利息成本，长期使用该还款方式，甚至会导致持卡人陷入债务危机。而实验发现，虽然将使用最低额还款需要承担较高成本的信息告诉了持卡人，但绝大多数人依旧选择了最初的还款方式。

---

① Samuelson W, Zeckhauser R. Status quo bias in decision making [J]. Journal of risk and uncertainty, 1988, 1(1): 7–59.

第二篇
财务规划

第三章

理财规划

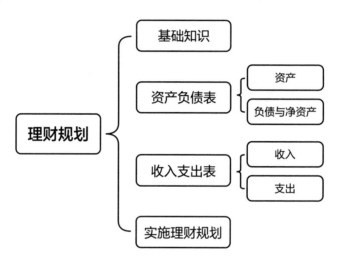

在学习了一些金融基础知识以后，我们对金融已经产生了基本认识。认识金融是实现金融幸福的第一步。接下来，需要行动起来。首先可以问自己一些问题：我有没有理财目标？比如，买一套属于自己的房子？换一辆自己喜欢的车？或者，把所有的房贷全部还清？想要实现这些目标，就需要提前计划。从长期看，逐步实现理财目标，也是衡量金融幸福的重要因素。当我们在稳步向自己的目标迈进时，会感到更幸福。而实现理财目标，离不开理财规划。

为厘清财务状况，需要制作属于自己或家庭的财务报表。通过这些财务报表，可以对自己的资产、负债以及开支有更清晰的认知。哪些钱该花、哪些钱可以不花，都可以从自己的财务报表中得到答案。

财务报表制作完成以后，我们就可以制作理财规划。执行理财规划可以帮助做好收入的分配、养成储蓄的习惯，以及实现理财的目标。在阅读完本章之后，我们可以动动手，做一份属于自己的理财规划。

第一节　基础知识

一、什么是理财规划

有些人可能会认为，有钱人才需要理财规划。但实际上，不论收入高低、财富水平如何，都需要进行理财规划。理财规划是我们实现金融幸福的重要基础。如果收入颇丰，那么理财规划可以帮助我们更好地消费和投资；如果时常捉襟见肘，理财规划也可以帮助改善人们的生活方式、消费方式。通过本章节的学习，可以在了解自己个人或家庭的财务状况的基础上，开始进行理财规划。

理财规划可以分为5个循环流程。图3.1展示了进行理财规划的每个步骤。

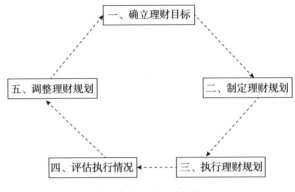

图 3.1　理财规划的循环

由图3.1可以看出，个人或家庭的理财规划并不是一条"单行路"，而是一个循环。第一步，从明确理财目标开始，要确立理财目标，才能开始理财规划；第二步，制定理财规划，确定理财的方案；第三步，执行理财规划，只有动起来，财才能理起来；第四步，评估执行情况，理财规划得如何、做得如何，都需要一定的自我评估；第五步，根据评估的情况，适时调整理财规划，让理财规划执行得更加顺利；最后，在间隔一段时间之后要重新审视理财目标，并根据自己的变化适当地调整理财目标。这样，就完成了理财规划的一个完整的循环。

在对理财规划的整体流程进行了解之后，将介绍理财规划的各个步骤。

二、什么是理财目标

在开始理财规划时，一定要有理财目标。我的理财目标是什么呢？是出国旅游，把住房贷款还完，还是置换一套更大的房子，或是为退休后的生活进行投资和储蓄？通常来说，制定理财目标有三种尺度：短期目标、中期目标以及长期目标。一年内可以实现的为短期目标；需要2—5年实现的为中期目标；需要6年及以上才能实现的，一般认为是长期目标。

理财目标要尽可能地具体，比如想在几年内买一辆什么样的车，这样就可以为了确定的金额和时间而努力，而不仅仅是把目标设定为存钱。另外，理财目标通常也要考虑到自己的财务状况及未来的收入和支出。如果目前年收入为10万元，却计划在5年后购入一辆保时捷帕拉梅拉，那么理财目标就不太现实了。

表 3.1 提供了一种简单阐述个人或家庭理财目标的方法，表格根据时间长短（短期、中期及长期）对理财目标进行了分类，制定了目标的优先级（高、中、低三个级别），并规定了实现目标的时间。实际上，我们在设立目标的时候也可以加上理财目标的预计成本。

表 3.1 个人理财目标总览

目标	优先程度	目标日期
短期理财目标（0—1年）		
准备3个月生活费的应急资金	高	2023年
去张家口滑雪	低	2023年
更换新电脑	中等	2023年
中期理财目标（2—5年）		
硕士教育学费	中等	2025年
欧洲旅游	低	2026年
攒够住房的首付款	高	2028年
长期理财目标（6年及以上）		
为孩子大学教育储蓄学费	高	2038年
还清住房贷款	高	2045年
为养老储蓄30年生活费	高	2050年

在生活中，经常会出现各种意外支出，比如丢失手机、修理汽车等。虽然说并不能预见未来会发生什么让自己钱包"大出血"的事件，但有备无患总是好的。我们可以存一笔满足约3—6个月生活支出的应急资金，以应对意外开支。

第二节　厘清财务状况

厘清财务状况需要财务报表。通常来说，财务报表是反映公司一段时期内的财务状况、盈利状况的表格。常见的财务报表有资产负债表、利润表、现金流量表等。在记录家庭财务状况的时候，可以运用简单的财务报表进行记录、归纳，这样清晰明了，并更加客观地分析自己或家庭的财务状况。

财务报表一般具有规定的格式。在记录家庭财务状况时，常用到的财务报表分别为资产负债表、收支分析表以及理财规划表。使用规定格式制作表格，有助于理清自己的资产，明确自己的财务状况。

财务报表是理财规划的基础。如果把每个人的家庭或个人资产想象成一家公司的话，为了保证"公司"资产的清晰、条理，也需要定期制作、及时更新财务报表。与此同时，为了使资产一步步地增长，需要通过财务报表，先对自己以及家庭的财务状况进行了解，并运用一些比率对财务状况进行分析，从而更好地进行理财规划。

一、资产负债表

在进行理财之前，需要厘清一些问题：我们究竟有多少财富？债务一共有多少？制作一张自己或家庭的资产负债表可以帮助了解自己的财务状态。在某个时间点，例如现在，它列出了我们所拥有的资产、负债以及净资产。简单来说，资产就是自己拥有和支配的财产。负债就是你欠别人（银行或者其他机构和个人）的，资产减去负债就是属于自己的个人净资产。资产负债表是衡量家庭财富的有效方式。

资产负债表分为三个部分：

- 资产：我所占有的
- 负债：我欠别人的
- 净资产：我真正拥有的财富

这三者之间的关系叫作资产负债表关系，可以用两种方式表达：

$$资产 = 负债 + 净资产 \tag{3-1}$$
$$净资产 = 资产 - 负债 \tag{3-2}$$

图 3.2 是一个典型家庭的资产负债表。中国人民银行的抽样入户调查结果显示，我国一个城镇家庭的资产总额在 317.9 万元左右，而家庭的平均负债在 28.9 万元左右，净资产则为 289 万元。按照公式（3-1）来划分，下图左柱代表资产，右柱代表负债和净资产，左右两柱的金额相等。

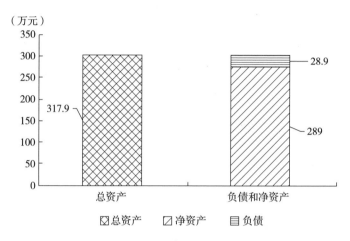

图 3.2 城镇家庭资产负债情况

资料来源：中国人民银行。

在一张家庭资产负债表中，左右两边的金额必定是相等的。上图右侧横纹柱代表负债，斜纹柱代表净资产，这两部分之和与左柱家庭总资产相等。

表 3.2 详细地展示了一张典型的城镇家庭资产负债表。资产负债表通常由左右两列构成。左列流动性从高到低，罗列了流动资产、金融资产以及实物资产；右列则为负债；而资产与负债之间的差值为一个家庭的净资产。净资产也在右列，与总负债相加可以得到与总资产一样的数值。

表 3.2 城镇家庭资产负债表（单位：万元）

资产		负债与净资产	
流动资产		负债	
现金及活期存款	10.80	银行贷款	27.90
流动资产总计	10.80	非银行贷款	1.00
金融资产		负债总计	28.90
银行理财、资管产品、信托等	17.26	净资产总计	289.00
银行定期存款	14.54		
公积金余额	5.39		
借出款	4.35		
保险产品	4.28		
股票	4.15		
基金	2.27		
债券	0.78		
互联网理财产品	0.78		
其他金融产品	0.32		
金融资产总计	54.10		
实物资产			
住房	187.80		
汽车	16.53		
商铺	21.62		
厂房、设备等经营性资产	19.42		
其他实物资产	7.63		
实物资产总计	253.00		
资产总计	317.90		

注：数据为近似值，不是精确值。
资料来源：中国人民银行。

1. 什么是资产

资产简单来说就是自己或家庭拥有的或者控制的资源。资产的形式非常多样化，大到房产、汽车，小到家具，都是我们的资产。按照资产的特性和用途对它们进行分类，资产负债表中的资产可以分为流动资产、金融资产以及实物资产三大类。

图 3.3 展示了我国城镇家庭的资产情况。在这张资产负债表中，家庭拥有最多的资产是以房产为主的实物资产，平均为 253 万元，占资产总额的 79.6%。其

次为金融资产，平均 54.1 万元，占总资产的 17.0%。最后则是占据总资产 3.4% 的流动资产，平均为 10.8 万元。

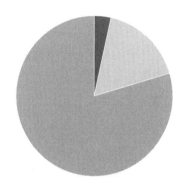

■ 流动资产　　■ 金融资产　　■ 实物资产

图 3.3　城镇家庭总资产分布

资料来源：中国人民银行。

在一个普通家庭的资产负债表中，实物资产，尤其是房产占据了非常大的比例。对金融资产而言，银行理财及银行定期存款是我国家庭的主要投资产品。而现金及银行储蓄存款在整个家庭的资产负债表中比例较小，但它却是保证资产流动性的重要部分。

2. 什么是流动资产、金融资产、实物资产

流动资产通常指现金以及那些可以快速变现又不太损失价值的资产。通常包括我们手中的现金、第三方支付账户里的余额，银行活期账户里的钱、持有的货币市场基金以及现金型理财。这些资产是我们每天都会用到的现金或现金等价物，它们在出现紧急情况的时候可以提供帮助。一个城镇家庭的资产负债表中，流动资产为 10.8 万元，占总资产的 3.6%，占比率并不高。

资产的第二大类是金融资产。常见对象一般是银行理财、股票、债券、保险以及其他金融资产。金融资产的主要目的是得到回报，积累财富，实现买房、为孩子存够教育经费或中长期的个人理财目标。与流动资产不同，这些资产的共同点在于我们持有的目的并非短期使用，而是长期增值。

金融资产的品类较多，在表 3.2 家庭资产负债表中，该家庭共有金融资产 54.1 万元，占资产总额的 17%。其中包括 17.26 万元的银行理财、资管产品、信

托，以及14.54万元的银行定期存款，分别占金融资产的32%和27%。这两项金融资产共占金融资产的60%左右。而借出款、保险、股票、债券等组成了余下的金融资产。

实物资产是生活中都会用到的有形资产。例如住房、商铺、汽车等均属于实物资产。这部分资产的价值一般远高于一个家庭或个人的流动资产。在制作资产负债表时，实物资产的价值是指现在立刻把它卖掉的价钱。住房、商铺可以通过中介、二手房买卖网站来大致确定它们的价值。而汽车与住房、商铺不同，它的价值通常小于它的购买价格，我们可以查阅二手车市场价格来确定汽车目前的价格，来确定它的资产价值。

在表3.2资产负债表中，家庭的实物资产占总资产的79.6%，高达253万元。其中住房价值为187.8万元，仅它一项就占据了总资产59%的份额。这也是我国家庭资产负债表的常态。通常来说，在家庭资产负债表中，实物资产的价值总是远高于流动资产的。

3. 什么是负债

资产负债表的第二大部分就是负债。负债就是将来必须偿还的债务。

在这张家庭资产负债表中，负债总额为28.9万元。其中包括银行贷款27.9万元和非银行贷款1万元。但通常我们将负债分为流动负债和长期负债。

我们当前拥有的、一年以内必须偿还完的债务就是流动负债，一般包括信用卡账单、花呗账单等互联网金融产品，以及民间借贷的消费贷款。值得注意的是，虽然可能下个月才会收到本月的信用卡消费账单，但本月的消费仍属于流动负债。

偿还期限在一年以上的负债通常被认为是长期负债。这些债务通常包括住房贷款、超过一年期的分期付款、汽车贷款以及学生贷款等。一般家庭主要的长期贷款有住房贷款以及汽车贷款。汽车贷款的还款期相对较短，为2—5年；而住房贷款的还款期一般长达10—30年。

由于使用长期负债购买的资产通常价值较高，因此长期负债的金额要比流动负债的金额高得多。长期负债之所以是长期负债，主要因为它的金额太高，几乎很难在一年内偿还。同时，这种类型的负债会要求定期支付利息，只有还清贷款后才无须支付利息。

4.什么是净资产

算清拥有的资产以及欠别人的负债,就可以计算净资产了。由前文提及的公式(3-2)可得,净资产等于总资产减去负债。换句话说,如果卖掉拥有的所有资产,并偿还所有负债,剩下的资产就是拥有的净资产。它代表的是个人或家庭财富的累积水平。

相较于总资产,净资产更能说明个人或家庭的财富水平。住在同一小区、同一楼层、同一户型的两户邻居,假设房产为他们的总资产,如果一方已全款买房,而另一方贷款60%,那么即使他们的总资产相同,净资产还是有很大差距。

在资产负债表中,总资产和净资产的波动较大,而负债的波动较小。假设住房价格下跌30%,总资产会大幅下降,而负债基本不变,按照公式(3-2),净资产也会大幅下降。例如,在2008年美国次贷危机中,由于房屋价格下跌,一些家庭的房屋价值已经低于住房贷款金额,这时候他们的净资产为负数,申请家庭破产可能是更好的选择。

二、收入支出表

1.如何厘清收入与支出

当我们缺钱的时候,经常会问自己一个问题——钱都到哪里去了?制作一张属于个人或家庭的收入支出表,可以明确每个月的消费与支出。实际上,收入支出表不仅可以厘清收入与支出,还可以判断财务状况,并为理财规划提供参考。

收入支出表通常分为三部分:收入、支出、结余(或者入不敷出)。它通常记录的是一段时间的收支状况。在制作收入支出表时,可以按照年份为单位,每年制作一张收入支出表。它可以告诉我们是否收支平衡,让我们保持偿付能力。如果支出太多,从收入支出表中就可以及时发现问题,调整平衡开支;如果有结余,也可以知道有多少钱可以用来投资储蓄。

值得注意的是,只有真正收到了一笔钱,才可以把它纳入收支分析表;同理,只有真正把钱花出去了,才可以把它记录在表。比如用信用卡购物,并不需要在购买时记录,但它应该在还款时被记录。这样被记录下的才是真正的收支情况。

2. 钱从哪儿来

收入支出表首先要记录的是收入。我国居民一般的收入来源为工资性收入、经营净收入、财产净收入以及转移净收入四大类。前文的一个三口之家假设由父亲、母亲、孩子三个人构成，那么他们家的收入状况怎样呢？如果当年总收入为14.2万元左右，那么他家的收入来源分别是什么？

以一户城镇居民家庭的每年收入支出表为例，我们可以看到这家人这一年的收入情况。

表3.3可以看出，一户城镇居民三口之家的总收入在14.2万元左右。图3.4较直观地展现了一个城镇三口之家一年的收入来源与比例。

表3.3 城镇居民三口之家年收入表

收入	金额（元）
工资性收入	85 443
经营净收入	16 146
财产净收入	15 156
转移净收入	25 491
收入合计	142 236

注：2021年，国家统计局调查的城镇居民人均年收入是47 412元，按照三口之家计算，该家庭年收入142 236元。
资料来源：国家统计局。

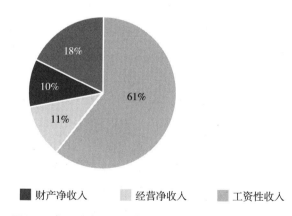

图3.4 我国城镇居民家庭年收入比例

资料来源：国家统计局。

接下来谈谈四种收入类型。以之前提及的这一家三口为例。在这家人中，父亲、母亲一年的工资性收入为 8.5 万元。8.5 万元包括了他们的工资、加班费以及各项津贴收入。

工资性收入指通过各种途径得到的全部劳动报酬，包括所从事的主要职业的工资，副业、兼职和零星劳动得到的其他劳动收入也包括在内。计时工资、计件工资、奖金、津贴和补贴、加班费、特殊情况下支付的工资，都属于工资性收入。

为补贴家用，这家人中的母亲在工作之余开起了淘宝网店，一年下来净收入 1.6 万元。这一类型的收入属于经营净收入。我们通过销售商品、提供劳务等生产经营活动获得的收益就是经营净收入。除工资性收入之外，很多人选择经营生意，自己当老板。简单来说，无论生意规模大小，开餐馆、维修铺等经营性活动所得的收入减去成本后，所得的是经营净收入。

通过银行理财、股票分红以及商铺出租，这个三口之家一年共收入约 1.5 万元。家庭或个人通过动产与不动产获得的收入叫作财产净收入。通过转让财产的使用权，也可以获得一定的收入。银行存款的利息、股票的分红、出租车辆所获得的报酬等都是我们通过动产获得的收入。同时，我们也可以通过出租房屋等不动产获得收入。

除工资之外，三口之家的父亲和母亲一年还可以获得 2.5 万元左右的公积金收入。公积金收入不是劳动报酬，而是单位与个人共同存储的住房补贴。这类收入叫作转移净收入。国家、单位、社会团体或家庭转移支付的就是转移净收入。退休后每月领取的退休金就是典型的转移净收入。失业救济金、保险索赔、公积金等都是转移净收入。除此之外，家庭之间的赠送和赡养，例如父母收到的来自儿女的赡养费用也属于转移净收入。

3. 钱到哪儿去了

收入支出表的第二部分是支出。国家统计局将居民的支出进行了分类，日常的生活支出基本可以囊括在内。支出包括固定支出以及可变支出。通常来说，食品、水电燃气费、物业费或房租等属于每年必须花费的固定支出。其余支出，例如烟酒、衣着、医疗等属于可变支出。我们要对支出心中有数。

上文分析了这个三口之家的收入来源，接下来我们看看一年中这家人把钱花在了什么地方。

表 3.4　城镇居民三口之家年支出表

支出	金额（元）
食品烟酒	26 034
衣着	5 529
居住	22 215
生活用品及服务	5 460
交通通信	11 796
教育文化	9 966
医疗保健	7 563
其他用品	2 358
支出合计	90 921

注：2021 年，国家统计局调查的城镇居民人均支出，平均每人每年支出 30 307 元，按照户均 3 人计算。一家每年支出 90 921 元。

资料来源：国家统计局。

如果在某个方面的花销过大，可能支出结构不是非常健康。例如，如果本月开支大头都在购买相机、镜头上，意味着生活可能被摄影消费所操控，因为几乎没有多少钱可以买其他东西了。

图 3.5 展示了我国城镇居民的支出结构。它可以作为衡量个人支出比例的标杆，不过每个人的花费会因为年龄、地区、生活方式等因素有所区别。

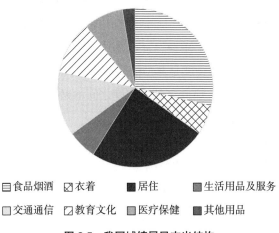

图 3.5　我国城镇居民支出结构

资料来源：国家统计局。

从图 3.5 可以看出，食品烟酒、居住和交通通信是我国城镇居民最主要的三大支出渠道，而教育紧随其后，占比与交通通信接近。当然，随着收入的增多，人们在服务、教育、衣着等方面的支出比例会逐渐扩大。

4. 收入与支出的健康程度

收入支出表和资产负债表提供了基础数据，但数据背后的含义可能不是很容易看透。不妨运用这两个表的数字和一些简单的公式来计算一些基本指标。这些指标可以直观地看出真实的财务状况。例如，我有足够的流动性来应急吗？我能每个月还清账单吗？

流动性是什么？以一个拥有很多实物资产的家庭为例。假设这家人有一套房产，总价值 200 万元，但是流动资产却只有 2 万元。当遭遇紧急状况，急需 5 万元现金的时候，这家人却掏不出钱。然而，为了 3 万元的现金缺口也不值得卖掉价值 200 万元的住房。当有钱却周转不过来的时候，就是流动性出现了问题。

每个人都有可能遭遇流动性危机。持有一定的流动资产可以帮助我们应对各种突发情况，满足短期的现金需求。可以使用两个与资产负债表、收入支出表相关的比率来测试流动性。

首先，我们可以运用流动比率衡量资产的流动性。

$$流动比率 = 流动资产 \div 流动负债 \qquad (3-3)$$

在表 3.2 的家庭资产负债表中，这个家庭的流动比率为：

$$流动比率 = 10.8 \div 3.4 = 3.2$$

这个家庭的流动比率为 3.2。虽然没有确切的标准，但通常认为个人或家庭的流动比率必须大于 1。稳妥起见，很多专家建议家庭或个人的流动比率应该大于 2 甚至是 3。

从这个评判标准看，前文的家庭流动性较好，可以较轻松地应对短期负债。但如果流动比率小于 1，说明目前没有足够的流动资产来偿还即将到期的债务，这时我们可能需要借钱。

此外，还有一个比率可以更好地展示家庭流动性的表现。

$$月生活支出覆盖比率 = 流动资产 \div (年生活总支出 / 12) \qquad (3-4)$$

这个指标可以提示我们目前的流动资产可以负担多少个月的开销。在这个比率中，要注意分母是年生活总支出（即收入支出表总支出，包括房贷、车贷）

的 1/12。以上文中的家庭为例，他们家的月生活支付覆盖率为：

$$月生活支出覆盖率 = 10.84 \div (9.09/12) = 14.31$$

由此可见，这个三口之家的流动资产可以支撑整个家庭近 14 个月左右的开支。传统的经验来说，个人或家庭在个人理财中最好有相当于 3 到 6 个月的生活支出的流动资产。这部分流动资产可以用来应对比如临时失业、家电更置等突发情况。2020 年，很多家庭在新冠肺炎疫情期间出现了收入下降的情况，这时流动资产就可以发挥重要作用。而前文的这个三口之家显然配置了较多的流动资产。

但是，随着金融业的发展，各种信用卡、小额借贷可以帮助我们解决流动性的问题。如果信用良好，信用卡额度较高，那么可以适当地少持有一些流动资产，让流动资产保持在 3 个月的生活费左右（或更少一些）。我们可以把钱放在收益更高的资产上，而不是在银行活期账户中储蓄大量资金。

与流动比率相比，月生活支出覆盖率是一个更好用的测量标准。它可以更准确地测量出资产流动性的强弱。我们应该随时关注这个比率的变化，确保它维持在稳定水平。

5. 我可以按时偿还债务吗

资产负债表的债务分为两个部分：流动负债与长期负债。例如信用卡、花呗、白条一类的消费贷款，这个月花下个月还，都是一次性的流动负债。然而，如果信用卡的账单金额比较大，需要分期偿还，那么它也可能被归类为中长期负债。

与流动负债相比，长期负债具有金额大、还款时间长的特点，需要分期偿还。这里引入月债务支出的概念——每个月需要偿还的流动负债（信用卡、花呗等消费贷款）与长期负债（房贷、车贷）之和。也就是说，每个月需要还款的金额就是月债务支出。通常运用月债务支出与收入支出表中的月收入之比组成负债收入比率，来测试我们的偿债能力。其公式为：

$$负债收入比率 = 月债务支出 \div 月收入 \qquad (3-5)$$

负债收入比率临界值为 40%，它反映的是一个家庭在一段时间内的财务状况的健康程度如果低于 40%，一般认为这个家庭的短期偿债能力可以得到保证；但如果超过了 40%，说明负债比例过高，已经超出承受能力。这种情况下，家庭财务状况可能会出现不同程度的危机。

实际上，根据不同收入情况，贷款的额度也不同，因此长期负债的金额有一定限度。我们向银行申请住房贷款时，都需要提交收入证明。银行会根据收入证明来确定每个人住房贷款的额度。原银监会发布的《商业银行房地产贷款风险管理指引》已对此做出规定，借款人住房贷款的月房产支出与收入比控制在50%以下（含50%），月所有债务支出与收入比控制在55%以下（含55%）。因此，可以从银行获得的住房贷款金额也是存在上限的。

6.我能存下来钱吗

在对上述比率进行计算之后，可以问自己一个问题：我能存下来钱吗？如果收入大于支出的话，到底可以存多少钱呢？储蓄比率可以明确这一点。对于上节的一家三口来说，他们一年的结余为5.1万元，而当年的总收入为14.2万元，则这家人的储蓄比率为：

$$储蓄比率 = 用于储蓄和投资的收入 \div 年总收入 \quad (3-6)$$
$$= 5.1 \div 14.2 = 36\%$$

这个家庭每年收入的36%可以存下来。实际上，对于为了买房正在储蓄的家庭或个人来说，这个数字应该会更高；而那些刚买了房子，背负了贷款的家庭，这个比率则会较低。我们计算出储蓄比率后要与之前的历史储蓄比率，或者与自己的目标比率进行比较。

第三节　实施理财规划

一、制作理财规划表

理财规划以资产负债表、收入支出表为基础。上一节我们学习了个人或家庭的资产负债表以及收入支出表。理财规划始于了解自己或家庭的财务状况。而资产负债表以及收入支出表，正是帮助我们了解财务状况的途径。通过对资产负债表和收入支出表的了解，不仅可以设立一个现实可行的理财目标，还可以运用这两个表格来实现我们的理财目标。这也是理财规划中的关键一步，制定理财规划。对于这一流程，收入支出表是关键。收入支出表可以帮助编制理财规划表，让我们在存钱的同时可以兼顾资产的流动性以及保障性。

在掌握了自己的财务状况，设立了短期、中期以及长期理财目标以后，根据图3.1中的流程，可以制作一份理财规划表，来实现个人或家庭的理财规划。很多人觉得，这听起来非常麻烦，但是编制理财规划表对于个人的理财规划来说是非常重要的步骤。这张表是进行家庭理财中必不可少的步骤。它可以帮助我们：一是掌握家庭财务状况的信息；二是做好家庭总体收入的分配；三是养成规律储蓄消费的习惯；四是帮助实现短中长期理财的目标。

那么理财规划表该如何做呢？实际上，运用收入支出表，就可以编制理财规划表。

首先，要对下一年的收入情况进行预估。我们只计算个人或家庭可自由支配的收入。它包括实际到手的工资、奖金、经营性收入等。像公积金这类特殊收入，在没有房贷、房租或装修需求时无法取出，所以这类资金并不算在可自由支配的收入内。

其次，要估算下一年的支出。这也是最困难的一步。要根据自己的消费习惯列出下一年的消费清单。第一步，在观察上一年的消费清单时，可以发现有哪些可以节省的、不必要的开支，在制作下一年消费清单的时候，可以进行有意识地调节。但同时，医疗、修车、修理电器等开支经常发生在意料之外。虽然这些支出无法预测，但也应该把它们纳入理财规划。我们应该考虑到，每隔几个月，就会产生这一类的支出。所以，月度计划可能无法和实际的月度支出完美对应，但从长期来看它仍然是合理的。如果没有考虑到这部分花销，过几个月后就可能会出现超支的情况。

这张表的最后一部分是结余或赤字。在对收入和支出进行了估算之后，我们可以得到一张最终的理财规划表。如果收入大于支出，那么可以将结余存起来，或者进行投资；如果收入小于支出，那么就产生了赤字，需要对自己的支出进行重新调整。

根据前文这个三口之家的收入支出表，表3.5制定了他们接下来一个月的理财规划。

表 3.5　三口之家月度理财规划

收入	金额（元）
工资性收入	7 120
经营净收入	1 346
财产净收入	1 263
转移净收入	2 124
收入合计	11 853
支出	金额（元）
食品烟酒	2 169
衣着	461
居住	1 851
生活用品及服务	455
交通通信	983
教育文化	831
医疗保健	630
其他用品	197
支出合计	7 577
结余/赤字	4 276

如果这个月的收入情况按照计划完成，达到了平衡的状态，这一家三口就成功执行了当月的理财规划；如果当年按照规划完成，达到了总体的平衡，那么他们就成功执行了当年的理财规划工作。但实际上，执行的过程很难一帆风顺。

二、怎么执行理财规划

在做好规划之后，要做的就是执行规划。每到月底，要对计划的收支情况以及实际的收支情况进行对比，检验两者是否对应。在现实生活中，大家很容易对自己的规划过于乐观。有些人会高估自己的收入，有些人会低估自己的支出。这样下来，人们总是无法严格地执行理财规划，因为储蓄通常并不是自发自觉的行为。

通过一些方式尽力执行自己的规划，可以监督自己的收支情况。比如通过记账的方式，可以随时监督自己的收支状况，更好地执行理财规划。

记账可以帮助我们跟踪支出。如果不清楚自己花了多少钱，都花到哪里去了，那么也会对自己或家庭的财务状况一无所知。同时，还要选择一种自己习惯使用的记账方式。记账本身很枯燥，要尽量选择使用最方便的方式，让记账更简单。

现在大部分支出都非常容易追踪。常用的刷卡、微信、支付宝等支付方式都可以提供电子交易记录，记账 App 等电子记账方式也可以帮助记录下每天的收入与支出。同时，我们应该将收支进行分类，帮助了解自己的收入来源和支出去向。当然现在很多记账 App 中都有预分类，可以直接选择类别进行记录。图 3.6 展示的是微信小程序中的微信记账本。

图 3.6　微信小程序 – 微信记账本

三、怎样评估理财规划的执行情况

每过一段时间，都需要对自己的理财规划进行重新审视，看看是否在朝着当初的理财目标前进。在执行理财规划之后需要评估自己的执行情况，分析每月的月度盈余或赤字。如果产生盈余，就需要决定将盈余储蓄还是投资；如果发生赤字，更要决定是否使用存款、投资理财或者贷款的方式填补月度赤字。

随着年龄的增长，我们的资产、负债会不断增加，家庭责任也会越来越大，理财目标也会随之发生变化。一些特定状况的发生也会使我们改变理财目标，譬如大学毕业、结婚或者养育孩子。与此同时，理财规划与理财目标应该保持一致。

理财规划也应该具有一定的弹性，20 岁的理财规划与 40 岁的理财规划一定有很大不同。根据实际情况，要不断地对理财规划进行调整。

但是，在理财目标不变的情况下，如果在执行理财规划的过程中发现了入不敷出的问题，应该如何应对呢？答案是增加收入、减少支出或者增加收入的同时减少支出。同时，也要对赤字这一情况进行正确的理解。下面从增加收入、减少支出、理解赤字三个方面来谈谈如何面对入不敷出的问题。

四、如何增加收入

通常来说，可以稳定、现实地增加收入的途径有三种：提升学历、获得专业证书以及增加工作经验。

1. 学历更高的人收入更高

增加收入最直接的方法是提升学历。人们的收入大都会随着学历的提高而增长。表 3.6 展示了 2019 年深圳市人力资源市场的工资指导价位，对于认识学历与收入的关系，具有一定的参考价值。

表 3.6　个人收入与学历的关系

学历	月收入中位数（元）
全行业	5 806
研究生（含硕士、博士）	18 210
大学本科	10 617
大学专科	7 490
高中、中专或技校	5 153
初中及以下学历	4 627

资料来源：2019 深圳市人力资源市场工资指导价位。

由表 3.6 可以看出，全行业的收入中位值为 5 800 元左右，而大学专科、大学本科以及研究生学历的收入中位值都比这个数字高。其中，研究生学历（含硕士、博士）的收入中位数高达 1.8 万元，远高于全行业的中位数收入水平。

此外，有机构数据表明，2018 年全国本科应届毕业生平均起薪为 5 044 元，而硕士应届毕业生的起薪为 6 824 元，平均来看硕士研究生的起薪比本科生的起薪高 1 800 元左右。杜甫的诗句有言："富贵必从勤苦得，男儿须读五车书。"虽然通往财富的道路有很多条，但提升学历是增加收入的切实有效的途径。

2. 专业证书

在提升学历之外，专业证书也是我们提高收入的重要方式。与本专业相关的中高级职称证书、专业资格证书、各类认证可以帮助评级、涨工资。例如，注册会计师、一级、二级建造师等，都是在专业领域增加收入的高效方式。

3. 工作经验

随着我们努力工作，工作年限的增长也会增加更多的工作经验。工作经验是人们对某个行业业务流程的熟悉程度，也可以说是对某种（或几种）技术的认知理解程度和运用熟练程度，是我们对工作经历的总结与吸收。如果在一个行业里不断深耕，所获得的宝贵的工作经验可以帮助增加收入。

五、怎样减少支出

1. 先想好存多少钱，再决定花多少钱

在收到本月收入后，先把规划好的储蓄金额划出来，然后将本月固定支出（房贷、车贷等）预留好，余下的钱再进行开销。这样对我们增加储蓄有很大的帮助，同时能减少很多不必要的支出。

2. 分清需要的和想要的

要学会减少不必要的支出。有一些"小东西"是不是必要的支出？例如追求时髦而只穿过一两次的衣服、游戏中英雄的皮肤……这些"小东西"积少成多，是一笔不小的开支。在日常生活中要清楚这类支出的成本。

3. 不要冲动消费

在购买商品时，先多考虑两天，让它在购物车里多待一会儿，考虑它是否符合自己的理财规划。尤其是不要因为贪图便宜而购买一些几乎用不到的东西。商家为了刺激消费，经常会标出非常诱人的折扣，而我们要学会抵抗打折的诱惑："不买立省100%！"

4. 学会精打细算，开源节流

在买东西之前，想一想替代方案。例如，同类商品比较来看，一部512G容量的手机比同型号256G的手机大约要贵1 500元，自己对如此大容量的手机真的有需求吗？此外，购物渠道比较来看，有线下实体店、淘宝、京东、拼多多等购买渠道,更应该货比三家,选择最优价格。

5. 有必要,才贷款

减少对信用卡的依赖,尽量使用借记卡或现金。信用卡、花呗等提供了非常便捷的支付方式,但很多时候容易心血来潮,刷卡买一些自己用不到也难以负担的东西。由于在购物的那一刻只想着满足自己眼前的需要,人们很难顾忌到这种消费超出了自己的承受能力。使用现金或借记卡的话,会产生一种愧疚感,因此在使用现金时会表现得更加自律。而在真正有必要时,例如购买住房,或者为了接受教育,才真正应该使用贷款。

6. 让周围的人监督自己

让父母、爱人或朋友知道自己的目标,并让他们关注执行理财规划的过程,以及开支的进展。他人的监督在一定程度上会带给我们节省开支的压力。虽然这种压力通常令人不舒服,但是减少支出本就带来压力,要适应在压力下进行节约,才能拥有健康的财务状况。

六、如何理解赤字

我们要对赤字有正确的认识。如果在执行理财规划的过程中,出现入不敷出的情况,这时候家庭收支就会出现赤字。但赤字并不全是坏事。在生活中,偶尔的赤字是被允许的。即使全年的理财规划是平衡的,某些月份也可能发生超支的情况。

偶尔的赤字并不可怕。可以用接下来几个月的可变支出(食品烟酒、衣着、娱乐)进行调节,或者将之前的理财规划结余转入理财规划赤字的月份,对理财规划表进行调节,尽量做到严格执行理财规划表;或在没有盈余的情况下,使用存款或投资来弥补暂时的赤字。

但如果遇到了持续入不敷出的情况,就需要注意了。持续的、长期的赤字情况对财务状况有很大危害。面对长期赤字,可能需要削减规划中不重要的支出。优先削减一些弹性支出,例如旅游、娱乐以及不必要的服饰支出。通过这个方式,可以尽量缩小资产的损失,缓解赤字问题。

第四章

纳税管理

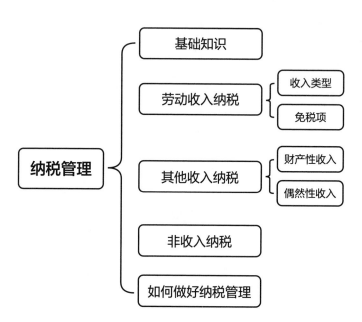

当对家庭拥有的资产和负债有了较为清楚的认知，并进行了理财规划，我们就迈出了通往金融幸福之路重要的第一步。生活中，除了收支表上的开支外，还有一笔开支——税，与工作生活息息相关，也与金融幸福紧密相连。

纳税是生活中必不可少的一部分，依法纳税是每一个公民应尽的义务。医疗、教育、国防安全等都离不开税收。

获得的收入在依法纳税后，剩余的部分便是可支配收入。可支配收入是进行自主理财规划的主要部分。因此我们需要了解纳税，进行税务筹划，合理合法节税，获得更多的可支配收入进行理财规划，进而满足美好的生活需要，保持长期财务状况的稳定，实现金融幸福。

第一节 基础知识

一、什么是税

税是国家为了满足社会公共需求，如建设国防、防治水旱灾害、修建公园等，通过国家公共权力，对个人和法人强制和无偿征收实物或货币的总称。

税收有三个特点。一是强制性，只要是符合条件的纳税人，就必须缴税，否则会受到法律的制裁；二是无偿性，个人缴税后，国家既不会支付任何的报酬，也不会偿还；三是固定性，缴税的金额是依据税法的征税标准收取，不会随意降低或者提高。

1. 税的分类

我国目前一共有 18 个税种，分别是增值税、消费税、企业所得税、个人所得税、关税、船舶吨税、城市维护建设税、车辆购置税、印花税、资源税、契税、土地增值税、房产税、城镇土地使用税、环境保护税、车船税、烟叶税和耕地占用税。

2021 年全国税收收入约 17.27 万亿元，主要税收收入项目见图 4.1。其中，增值税是税收收入的主要来源，占总收入的比重超过三分之一。

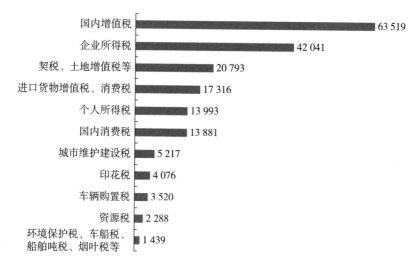

图 4.1　2021 年我国主要税收收入项目情况（单位：亿元）

资料来源：财政部。

2. 什么是税率

税率，是用来计算缴税金额的比率。目前税率种类有比例税率、定额税率、累进税率等。

比例税率是指不考虑其他因素，直接按规定比例征税。有些税种的比例税率是固定的，有些则会根据产品和地区不同而有所差异。例如偶然所得税，统一按 20% 比例税率纳税；增值税，对不同行业收取的税率不同，图书税率 9%，物流服务税率 6%。

定额税率是指按征税对象的计量单位，征收规定税额。例如资源税，不同地区生产的矿泉水每立方米需要缴纳 1—30 元的固定税额。

累进税率是指根据应纳税额的大小，划分不同税率，数额越大税率越高。以个人所得税为例，假设我们收入的应纳税所得额是 40 000 元，其中 36 000 元按第一级 3% 收税，剩余的 4 000 元按第二级 10% 收税。应纳税所得额是指收入减去免征税部分后剩余的金额。

> **拓展阅读** 作为消费者需要缴纳哪些税？
>
> 在日常生活中，发生不同的行为需要缴纳不同的税种。根据消费者是不是名义上的纳税人，可分为显性的税和隐性的税。
>
> 显性的税是指依据税法的规定，我们消费者是应纳税人，在实际生活中，按规定缴纳相关税收。例如，对个人收入所得征收个人所得税，发生购买房产、汽车等行为时，需要缴纳契税、车辆购置税；签订合同时，如购买房屋合同、财产保险合同、借款合同等，需要缴纳印花税。
>
> 隐性的税是指依据税法规定，我们消费者并不是名义应纳税人，但实际承担纳税，例如增值税、消费税。

3. 什么是个人所得税

个人所得税是对个人收入征收的一种所得税。不同类型收入缴纳个人所得税方式不同。

个人收入分为劳动收入、财产性收入、偶然性收入三大类。三种类型的收入在计算个人所得税时适用不同的税率以及计税区间，具体如表 4.1。本章的第二节将介绍劳动收入纳税，第三节将介绍财产性收入和偶然性收入纳税。

表 4.1 不同类型收入的税率、计税区间

收入类型	税率类型	计税区间
劳动收入	累进税率	按年
财产性收入	比例税率	按月/按次
偶然性收入	比例税率	按月/按次

二、什么是纳税管理

纳税管理，也就是税务筹划，是指在不违反税法及其他相关的法律法规的

前提下，对涉及纳税的行为或者事项，事先做出安排，达到少纳税或者递延纳税的目的。通俗地说，纳税管理是在符合税法的要求下，避免缴纳不是纳税义务的税款，将收入最大化。

在我们一生中，纳税是一个不可回避的话题。如果认为纳税就是交钱了事，可能会缴纳不需要交的税款，降低了个人的可支配收入。因此，纳税管理在个人纳税的过程中十分重要。

例如，收入的一些免税项需要自主填报，如果我们不主动进行纳税管理，则需交纳更高的税额；年终奖的计税方式，也需要自己主动根据自身收入情况去管理；房产交易也应根据税收优惠政策来选择合适的交易时间。

通过申报虚假信息、阴阳合同的方式来减少缴纳税，是非法的逃税行为，这种纳税管理方案是不可取的。

第二节　劳动收入纳税

在北京生活的王小弗是一名护士，每月定期从医院获得工资 10 000 元，其在闲暇时间为社区的老人提供护理服务，获得劳务收入 2 000 元/月。同时，她今年在期刊上发表了一篇文章，获得稿酬 800 元。此外，由于王小弗这一年的工作表现优异，年终时拿到了奖金 24 000 元。她该如何纳税？

劳动收入的纳税，由于涉及了收入的类型和免税扣除项，因此较为复杂。通过阅读本节内容，我们对于个人劳动收入如何缴纳个人所得税将会有一定的了解。

一、劳动收入

劳动收入是指通过自己的辛勤劳动获取的收入，包括两部分：一是个人综合所得，即我们作为打工人，从单位、公司获得的工资薪金、劳务报酬、奖金等收入；在期刊发表文章等获得的稿酬收入；以及通过提供专利权、商标权等获得的收入。二是作为自营者，获得的个人经营收入。

1. 什么是个人综合所得

个人综合所得是工资薪金、劳务报酬、稿酬、特许权使用费四项所得收入的总和。

（1）什么是工资、薪金所得

工资、薪金所得是指个人因任职或者受雇取得的工资、薪金、奖金、年终加薪、劳动分红、津贴、补贴以及与任职或者受雇有关的其他所得。王小弗是一家医院的护士，她每月收到的工资和年终收到的奖金，即工资、薪金所得。

（2）什么是劳务报酬所得

劳务报酬所得是指个人从事劳务取得的所得，包括从事设计、装潢、安装、制图、化验、测试、医疗、法律、会计、咨询、讲学、翻译、审稿、书画、雕刻、影视、录音、录像、演出、表演、广告、展览、技术服务、介绍服务、经纪服务、代办服务以及其他劳务取得的所得。例如，王小弗在周末为老人提供护理服务而获得的收入，即劳务收入。

> **拓展阅读** 工资薪酬所得与劳务报酬所得的区别是什么？
>
> 工资薪酬所得与劳务报酬所得的差别主要在于有没有雇佣关系。工资薪金所得属于非独立个人劳务活动，是被用人单位雇佣而获取的收入，个人会受到用人单位内部劳动规则的约束。劳务报酬所得属于个人独立从事各种劳务活动而获取的收入。一般而言，个人服从于合同约定的工作内容，不受支付报酬方的管理。
>
> 例如，王小弗是一名护士，与医院之间是雇佣关系，收到的是工资。周末给一家护理公司兼职提供护理服务，她与护理公司没有雇佣关系，提供的是劳务服务，获得的收入则是劳务报酬。

（3）什么是稿酬所得

稿酬所得是指个人因其作品以图书、报刊等形式出版、发表而取得的所得。王小弗在期刊上发表了文章，期刊支付给王小弗的钱就是稿酬所得。

（4）什么是特许权使用费所得

特许权使用费所得是指个人提供专利权、商标权、著作权、非专利技术以及其他特许权的使用权取得的所得；提供著作权的使用权取得的所得，不包括稿酬所得。苏小轼将自己撰写的小说著作权转让给影视公司获得的收入，即特许权使用费所得。

2. 什么是个人经营所得

个人经营所得可以分为四类，一是个体工商户从事生产、经营活动取得的所得，个人独资企业投资人、合伙企业的个人合伙人来源于境内注册的个人独资企业、合伙企业生产、经营的所得；二是个人依法从事办学、医疗、咨询以及其他有偿服务活动取得的所得；三是个人对企业、事业单位承包经营、承租经营以及转包、转租取得的所得；四是个人从事其他生产、经营活动取得的所得。

例如，苏老淘经营着一家面馆，面馆在 2020 年的营业收入是 30 万元，这 30 万元就是苏老淘的个人经营所得。

二、免税项

前文例子中，王小弗获得的所有收入，是否要按全部金额缴纳个人所得税？

不是。根据我国相关税法规定，收入在纳税前，一共有 4 项免缴个税的扣除项，分别是专项扣除、专项附加扣除、国家规定的其他扣除项、年度免征额 6 万元。

我们一年内获得的收入，减去免税扣除项，剩余部分才需要缴纳个人所得税。剩余部分用专业名词称为应纳税所得额。个人所得税是依据应纳税所得额的数目，匹配适用的税率计算得出。

1. 什么是专项扣除

专项扣除是指三险一金，分别是基本养老保险、基本医疗保险、失业保险和住房公积金。生活里我们常说的五险一金（五险即社会保险，一金即公积金），是在三险一金的基础上增加了生育保险和工伤保险，但这两个险种都是由单位缴纳，无须个人缴纳，因此不属于专项扣除。

三险一金的缴纳基数/缴存基数有明确的上下限规定。社会保险缴费基数不能低于上一年度当地社会平均工资的 60%，不超过上一年度社会平均工资的 3 倍。例如，2021 年北京市平均工资为 9 407 元，社保缴费基数下限为 5 360 元，上限为 28 221 元。关于社会保险的内容，在第十一章中有详细的阐述。

公积金缴存基数则不低于上一年度月最低工资标准，不高于上一年度职工月平均工资的 3 倍。例如，2021 年北京市公积金月缴存基数下限为 2 320 元，月缴存基数上限是 28 221 元，单位和个人缴纳公积金的上限额均为 28 221×12% = 3 387 元。

每个城市因为平均工资的不同，所以上下限也不相同，具体的数额可以通过各地的人力资源和社会保障局网站、住房公积金网站查询。

各地五险一金的缴纳比例有一定的区别，表 4.2 分别列举了 2021 年北京、上海、成都三地单位与职工的缴纳比例。

表 4.2 2021 年北京、上海、成都五险一金单位与职业的缴纳比例

五险一金	北京		上海		成都	
	单位	个人	单位	个人	单位	个人
养老保险	16%	8%	16%	8%	16%	8%
医疗保险	9.8%	2%+3 元	10.5%	2%	8.3%	2%
失业保险	0.5%	0.5%	0.5%	0.5%	0.6%	0.4%
生育保险	合并入医疗保险缴纳	0%	合并入医疗保险缴纳	0%	合并入医疗保险缴纳	0%
工伤保险	0.2%—3%	0%	0.16%—1.52%	0%	0.1%—1.425%	0%
公积金	5%—12%	5%—12%	5%—7%（补充住房公积金 1%—5%）	5%—7%（补充住房公积金 1%—5%）	5%—12%	5%—12%

资料来源：北京市人力资源和社会保障局、上海市人力资源和社会保障局、成都市人力资源和社会保障局。

拓展阅读 缴纳五险一金的数额是固定的吗？

不是，数额会发生变化。

缴纳社保和公积金的数额是随着收入的变化而变化。每年的 6 月，五险一金的缴费基数会被重新确认。缴费基数会按照纳税人上一年度的总收入来重新计算，总收入除以 12 个月得到新的月平均工资，再乘以缴费比例来确定接下来一年需要缴纳的五险一金数额。此外，社保政策或者公积金政策的调整，也会影响缴纳的数额。

2. 什么是专项附加扣除

专项附加扣除是缴纳个人所得税前可以从收入额中扣除的免税项。一共为 7 项，分别是：子女教育、继续教育、大病医疗、住房贷款利息、住房租金、赡养老人和 3 岁以下婴幼儿照护。

（1）子女教育附加扣除

如果有正在接受全日制学历教育的子女，或者年满 3 岁至小学入学前处于学前教育阶段的子女，可以按照每个月 1 000 元的标准定额扣除。

它可以在父母之中选择其一进行 100% 扣除，也可以由父母双方各扣除 50%。扣除方式在一个纳税年度内不能发生变更。建议可以选择由收入高的人多扣除，从而增加税后收入。

王小弗和苏小轼的孩子苏迈迈、苏黛黛、苏过过，分别在接受初中、小学、学前教育。因此，王小弗和苏小轼一共可以获得 3 000 元的子女教育附加扣除。扣除方案可按每个子女分别进行。例如，第 1 个 1 000 元由王小弗扣除，第 2 个 1 000 元由苏小轼扣除，第 3 个 1 000 元可两人各扣除 500 元。上述扣除方式适用于王小弗与苏小轼的收入相差不多，缴纳个税税率一样的情况。如果苏小轼的收入高于王小弗，那么扣除均由苏小轼进行更为合适。因为他的个人所得税率高于王小弗，可以减免更多个税。

（2）继续教育附加扣除

继续教育主要分为两大类，分别是成人学历（学位）继续教育和成人职业资格证教育。

成人学历（学位）继续教育是指针对上班族等社会成人的学习方式，包括成人高等教育、高等教育自学考试、电大现代远程开放教育和网络大学。扣除方式是在接受教育期间，按照每月 400 元定额扣除，但是同一学历（学位）的扣除时间不能超过 48 个月。

例如，王小弗想系统地学习法律专业知识，于是她决定接受在职研究生教育。在读期间，她可以每月扣除 400 元后再计算个人所得税，一共可连续扣除 48 个月。

成人职业资格证教育分为专业技术人员职业资格和技能人员职业资格两大类。专业技术人员职业资格指教师资格证或会计资格证等类型的证书；技能人员职业资格指消防设施操作员或焊工等技能方面的证书。扣除方式是在取得相关证书的当年，按照 3 600 元定额扣除。

例如，2020 年苏小轼考取了教师资格证，那么在 2020 年苏小轼计算应纳税所得额时，可以扣除 3 600 元。但是如果同年他又考取了会计师资格证，依然只能扣除 3 600 元，不能叠加扣除。

（3）大病医疗附加扣除

纳税人或其配偶、未成年子女在医保目录范围内自付的医药费用超过1.5万元的部分，可以在每年8万元限额内据实扣除。

例如，苏小轼因生病需要手术，手术费用除了医保报销以外，自费医药费3.9万元。这3.9万元中的2.4万元（3.9万元 –1.5万元）可以抵扣个人所得税。

（4）住房贷款利息附加扣除

纳税人或其配偶现在有首套住房贷款，那么其利息支出可以按每月1 000元的标准扣除。纳税人只能享受一次首套住房贷款利息扣除。首套住房贷款是指购买住房享受首套住房贷款利率的住房贷款。

例如，王小弗和苏小轼夫妻通过贷款方式购买了首套住房，每月需要还房贷。在这种情况下，王小弗和苏小轼可以在两个人之间择一进行住房贷款利息附加扣除，每月扣除1 000元。

（5）住房租金附加扣除

如果纳税人在主要工作城市没有自有住房，需要通过租房解决居住问题，就可以进行住房租金附加扣除。按所在城市不同，分别按每月800元、1 100元、1 500元的标准扣除。

苏小妹目前名下没有房产，由于她在北京工作并且租房，她每月住房租金附加可按1 500元标准扣除。如果因为工作变更，她换去苏州市工作生活，那么她每月的住房租金扣除将变更为1 100元。

> **拓展阅读** 可以同时享受住房贷款利息和住房租金扣除吗？
>
> 不可以。在一个纳税年度里，纳税人及其配偶不能同时分别享受住房贷款利息和住房租金专项附加扣除。
>
> 例如，在2020年上半年苏小妹租房居住。此时她可以每月税前抵扣1 500元。下半年，苏小妹贷款购置首套住房。此时在选择附加扣除时，苏小妹只能在两者之间选择其一进行附加扣除。

（6）赡养老人附加扣除

纳税人家中有年满60岁（含）的父母，如果是独生子女，按每月2 000元的标准扣除。如果是非独生子女，可以与其兄弟姐妹按照每月2 000元的标准分摊扣除，但是每个人的分摊额度不能超过1 000元。具体如何分摊，可以由赡养人均摊或者约定分摊，也可以由被赡养人指定分摊。

例如，苏小轼的父亲苏老洵已年满60岁，苏小轼可以申请赡养老人附加扣除，由于他不是独生子，每月最多可扣除1 000元。

（7）3岁以下婴幼儿照护附加扣除

纳税人家中有3岁以下婴幼儿，按照每个月1 000元的标准定额扣除。扣除时间为婴幼儿出生当月至年满3周岁前1个月。例如，孩子在2022年5月出生，那么此项扣除可以持续到2025年4月。2025年5月可以填报子女教育附加扣除继续减免个税。3岁以下婴幼儿照护扣除方式与子女教育的扣除方式一致。

3. 国家规定的其他扣除项有哪些

个人缴付符合国家规定的企业年金或职业年金、个人养老金以及购买符合国家规定的商业健康保险、税收递延型商业养老保险的支出等，都是纳税扣除项或者纳税递延项。

某些奖金也是纳税的扣除项，如省级人民政府、国务院部委和中国人民解放军军以上单位，以及外国组织、国际组织颁发的科学、教育、技术、文化、卫生、体育、环境保护等方面的奖金。例如，诺贝尔奖的奖金就不用缴纳个税。此外，购买彩票中奖，奖金在1万元以下免征个税；对见义勇为者给予的奖励也免征个税。

个人的一些捐赠行为也是纳税扣除项。例如对教育、扶贫、济困等公益慈善事业进行捐赠，捐赠额没有超过纳税人申报的应纳税所得额30%的部分，可以从捐赠人应纳税所得额中扣除。

4. 什么是个税免征额

个税免征额，是指个人所得税法规定的个人收入里可以不用缴税的额度。目前年度个人所得税免征额为60 000元。

例如，苏小妹2020年年度收入在扣除所有的抵扣税项，如专项扣除、附加专项扣除后，收入额为59 000元。此时，苏小妹就不用缴纳个人所得税，因为59 000元还在免征额度内。

5. 自雇人士和被雇人士都可以享受免税扣除项吗

可以。自雇人士可自愿缴纳专项扣除，缴纳后，可以享受专项扣除免税项。不论自雇或被雇，只要是符合附加专项扣除条件的个人，就可以申请此项免税扣除。国家规定的其他扣除项以及年度免征6万元，也是两类人群都适用。

表 4.3 被雇人士和自雇人士享受免税扣除项

免税扣除项	被雇人士	自雇人士
专项扣除	可以享受	已自愿缴纳相关费用的人士可以享受
专项附加扣除	可以享受	可以享受
国家规定其他扣除项	可以享受	可以享受
免征额6万元	可以享受	可以享受

6.自雇人士与被雇人士缴纳三险一金比例一样吗

不一样。自雇人士缴纳三险一金的比例与被雇人士有一定的区别。根据国家规定，专项扣除中的基本养老保险和基本医疗保险，自雇人士可以自愿缴纳。而失业保险由各地根据当地情况决定是否适用于自雇人士。被雇人士的三险都是统一由单位缴纳。社会保险的缴纳详述可见第十一章。

关于住房公积金，目前在《住房公积金监管条例》中没有明确自雇人士是否可以缴纳公积金，但在实践中，多地都可以自愿缴纳。以北京为例，个体工商户以及灵活就业的人员缴存住房公积金，可委托人才代办机构办理开户手续，缴存基数按照本人上一年度月平均纳税收入计算。月平均纳税收入是指城镇个体工商户、自由职业人员需纳税的全年总收入除以12。自雇人士缴纳住房公积金数额需要符合公积金存基数上下限的规定。

三、劳动收入纳税计算

1.个人综合所得如何纳税

工资薪金、劳务报酬、稿酬、特许权使用费合并为综合所得，统一按年度计算个人所得税。个人综合所得税缴纳金额公式如下：

$$个人综合所得税缴纳金额 = 应纳税所得额 \times 税率 \quad (4-1)$$

个人综合所得适用累进税率。根据应纳税所得额的大小，划分若干等级，不同等级对应不同税率，数额越大税率越高。应纳税所得额的计算公式如下，具体适用税率见表4.4。

$$\begin{aligned}应纳税所得额 =\ &综合所得收入额 - 专项扣除 - 专项附加扣除 - \\&其他可扣除项 - 依法确定的其他扣除 - \\&公益慈善事业捐赠 - 6万元\end{aligned} \quad (4-2)$$

例如，全年应纳税所得额是 50 000 元，那么需要缴纳税额是 36 000×3% +（50 000–36 000）×10% = 2 480 元。

表 4.4 个人综合所得适用税率表

级数	全年应纳税所得额	税率（%）	速算扣除数
1	不超过 36 000 元的部分	3	0
2	超过 36 000 元至 144 000 元的部分	10	2 520
3	超过 144 000 元至 300 000 元的部分	20	16 920
4	超过 300 000 元至 420 000 元的部分	25	31 920
5	超过 420 000 元至 660 000 元的部分	30	52 920
6	超过 660 000 元至 960 000 元的部分	35	85 920
7	超过 960 000 元的部分	45	181 920

（1）什么是综合所得收入额

综合所得收入额是不同类型收入的收入额之和。综合所得收入额不等于综合所得收入。综合所得中包含不同类型的收入，这些收入要根据个税法的规定，分别计算收入额。

以下是不同类型收入计算收入额的公式：

工资薪金所得收入额 = 全部工资薪金税前收入 （4-3）

劳务报酬所得收入额 = 全部劳务报酬税前收入 ×（1 – 20%） （4-4）

稿酬所得收入额 = 全部稿酬税前收入 ×（1 – 20%）×70% （4-5）

特许权使用费所得收入额 = 全部特许权使用费税前收入 ×（1 – 20%） （4-6）

例如，王小弗当月收入工资 10 000 元，劳务费 2 000 元，稿酬 800 元，此外还转让了自己绘画作品的版权，获得收入 10 000 元，这些收入应该如何计算收入额呢？具体如下。

表 4.5 王小弗不同收入类型的收入额计算

收入类型	收入（元）	收入额（元）	计算公式
工资	10 000	10 000	10 000 = 10 000
劳务	2 000	1 600	1 600 = 2 000 × 80%
稿酬	800	448	448 = 800 × 80% × 70%
特许权使用费	1 000	800	800 = 1 000 × 80%

（2）什么是速算扣除数

想要计算个人所得税，需要将应纳税金额分级按相应的税率进行计算，计算较为复杂。速算扣除数，是为了简化计算而预先计算好的一个数据。计算个税时，用应纳税金额乘适用的最高税率，再减去对应级的速算扣除数，即为应纳个税金额。

以个人综合所得使用税率表来介绍不同级别的速算扣除数，计算如下：

第 1 级数，速算扣除是 0；

第 2 级数，速算扣除是 36 000×（10% – 3%）= 2 520；

第 3 级数，速算扣除是 144 000×（20% – 10%）+ 2 520 = 16 920；

第 4 级数，速算扣除是 300 000×（25% – 20%）+ 16 920 = 31 920；

第 5 级数，速算扣除是 420 000×（30% – 25%）+ 31 920 = 52 920；

第 6 级数，速算扣除是 660 000×（35% – 30%）+ 52 920 = 85 920；

第 7 级数，速算扣除是 960 000×（45% – 35%）+ 85 920 = 181 920。

案例　速算扣除数

苏小辙 2020 年应纳税所得额是 35 万元，那么他应该缴纳多少个人所得税？

方法一：按照税率一步一步计算个税

根据个人综合所得适用税率表（见表 4.4），先把金额对应到各个级数：35 万元 = 3.6 万 + 10.8 万 + 15.6 万 + 5 万，然后计算出每一级需要缴纳的税额。

表 4.6　2020 年苏小辙应纳税额

应纳税所得额（元）	对应级数	税率（%）	缴纳税额（元）
36 000	第 1 级数	3	1 080
108 000	第 2 级数	10	10 800
156 000	第 3 级数	20	31 200
50 000	第 4 级数	25	12 500

苏小辙合计需纳税 55 580 元（1 080 + 10 800 + 31 200 + 12 500）。

方法二：按速算扣除数计算个税

缴纳个税金额 = 应纳税所得额 × 对应的最高税率 – 速算扣除数

应纳税所得额是 35 万元，位于 30 万和 42 万之间，适用第 4 级数，税率 25%，速算扣除数 31 920。

> 缴纳个税金额 = 350 000 × 25% - 31 920 = 55 580 元
>
> 两种方法算出来需要缴纳个税金额是一致的，但是使用速算扣除数可以更快地得到答案。

（3）年终奖怎么纳税

年终奖计税正处于政策过渡期，可以选择合并计入综合所得计算或不合并单独计算。目前，过渡期政策已延长至 2023 年底。

年终奖不合并纳税时，适用年终奖税率。年终奖单独计税，是将年终奖平摊到每个月，根据每个月的金额适用表 4.6 的税率。计算缴纳税的公式如下：

$$应纳税额 = 全年一次性奖金 \times 适用税率 - 速算扣除数 \quad (4-7)$$

表 4.7　年终奖适用税率表

级数	全月应纳税所得额	税率（%）	速算扣除数
1	不超过 3 000 元的	3	0
2	超过 3 000 元至 12 000 元的部分	10	210
3	超过 12 000 元至 25 000 元的部分	20	1 410
4	超过 25 000 元至 35 000 元的部分	25	2 660
5	超过 35 000 元至 55 000 元的部分	30	4 410
6	超过 55 000 元至 80 000 元的部分	35	7 160
7	超过 80 000 元的部分	45	15 160

年终奖合并纳税时，适用综合所得税率（见表 4.4）。年终奖属于综合所得，是工资薪金所得的一部分，过渡期结束后会并入综合所得，一并纳税。

年终奖选择合并纳税还是不合并纳税？我们可以根据自己的收入情况估算一下。如果目前的收入已经开始缴纳个人所得税，那么选择不合并纳税会更适合，获得的可支配收入会多一些。

（4）年终奖不划算区间

年终奖涨了，但到手的金额却少了，是怎么回事？

这是因为年终奖单独计税时，存在一些"不划算区间"。年终奖 38 000 元的到手金额反而会比年终奖 36 000 元的到手金额少。多发 1 元钱奖金，可能要多缴纳上千元的税金。以 36 000 元和 36 001 元为例。

36 000 元年终奖，平摊到每月金额是 3 000 元，适用第一级税率 3%：

$$应纳税额 = 全年一次性奖金 \times 适用税率 - 速算扣除数$$
$$= 36\,000 \times 3\% - 0 = 1\,080 元$$

36 001 元年终奖，平摊到每月金额是 3 000.8 元，适用第二级税率 10%：

$$应纳税额 = 36\,001 \times 10\% - 210 = 3\,390.1 元$$

可见，多拿 1 元年终奖，需要多缴税 2 310.1 元。年终奖的不划算区间一共有 6 个，分别是 36 001—38 566.67 元，144 001—160 500 元，300 001—318 333.33 元，420 001—447 500 元，660 001—706 538.46 元，960 001—1 120 000 元。表 4.8 展示了 36 001—38 566.67 元，144 001—160 500 元两个不划算区间的具体数据。

表 4.8 年终奖的两个不划算区间展示

区间	年终奖金额（元）	适用税率（%）	速算扣除	个税（元）	税后金额（元）
36 001—38 567 元	36 001	10	210	3 390	32 611
	38 000	10	210	3 590	34 410
	38 567	10	210	3 647	34 920
144 001—160 500 元	144 001	20	1 410	27 390	116 611
	150 000	20	1 410	28 590	121 410
	155 000	20	1 410	29 590	125 410
	160 500	20	1 410	30 690	129 810

出现这个不划算区间，是因为在计算年终奖时，速算扣除数用的是 210 元 [3 000×（10%-3%）]，这是一个月对应的速算扣除数，但是计算个税金额时用的却是年终一次性奖金 36 000 元，对应相减的速算扣除数没有相应扩大 12 倍，这就导致出现多 1 块钱多缴纳 2 310.1 元的情况，也是个税年终奖纳税不划算区间产生的原因。

案例 个人综合所得缴税案例

以上文中王小弗的收入为案例，我们来计算王小弗的收入需要缴纳多少个人所得税（本案例使用的社保缴纳比例源自表 4.2）。

王小弗是城镇户籍，是北京一家医院的护士，2021 年合同工资为 10 000 元 / 月，年度工资收入 120 000 元。在单位期刊上发表了一篇文章，5 月获得稿酬 800 元。由于王小弗这一年的工作表现优异，年终时拿到了奖金 24 000 元。2021 年 11 月开始利用闲暇时间为社区的老人提供护理服务，每月获得劳务收入

2 000 元。

王小弗缴纳社保和公积金的基数为 10 000 元/月，2021 年王小弗缴纳的三险一金（生育保险和工伤保险个人不缴纳）具体明细如下：

养老保险 = 10 000 × 8% = 800 元

医疗保险 = 10 000 × 2% + 3 = 203 元

失业保险 = 10 000 × 0.5% = 50 元

公积金 = 10 000 × 12% = 1 200 元

月度缴纳：800 + 203 + 50 + 1 200 = 2 253 元

年度缴纳：2 253 × 12 = 27 036 元

2021 年，王小弗的综合所得收入额为：

工资收入额 = 10 000 × 12 = 120 000 元

劳务收入额 = 2 000 × 2 × 80% = 3 200 元

稿酬收入额 = 800 × 80% × 70% = 448 元

综合所得收入额 = 120 000 + 3 200 + 448 = 123 648 元

（1）如果王小弗没有其他的抵税扣除项，那她在 2021 年年度应纳税所得额为：

全年应纳税所得额 = 综合所得收入额 − 专项扣除 − 个税免征额

$\qquad$ = 123 648 − 27 036 − 60 000

$\qquad$ = 36 612 元

由于全年应纳税所得额 36 612 元，已经超过 36 000 元。其中 36 000 元适用税率的第 1 级，3%；超过的部分 612 元，适用税率的第 2 级，10%。

缴纳个税 = 全年应纳税所得额 × 税率

$\qquad$ = 36 000 × 3% + 612 × 10%

$\qquad$ = 1 080 + 61.2

$\qquad$ = 1 141.2 元

图 4.2 为不考虑奖金以及其他的情况下，王小弗 2021 年收入的构成图。2021 年她的总收入为 124 800 元，其中缴纳三险 12 636 元，公积金 28 800 元，个人所得税 1 141.2 元，最终净收入为 96 622.8 元（124 800−12 636−14 400−1 141.2）。

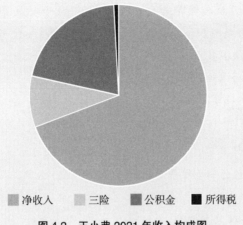

图 4.2　王小弗 2021 年收入构成图

王小弗受雇于医院，医院会按 1∶1 的比例缴纳公积金，也就是说医院在 2021 年为王小弗缴纳公积金 14 400 元，2021 年王小弗公积金合计 28 800 元。个人可以支取公积金用于支付房租、房屋修建、购买房屋，所以公积金可以看成我们收入的一部分。

（2）王小弗拿到的年终奖怎么计税？

可以选择单独计税或者并入综合所得一起纳税。

◎ 单独计税

年终奖 24 000 元平摊到每个月所得额为 2 000 元，适用税率的第一级 3%。需要缴纳的个税为 720 元。

奖金应纳个税 = 24 000 × 3% = 720 元

◎ 合并计税

全年应纳税所得额 = 36 612 + 24 000 = 60 612 元

综合所得 + 奖金应纳个税 = 36 000 × 3% + 24 612 × 10%
　　　　　　　　　　　　= 1 080 + 2 461.2 = 3 514.2 元

从数据可以直接看出，如果奖金合并计税，王小弗需要多缴纳个税 1 680 元 [3 514.2 −（1 141.2+720）= 1 680]。对于王小弗而言，在 2021 年选择奖金不合并纳税，是一个更优选择。

（3）如果王小弗目前有老人需要赡养，有三个子女正在接受教育，对缴纳个税有什么影响（此处假设苏小轼不参与附加扣除）？

王小弗可以每月抵扣赡养老人的2 000元以及子女教育专项附加3 000元（1 000×3），年度专项附加扣除额为：（2 000＋3 000）×12＝60 000元。此时，王小弗就不需要缴纳个税。

因为王小弗的综合所得收入额减去专项扣除，再减去专项附加扣除后的收入额为36 612元（123 648－27 036－60 000＝36 612），在6万元的免征额内，所以不用缴纳个税。

网上提供个税计算器，我们填入相关的信息，便可计算出需要缴纳的个税金额，其实不需要自己一步步手动计算。

2. 个人经营所得怎么纳税

个人经营获得收入所缴纳的税金，即为个人经营所得税。什么是个人经营获得的收入详见问题"什么是个人经营所得"。个人经营所得税也适用累进税率（见表4.9）。个人经营所得税需要个人自行申报缴纳。如果是两个人及以上合伙经营，需按分配比例计算。个人经营所得税根据纳税人是否有综合所得收入分为以下两个计算公式。

当纳税人没有个人综合所得收入，只有营业收入时，具体计算应纳税额公式如下：

应纳税额＝[（收入总额－成本－费用－损失）×分配比例－6万元－

专项扣除－专项附加扣除－依法确定的其他扣除－

准予扣除的捐赠]×适用税率－速算扣除数　　　　　　　　（4-8）

当纳税人有营业收入也有个人综合所得收入时，计算应纳税额公式如下：

应纳税额＝[（收入总额－成本－费用－损失）×分配比例－

准予扣除的捐赠]×适用税率－速算扣除数　　　　　　　　（4-9）

表4.9　个人经营所得适用税率表

级数	全年应纳税所得额	税率（%）	速算扣除数
1	不超过30 000元	5	0
2	超过30 000元至90 000元的部分	10	1 500
3	超过90 000元至300 000元的部分	20	10 500
4	超过300 000元至500 000元的部分	30	40 500
5	超过500 000元的部分	35	65 500

案例　个人经营所得纳税

秦小观与朋友佛小印合伙开了一家企业，合伙协议约定利润分配比例为：秦小观60%，佛小印40%。2020年合伙企业实现收入总额1 000万元，成本费用600万元，其中，支付秦小观工资12万元，其他事项纳税调整增加额为38万元。

佛小印2020年无任何综合所得，实际缴纳基本养老保险和基本医疗保险2.4万元，符合条件的专项附加扣除6万元，另外佛小印从经营所得中拿出50万元捐赠给公益慈善事业。

秦小观在一家公司上班，2020年的工资薪金为20万元，实际缴纳三险一金为4万元，符合条件的专项附加扣除为3万元，已由单位在发放工资预扣预缴个人所得税时进行了扣除。

秦小观与佛小印合伙企业的经营所得应该缴纳多少个人所得税？

第一步：计算合伙企业的应纳税所得额。

应纳税所得额＝收入－成本费用＋税前列支的投资者工资＋纳税调整增加额
＝1 000－600＋12＋38＝450万元

第二步：计算个人来源于合伙企业的经营所得的应纳税所得额，按照合伙协议约定的分配比例进行分配。

秦小观来源于合伙企业的经营所得＝450×60%＝270万元

佛小印来源于合伙企业的经营所得＝450×40%＝180万元

第三步：计算个人经营所得的应纳税额。

（1）由于秦小观没有综合所得，计算应纳税所得额时，可以扣除免征额6万元、专项扣除、专项附加扣除以及依法确定的其他扣除。

秦小观经营所得的应纳税所得额＝270－6－2.4－6＝255.6万元

适用税率为35%，速算扣除数为65 500，则：

应交个人所得税＝255.6×35%－6.55＝82.91万元

（2）佛小印有综合所得，免征额6万元、专项扣除、专项附加扣除以及依法确定的其他扣除已在综合所得的应纳税所得额扣除的，此处不重复扣除。

佛小印经营所得扣除捐赠之前的应纳税所得额＝180万元

准予扣除的公益慈善事业捐赠额＝180×30%＝54万元

实际捐赠 50 万元，小于扣除限额，可以据实扣除。

扣除捐赠额之后的应纳税所得额 = 180 − 50 = 130 万元

适用税率为 35%，速算扣除数为 65 500，则：

应交个人所得税 = 130 × 35% − 6.55 = 38.95 万元

四、劳动收入纳税管理

1. 个人所得税 App

个人所得税 App 是国家税务总局 2019 年推出个人税收管理、申报的应用软件。在 App 上可以查询到已申报的每一笔收入以及每一笔收入的纳税明细。除此之外，还可以进行综合年度汇算、填报和查询专项附加扣除、更正和废止税费申报、查询异议处理等多项与税相关业务的办理。通过 App 我们可以了解自己不同年度的收入和纳税细节，进一步准确地缴纳个人所得税。

个人所得税 App 是重要的纳税管理工具。下文以专项附加扣除填报为例，介绍简单的操作流程。

打开 App 页面会发现专项附加扣除填报板块就在首页的常用业务板块（如图 4.3）。可以直接填报专项附加扣除的子女教育、继续教育、大病医疗、住房贷款利息或者住房租金、赡养老人等 7 项信息（如图 4.4）。专项附加扣除按年度填写相关信息。

在进入具体的附加扣除时，会弹出填写此项专项附加扣除需要准备的信息，图 4.5 即为填写继续教育需要的信息提示。之后只需要跟随提示一步一步填写即可完成专项附加扣除的填报。

此外，App 上有专项附加扣除信息查询功能，我们也可以在这里查看以往申报的专项附加扣除相关信息。

2. 什么是综合所得年度汇算

综合所得年度汇算是指将个人的年度工资薪金、劳务报酬、稿酬、特许权使用费收入合并起来，计算个人最终应缴纳的个人所得税金额，然后与已缴纳的个人所得税金额进行对比，计算应补或者应退税款，最后向税务机关办理申报并进行税款结算的行为。

第四章　纳税管理

图 4.3　常用业务板块

图 4.4　7 项附加扣除填报页面

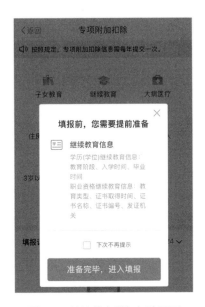

图 4.5　继续教育附加扣除页面

缴纳税款时，由于采用的是预扣制，部分收入预扣税率不同于综合所得税率，会出现多缴或少缴税的情况。例如，劳务报酬所得预扣税率适用 20%—40%

三级超额累进税率（如表4.10）；稿酬所得、特许权使用费所得预扣税率适用20%的比例预扣率。因此，需要综合所得年度汇算来纠正税款缴纳不准确的现象。

表4.10 居民个人劳务报酬所得预扣预缴适用税率

级数	预扣预缴应纳税所得额	预扣率（%）	速算扣除数
1	不超过20 000元的部分	20	0
2	超过20 000元至50 000元的部分	30	2 000
3	超过50 000元的部分	40	7 000

除了因预缴制造成纳税不准确的情况以外，工作单位出现变更、五险一金的缴纳出现断交或补交等情形，也可能出现纳税不准确的情况。

所以，每个人都有必要在个人所得税App上申请年度统一汇算，这样可以准确计算出个人实际应缴纳税额，多退少补。申请年度汇算的时间是次年的3—6月，也就是说，2023年3—6月可以对2022年的纳税情况进行重新汇算，确定最终纳税金额。汇算时，我们也可以看到具体的计算过程，需要核对的纳税金额。

3. 劳动收入如何合理节税

个税主要通过综合年度汇算、运用专项附加扣除、保险抵扣、避开不划算区间等方式来实现节税。

（1）按时完成综合所得年度汇算

综合所得年度汇算对于有工资薪金以外收入的人群而言，是一个非常重要的纳税管理工具。不进行综合汇算，很有可能会多缴纳一些不必要的税款。

前文例子中，2021年王小弗在11月、12月分别获得劳务收入2 000元。按每次收入计算，王小弗每次需要预缴纳税金额（2 000 – 800）×20% = 240元，11月和12月预缴纳税额为480元。劳务收入属于综合所得，根据2021年综合所得适用的税率3%，王小弗两个月获得的劳务收入实际应缴纳税款2 000×2×80%×3% = 96元。

也就是说，如果王小弗没有进行综合所得年度汇算，她的劳务收入将纳税480元；如果进行了综合所得年度汇算，劳务收入只需纳税96元。由此可清楚地看到，不进行综合年度汇算，王小弗的劳务收入会多缴纳384元税款。

谨记按时进行综合所得年度汇算，它是我们进行纳税筹划中不可或缺的重要一环。

（2）充分运用抵税扣除项

抵税扣除项越多、金额越大，应纳税额就越小，节税也就越多。

①专项扣除

专项扣除的五险一金是根据个人上一年整体收入确定的。对于被雇人士而言，三险一金的缴纳比例固定，专项扣除不是被雇人士进行税收筹划考虑的因素。但对于自雇人士而言，三险一金是自愿缴纳，可以考虑按缴纳基数的上限进行缴纳，增大专项扣除金额。

②专项附加扣除

专项附加扣除不同于专项扣除，对于被雇人士和自雇人士都是有效的税收筹划工具。

首先，专项附加扣除需要主动申报。没有申报填写，就不会在缴税前进行扣除。因此，一定要记得在个税 App 上申报专项附加扣除项。如果忘记填写，只要在次年综合所得年度汇算前进行申报，对于本年度的缴税计算都有效。

其次，专项附加扣除中，有些个税减免扣除项是可以通过努力争取减免的。如继续教育专项附加扣除，获得职业资格证或者继续接受学历教育都可以获得扣除项。如果每一年都能获得一个职业资格证书，那么每一年的收入中都有 3 600 元不用纳税。在学习知识、提升专业技能的同时，还可以实现个税的减免、增加收入。

③其他抵扣项

个人缴纳符合国家规定的企业年金或职业年金、个人养老金，都可以抵扣税额。

（3）灵活使用保险抵扣

根据税收优惠政策，购买一些特定的保险产品也可以进行纳税抵扣。例如，购买符合国家规定的商业健康保险以及一些税收递延型商业养老保险（详见第十二章的介绍），也可以合理进行纳税规划。

以购买符合规定的商业健康保险产品的支出为例，该支出可以在当年或者当月计算应纳税所得额时，进行税前扣除，扣除的限额是一年 2 400 元。

税收递延型商业养老保险最初是在上海市、福建省（含厦门市）和苏州工业园区试点推行。要注意，税收递延型商业养老保险不是免交个税，而是延迟缴税。在领取保险金时，也就是退休的时候，仍然需要缴纳这部分的所得税款。

（4）避开不划算区间

前文阐述了目前的年终奖纳税机制，存在多收入1元，多缴上千元税金的现象。因此在发放奖金时，应注意避开不划算区间，达到合理节税。

（5）运用税收优惠政策

一些地区符合条件的个人缴纳个税时，可以享受税收优惠政策。例如，在海南，符合条件的高端紧缺人才可享受个人所得税实际税负超过15%的部分予以免征的优惠政策。符合人才条件的高收入人群，可以选择去海南工作，享受该优惠政策。

第三节 其他收入纳税

一、财产性收入

财产性收入是指通过已拥有的财产而获得的收入，包括卖出已有财产获得的财产转让收入，出租已有财产获得的财产租赁收入，以及金融资产的利息、分红等收入。

1. 财产转让所得及纳税计算

财产转让所得是指个人转让有价证券、股权、合伙企业中的财产份额、不动产、机器设备、车船以及其他财产取得的所得。例如，苏小轼与王小弗夫妇卖掉手中持有的股票或者出售名下的房产，获得的资金就是财产转让所得。

（1）财产转让怎么缴纳个税

转让财产的收入额减去财产原值和合理费用后的余额，是财产转让所得的应纳税所得额。以下为财产转让缴纳个税的公式：

应纳个人所得税税额 = [转让财产的收入额 − （财产原值 + 合理费用）] × 20%

（4-10）

目前，个人转让我国境内上市公司的股票所得，暂时不征收财产转让个人所得税，但是个人转让上市公司限售流通股，适用上述20%的税率。

（2）个人卖出住房怎么缴纳个税

个人转让住房所获得的收入，根据原购房合同、发票等有效凭证，经税务机关审核后，从转让住房的收入中减去房屋原值、转让住房过程中缴纳的税金以及有关的合理费用，计算个人应纳税所得额。计算公式如下：

应纳个人所得税税额＝[转让二手房收入－（房屋原值＋税金＋合理费用）]×20%

（4-11）

其中，税金是指转让住房时实际缴纳的城市维护建设税、教育费附加、土地增值税、印花税。合理费用指房屋出售人按照规定实际支付的住房装修费用、住房贷款利息、手续费、公证费等费用。

如果住房没有原值，按纳税人住房转让收入的一定比例核定应纳所得税。我国税法规定该比例为1%—3%，具体比例由各城市根据当地情况自行决定。大多数城市将该比例设为1%。

根据国家税务规定，个人转让自用5年以上，并且是家庭唯一的生活用房，转让收入免征个人所得税。在2022年10月1日至2023年12月31日期间，出售自有住房并在现住房出售后1年内在市场重新购买住房的纳税人，对其出售现住房已缴纳的个人所得税予以退税。

案例　卖出住房缴纳个税

2017年8月，苏小轼以400万元的价格全款购置的一套90平方米的住房，缴纳契税以及其他合理费用6万元。在2019年6月苏小轼决定以480万元的价格卖给秦小观。在这次出售住房过程中，苏小轼需要缴纳多少个税？

缴纳个税金额＝（房屋出售价格－房屋购买价－契税及合理费用－城市维护建设税及附加费）×20%　　　　　　　　　　　（4-12）

＝（480－400－6－1.6－1.14）×20%＝14.25万元

上述计算中400万元为购房款，6万元为契税及合理费用，1.6万元是城市维护建设税，1.14万元为附加费。

拓展阅读 个人卖出住房还需要缴纳哪些税

作为住房的出售方，除了缴纳财产转让个人所得税以外，还需要缴纳增值税、城市维护建设税、印花税、土地增值税。本章第四节会介绍上述税种。

表 4.11 售房涉及税种、税率表

税种	税率	
增值税	持有住房 2 年以上	非普通住宅：5% 普通住宅：免交
	持有住房 2 年以下	5%
个人所得税	持有住房满 5 年且为唯一住房	免交
	持有住房不满 5 年或不是唯一住房	有原值：差值 20% 无原值：1%
城市维护建设税	7%/5%/1%	
土地增值税	暂不征收	
印花税	暂不征收	

因此，上述案例中卖房的苏小轼还需要缴纳：

（1）增值税

苏小轼购买该住房后并没有持有满 2 年，需要缴纳 5% 的增值税，缴纳增值税额约为 22.86 万元［480÷(1+5%)×5%］。若他持有 2 年以上再出售，则不用缴纳增值税。

（2）城市维护建设税及附加费用

上文增值税为 22.86 万元，需要缴纳城市维护建设税为 22.86×7% = 1.6 万元。一般在缴纳城市维护建设税时，会缴纳附加费。在此案例中，缴纳教育费附加和地方教育附加 22.86×5%=1.14 万元。

2. 利息、股息、红利所得及纳税计算

利息、股息、红利所得是指个人因拥有债权、股权等而取得的利息、股息、红利所得。例如，茅台 2021 年 3 月发布公告将每 10 股派红 192.93 元（含税），对于茅台股票的持有者，192.93 元就是股息。

利息、股息和红利所得适用比例税率 20%，即按每次应纳税额的 20% 缴纳个人所得税。一般而言，都是由扣缴义务人按月或者按次代扣代缴税款。扣缴义务人是指代收代缴税款义务的单位和个人。例如，获得的债券利息收入、股票股息、红利收入，会通过发行债券、股票的企业或者上市公司在支付收入时，直接代扣代缴 20% 的个人所得税。因此，我们到手的收入都是已纳税后的金额。

目前，国债、储蓄存款的利息收入免征个人所得税，个人持股 1 年以上获得股息红利也免征个人所得税，对投资者从基金分配中取得的收入，也暂不征收个人所得税。

3. 财产租赁所得及纳税计算

财产租赁所得是指个人出租不动产、机器设备、车船以及其他财产取得的所得。例如，秦小观将名下的一辆汽车以每月2 000元的价格出租给了别人，秦小观每月拿到的租金收入就是财产租赁所得。那么，秦小观拿到的2 000元出租收入该怎么纳税？

根据我国税法规定：

（1）每次收入不超过4 000元的，减除费用800元后，余额为应纳税所得额。

$$应纳个人所得税税额 =（每次收入额 - 800元）\times 20\% \qquad (4-13)$$

（2）每次收入在4 000元以上的，减除20%的费用，其余额为应纳税所得额。

$$应纳个人所得税税额 = 每次收入额 \times (1 - 20\%) \times 20\% \qquad (4-14)$$

秦小观获得的租金收入为2 000元，不到4 000元，所以他需要纳税的金额是（2 000 - 800）× 20% = 320元。

假设下个月秦小观的租金收入上涨至5 000元，那么他需要纳税的金额是5 000 × (1-20%) × 20% = 800元。

个人出租房屋拿到的收入是财产租赁所得，一般都适用于上述的财产租赁所得纳税公式。但各地区的纳税规定有所不同，我们可以咨询当地税务机关确定适用的税率。

例如，云南省发布《关于个人出租房屋个人所得税征收管理有关事项的公告》，自2021年1月1日起施行。个人出租住房按10%的税率征收个人所得税；个人出租非住房按20%的税率征收个人所得税。

二、偶然性收入

偶然所得是指个人得奖、中奖、中彩以及其他偶然性质的所得。其他偶然性质的所得还包括：受赠人因无偿受赠取得的受赠收入、个人为单位或他人提供担保获得的收入等。偶然收入所得以每次收入额为应纳税所得额。

$$应纳个人所得税税额 = 每次收入额 \times 20\% \qquad (4-15)$$

例如，2012年北京某彩民双色球中奖5.7亿元，缴纳了个税1.14亿元（5.7亿 × 20%）。

一般情况，发奖单位和机构会代扣代缴这部分税。有一些奖金可以免交个税或者有纳税起征点，详细可见本章第二节所列国家规定的其他扣除项。

三、其他收入纳税管理

其他收入的纳税管理，尤其是在财产转让所得中转让房产时需要注意，重点是要争取使用税收优惠政策。

与住房交易相关的税收优惠政策有两个。

第一，房屋出售者将持有满 2 年的房屋出售可免交增值税（有一些城市已经将 2 年调整为 5 年）；第二，如果出售持有满 5 年且是名下唯一的住房可免交个人所得税。

前文例子中，苏小轼 2019 年 6 月出售了一套在 2017 年 8 月购置的普通住房。由于购房没有持有满 2 年，需要缴纳增值税 22.86 万元，个人所得税 14.25 万元。如果苏小轼可以等到 2019 年 9 月卖出，可以免交增值税 22.86 万；如果在 2022 年 9 月卖出，且该住房为苏小轼的唯一住房，则满足了第二个政策，还可以免交个税 14.25 万元（见表 4.12）。

表 4.12　苏小轼不同售房时间缴纳税金统计表

购房时间	卖房时间	增值税	个人所得税	
			唯一住房	不唯一
2017 年 8 月	2019 年 6 月	22.86 万元	14.25 万元	14.25 万元
	2019 年 9 月	免交	14.25 万元	14.25 万元
	2022 年 9 月	免交	免交	14.25 万元

在出售房屋时，争取达到使用税收优惠政策的条件，可以合理减少纳税金额，增加财产转让收入。

第四节　非收入纳税

税有 18 种，但并不是每个人都需要缴纳 18 个税种。本节将介绍除个人所得税以外我们生活中较为常见的税种，以及该如何纳税。

一、什么是增值税

增值税是对产品的增值额进行征税,即对买卖价格之间的差价进行收税。谁让产品增值,谁就需要缴纳增值税。例如,一件衣服从棉花到成衣要经历好几道"增值"程序:将棉花变为布料的布料工厂,将布料变成成衣的服装企业等,每一个让产品增值的工厂和企业都需要缴纳增值税。增值税率分为4档,分别是13%、9%、6%、0%,会依据不同行业而有所区别。

增值税包含在最终支付的产品金额中。因此,谁最终购买了产品,谁就承担整个产品增值过程中的增值税。我们个人如果是产品的最终消费者,那么在购买任何产品时,都在缴纳增值税。缴纳增值税的逻辑,同理适用于消费税,向卖方征收,但最后是由买方承担。

图 4.6 是一张快递费的发票,从明细里可以看到,支付的快递费用是 36 元,其中 33.96 元是服务价格,2.04 元则是缴纳的增值税。

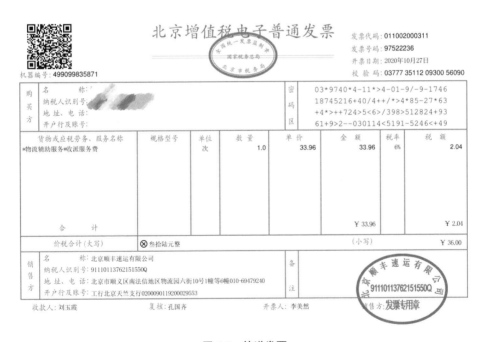

图 4.6　快递发票

拓展阅读 出售住房如何缴纳增值税？

出售住房缴纳的增值税，根据房子所在地区不同而有所差异。整体可以分为两类：第一类是北京、上海、广州和深圳这四个城市，第二类就是这四个城市以外的城市。

这两类之间主要的差别在于是否区分普通住房和非普通住房。在北京、上海、广州和深圳这四个城市，存在普通住房和非普通住房的划分方法。个人如果购买非普通住房，即使持有2年以上，仍需要按差额的5%缴纳增值税。而除此以外的城市，增值税缴纳没有普通住宅和非普通住宅之分。具体可见表4.13和表4.14。

表4.13 第一类：北京、上海、广州和深圳出售住房增值税

房屋类型	持有住房年限	增值税
普通住宅	<2年	房屋价格（不含税）×5%
普通住宅	≥2年（有地区为5年，如深圳）	免交
非普通住宅	<2年	房屋价格（不含税）×5%
非普通住宅	≥2年	差额×5% 差额=卖出收入−原购房价格

表4.14 第二类：四个城市以外的城市出售住房增值税

房屋类型	持有住房年限	增值税
住宅	<2年	房屋价格（不含税）×5%
住宅	≥2年	免交

2021年4月广州发布了最新政策，广州9个区将个人销售房屋的增值税免交年限由2年升为5年。个人在出售或者购买房屋时，要随时跟进所在地最新的税收政策，明确自己需要承担的税负成本。依据政策规定做好税务筹划、调整自己的行为，可以减少不必要的纳税。

> **拓展阅读** 什么是普通住房和非普通住房？
>
> 　　普通住房和非普通住房是根据容积率、面积、实际成交价格对住宅房屋进行的划分。
>
> 　　根据《国务院办公厅转发建设部等部门关于做好稳定住房价格工作意见的通知》，普通住房需要同时满足以下3个条件：一是住宅小区建筑容积率在1.0以上；二是单套建筑面积在120平方米以下；三是实际成交价格低于同级别土地上住房平均交易价格的1.2倍。
>
> 　　各省、自治区、直辖市根据本地区的实际情况，制定了本地区享受优惠政策普通住房的具体标准。例如，允许单套建筑面积和价格标准适当浮动，但向上浮动的比例不得超过上述标准的20%。
>
> 　　以深圳为例，2020年7月15日，深圳对于普通住房的标准规定如下：
>
> （1）住宅小区建筑容积率在1.0（含）以上；
>
> （2）单套住房套内建筑面积在120（含本数）平方米以下或者单套住房建筑面积在144（含本数）平方米以下；
>
> （3）实际成交总价低于750（含本数）万元。

二、什么是消费税

　　在中华人民共和国境内销售、委托加工和进口应税消费品的单位和个人，为消费税的纳税人，应当依法缴纳消费税。

　　并非所有的产品都需要缴纳消费税，国家规定需要缴纳消费税的消费品一共有15类，分别是烟、酒、化妆品、贵重首饰及珠宝玉石、鞭炮烟火、成品油、摩托车、小汽车、高尔夫球及球具、高档手表、游艇、木制一次性筷子、实木地板、电池、涂料。

　　消费税和增值税一样，属于价内税，包含在产品的销售价格里。对特定产品征收消费税，能达到调节收入分配和引导消费的目的。通过征收高的消费税，可以引导消费者减少消费此类产品，比如烟草、鞭炮等。

　　消费税的计算，一般分为从价计税、从量计税和复合计税。例如，汽车是从价计税，成品油是从量计税，卷烟是复合计税。具体计算公式如下：

从价计税：消费税＝应税消费品的销售额 × 比例税额　　　　（4-16）

从量计税：消费税＝应税消费品的销售数量 × 定额税率　　　（4-17）

复合计税：消费税＝销售额 × 比例税率＋销售数量 × 定额税率（4-18）

汽车的消费税根据汽车的车型不同适用不同的税率而计算。车型分为三种，乘用车、中轻型商用客车以及超豪华小汽车。乘用车根据排量的大小，分别征收不同标准的消费税。排量越大，税率就越高。

汽车消费税的计算适用上述公式（4-16）从价计税。

如果是进口车的消费税，计算公式是：

应纳税额＝组成计税价格 × 比例税率

＝（关税计税价格＋关税）÷（1－消费税比例税率）×

消费税比例税率　　　　　　　　　　　　　　　　（4-19）

生活中，消费者看到的车价是已经包含消费税和增值税的价格。

三、什么是契税

契税，是我们购房中需要缴纳的一个重要税种。根据规定，转移土地、房屋权属，承受的单位和个人为契税的纳税人，应当依照法律规定缴纳契税。契税税率为3%—5%，具体税率各地区有差异。根据国家对个人购买住房的税收优惠政策，个人购买住房缴纳的契税在1%—3%。

影响契税的因素包括：一是房屋套数，购买的房屋是首套还是第二套；二是建筑面积，购买房屋的面积是90平方米及以下还是90平方米以上。

房屋购买时契税缴纳与房屋出售时增值税缴纳一样，分为两类：第一类是北京、上海、广州和深圳这四个城市，第二类是这四个城市以外的城市。

表4.15　第一类：北京、上海、广州和深圳购买住房契税

套数	建筑面积（平方米）	契税税率（%）
唯一住房	≤90	1
	>90	1.5
第二套改善性住房	—	3

表 4.16　第二类：四个城市以外的城市购买住房契税

住房数量	建筑面积（平方米）	契税税率（%）
唯一住房	≤90	1
	>90	1.5
第二套改善性住房	≤90	1
	>90	2

案例　买入住房纳税

第三节中秦小观以480万元的价格购买了苏小轼的一套90平方米的住房，他需要缴纳哪些税？

作为住房的买方，秦小观只需要缴纳的契税，免交印花税。

表 4.17　购买住房需要缴纳的税

项目	税种	税率
买房	契税	1%—3%
	印花税	暂不征收

秦小观需要缴纳的契税如下：

（1）如果是首套住房，秦小观需要缴纳 480×1% = 4.8 万元；

（2）如果是第二套住房，由于秦小观是在北京购房，需要缴纳3%的契税，纳税金额为：480×3% = 14.4 万元。

卖出住房的纳税案例，可参考本章第三节中关于财产转让所得及纳税计算的阐述。

在买房纳税管理时，需要注意以下三点。

第一，注意契税政策差异。90平方米为契税缴纳比例的分隔线。购置首套房，90平方米以上需要缴纳1.5%的税率，90平方米及以下只需缴纳1%的契税。因此我们在购房时需要注意，不要因为多买1平方米而多缴纳0.5%的税。

案例中秦小观购买的住宅房屋为90平方米，假设为首套住房，需要缴纳的契税税率为1%，税金为4.8万元。假设房屋的面积为91平方米，秦小观缴纳的契税税率则为1.5%，税金为7.2万元。由此可见，多买1平方米多缴纳2.4万元税金。

第二，争取购买享有税收优惠政策的住房。新房不涉及，但是如果是买二手房，卖方需要缴纳的税可能会转嫁给买方。买二手房时，除了要关注房屋的总价外，税也是购房成本的重要部分。争取购买满两年或者"满五唯一"的房子，这样的房子可以免交增值税或个人所得税，购房的成本相对更低。

第三，注意普通住房和非普通住房差异。部分地区在出售非普通住房时，缴纳增值税和个税比普通住房多。例如在北京、上海、广州、深圳购置非普通住房，在售出时并没有免交增值税的优惠政策。所以我们在购置住房的时候需要考虑清楚，是否要购买非普通住房。

上文中苏小轼出售的90平方米住房是在2017年8月购买的普通住房，如果在2019年9月售出，满足优惠政策，不用交增值税。如果他当时购买的是一套非普通住房，即使他在2019年9月售出，虽然持有了2年，但是由于是非普通住宅，仍需要缴纳（480－400）×5%＝4万元的增值税。

四、什么是印花税

在中华人民共和国境内书立应税凭证、进行证券交易的单位和个人，为印花税的纳税人，应当依照《中华人民共和国印花税法》规定缴纳印花税。

印花税起源于荷兰，在市场交易中，由于双方担心对方违约，因此由政府作为"公证人"，在合同上盖上印花，保障合同的效力，政府依据印花收税。在我国，不是所有的合同都会粘贴印花、缴纳印花税。只有印花税法附的《印花税税目税率表》中的税目才需要缴纳印花税，如买卖合同、租赁合同、运输合同等。

此外，对个人出租、承租住房签订的租赁合同，暂免征收印花税；对个人销售或购买住房暂免征收印花税。

> **拓展阅读** **证券交易印花税**
>
> 证券交易印花税，是股票交易成本的一部分，也是我国用于调节证券市场的工具之一。目前，证券交易的出让方需要缴纳印花税，受让人无须缴纳。我国证券交易印花税收入在2015年达到最高值2 550多亿元，占当年全国税收收入的2.04%。

我国证券交易印花税从1990年开始征收，至今为止已进行了多次修改，具体变化如表4.18所示。在过去的一段时间里，股市出现过热现象时，会上调印花税率，提高交易成本，降低市场活跃度，如1997年印花税率曾从3‰上调至5‰。在股市低迷时期，则通过降低印花税率，降低交易成本，活跃市场交易，如2008年税率曾经从3‰下调至1‰，且从向交易双方收取，改为只向卖方收取。不过，学术研究发现，在我国证券市场投资者不够成熟的情况下，证券印花税虽在一定程度上可能起到抑制投机、稳定市场的作用，且主要是短期影响，但更需注意印花税带来的负面作用。

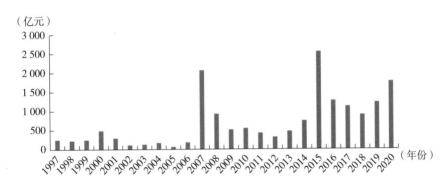

图4.7 1997—2020年证券交易印花税收统计图

资料来源：财政部、证券期货年鉴。

表4.18 中国A股市场印花税率变更

时间	调整内容
1990年	首次征收，交易双方各缴纳成交金额的6‰
1991年	税率下调，交易双方各交3‰
1997年	税率上调，交易双方各交5‰
1998年	税率下调，交易双方各交4‰
1999年	税率下调，交易双方各交2‰
2005年	税率下调，交易双方各交1‰
2007年	税率上调，交易双方各交3‰
2008年	税率下调至1‰，由双边征收改为单边征收，卖方交，买方不交

五、什么是城镇土地使用税

城镇土地使用税与土地使用权相关联。一般而言，获得了土地使用权就意味着要缴纳土地使用税。国家征收土地使用税主要是为了合理利用城镇土地，调节土地级差收入，提高土地使用效益，加强土地管理。

城镇土地使用税只针对县以上的城市征收。在城市、县城、建制镇、工矿区范围内使用土地的单位和个人，为城镇土地使用税的纳税人，应当依照规定缴纳土地使用税。

对于个人而言，目前个人所有的居住房屋及院落用地，暂缓征收城镇土地使用税。对个人出租住房，不区分用途，也免征城镇土地使用税。

六、什么是城市维护建设税

城市维护建设税是专用于城市的公用事业和公共设施维护建设的税种，为城市建设发挥重要作用。地方人民政府会把这笔税款用于城市的园林绿化、公用消防、交通标志、路灯照明、污水处理、集中供暖等公共设施的建设和维护。

城市维护建设税本身并没有特定的征税对象，是依托在纳税人缴纳增值税和消费税的基础上计算纳税金额。因此，在中华人民共和国境内缴纳增值税、消费税的单位和个人，为城市维护建设税的纳税人，应当依照规定缴纳城市维护建设税。

城市维护建设税根据纳税人所在的地区不同，适用不同的税率。

表 4.19 中的纳税人所在地是指纳税人住所地或者与纳税人生产经营活动相关的其他地点，具体地点由省、自治区、直辖市确定。

表 4.19 城市维护建设税税率

纳税人所在地	税率（%）
市区	7
县城、镇	5
不在市区、县城或者镇	1

一般来说，房主卖出房屋时，会在缴纳城市维护建设税时缴纳教育费附加

和地方教育费用。这两项附加费用也是以缴纳增值税和消费税的实际额为计税依据，分别适用费率3%和2%。

七、什么是土地增值税

土地增值税征收的对象是单位或者个人在转让土地使用权、出售建筑物及附着物时所产生的价格增值量。增值量等于转让获得的收入减去过去取得所支付的金额、后期开发的成本费用以及税金等，适用四级超额累进税率30%、40%、50%、60%。

以继承、赠予方式无偿转让房地产的行为无须缴纳土地增值税。目前个人销售住房暂免征收土地增值税。

八、什么是车辆购置税

车辆购置税是对在境内购置规定车辆的单位和个人征收的税种，它由车辆购置附加费演变而来。车辆购置税的税率为10%，且是一次性征收。如果购买的车已经缴纳过购置税，则不用缴纳第二次。符合国家税务总局规定的新能源汽车车型可以免征车辆购置税。

车辆购置税计算公式如下：

$$车辆购置税的应纳税额 = 应税车辆的计税价格 \times 税率 \tag{4-20}$$

九、什么是车船税

车船税是指在中华人民共和国境内的车辆、船舶的所有人或者管理人按照《中华人民共和国车船税法》缴纳的税种。车船税是每年都需要缴纳的税种。汽车车船税的多少主要根据车辆的类型以及车辆的排气量决定，具体的税额见表4.20。国家给出的车船税税额是一个区间，各省从区间中取值，确定当地的税额为多少。

表 4.20 车船税税目税额表

税目		计税单位	年基准税额	备注
乘用车[按发动机汽缸容量（排气量）分档]	1.0 升（含）以下的	每辆	60 元至 360 元	核定载客人数 9 人（含）以下
	1.0 升以上至 1.6 升（含）的		300 元至 540 元	
	1.6 升以上至 2.0 升（含）的		360 元至 660 元	
	2.0 升以上至 2.5 升（含）的		660 元至 1 200 元	
	2.5 升以上至 3.0 升（含）的		1 200 元至 2 400 元	
	3.0 升以上至 4.0 升（含）的		2 400 元至 3 600 元	
	4.0 升以上的		3 600 元至 5 400 元	

车船税按年申报纳税，分月计算。每年 1 月 1 日至 12 月 31 日为车船税缴纳期，若迟交会收取滞纳金。车船税可以在投保车险时由保险公司代缴，也可以自己到政府税务部门缴税。每年车辆年检时，车管所会查车辆是否缴纳了车船税。有一些车船根据规定可以免交或少交车船税，如捕捞、养殖的渔船，节约能源、使用新能源的车船等。

案例 买车纳税

苏小妹决定购买一辆哈弗 H6 车型的 2020 款 1.5GDIT 自动铂金舒适版国Ⅵ作为家用代步车，出厂价格价格为 10 万元。她需要缴纳多少税款呢？

在我国境内购买汽车需要承担的税包括消费税、增值税、车辆购置税、车船税。

（1）消费税和增值税

消费税和增值税包含在出厂价格的 10 万元里。具体金额如下：

$$消费税 = 100\,000 \div (1+13\%) \times 3\% = 2\,654.87 \text{ 元}$$

$$增值税 = 100\,000 \div (1+13\%) \times 13\% = 11\,504.43 \text{ 元}$$

（2）车辆购置税

$$缴纳的车辆购置税 = 100\,000 \div (1+13\%) \times 10\% = 8\,849.56 \text{ 元}$$

这款车型的出厂价格 10 万元包含了增值税税款的价格，我们在计算车辆购置税时，需要先扣除增值税税款，用 10 万元除以（1+ 增值税率 13%），得出车辆的计税价格，再乘 10% 的车辆购置税税率。

（3）车船税

购置车辆排量为1.5升，符合车船税减半征收优惠政策。由于北京限行，北京市乘用车辆按年减征2个月应纳税额计算全年应纳税款。排气量1.0升以上至1.6升（含）的定额税为420元。

①在现行政策下，2020年苏小妹需要缴纳多少车船税？

$$（420\div2）\times（8\div12）\times（10\div12）=140元$$

上述公式中第一项（420÷2）是车辆符合节能乘用车，车船税减半征收。第二项（8÷12）是苏小妹在2020年5月购买的车，使用车为8个月，需要缴纳车船税占全年的比例。第三项（10÷12），即（12-2）÷12是根据北京市的优惠政策，按年减征2个月的比例优惠。

②在现行政策下，2021年苏小妹需要缴纳多少车船税？

$$（420\div2）\times（10\times12）=175元$$

苏小妹在2020年5月购买这辆车一共纳税23 148.86元。未来每年还需缴纳175元车船税。

买车需要注意以下两点。

第一，可以选择购买有税收优惠政策的车型。

如果选择新能源车代替燃油车，可以节省车辆购置税、车船税。购置新能源汽车免征车辆购置税、车船税政策延续至2023年底。下面对比了相同价格的燃油车与新能源汽车需要缴纳的税款。

（1）一台新能源汽车出厂价为40万元，不含税价格为35.40万元，增值税为4.60万元。

这台新能源汽车需要缴纳的税额总计为4.60万元。其中增值税为4.60万元，无车辆购置税和车船税。

（2）一台燃油车出厂价同样为40万元，不含税价格为35.40万元，增值税为4.60万元；排气量为2.5升，车船税参考北京的年基准税额为900元。

这台燃油车需要缴纳的税额总计8.23万元。其中增值税为4.60万元，车辆购置税为3.54万元，车船税为0.09万元。

由于新能源车享受税务优惠政策，两种车型相差的税款金额可达3.57万元。

第二，选择购买税率低的车型。

根据家庭财务状况购买适当的汽车类型，若非必要，无须购买进口车以及超豪华小汽车。这两类车需缴纳的税更高。例如，购买一辆大于 4.0 排量，价格高于 130 万元的进口超豪华小汽车，顶格税率会达到 78%，即关税 15%，消费税 40%，增值税 13%，额外消费税 10%。

超豪华小汽车是指每辆零售价格 130 万元（不含增值税）及以上的乘用车和中轻型商用客车。

此外，还可以根据家庭情况需要购买适当排放量的车型。低排放量车型每年缴纳的车船税更少。以北京为例，排量 1.0 以下每年车船税为 300 元，排量 4.0 以上车船税为 5 280 元。

第五节　如何做好纳税管理

第一，纳税管理不是逃税。我们要遵守税法的规定，依法缴纳税款。纳税管理是在税法的规定下、国家政策的导向下，合法减少缴纳税款，增加个人可支配收入。

第二，了解不同纳税区间的税率差异。税收政策对于纳税比例和纳税行为有明确的规定，不要因为没有注意到不同纳税区间的税率差异而多缴纳税，例如购房的契税政策。

第三，规避不划算纳税区间。年终奖在单独计算纳税时，存在不划算区间，可以规避这些不划算区间，做好纳税管理。

第四，主动申报免税项。免税项是国家为个人提供的最直接有效的减税渠道。应该积极主动申报符合要求的免税项，如专项附加扣除，不要错失减税的机会。

第五，主动做好年度汇算。年度汇算是核对本年度个人收入纳税金额是否准确的工具，主动做好年度汇算，可以在多缴纳税的情况下获得退还的税款，也能在少缴税款的时候，履行自己的纳税义务，补缴税款。

第六，合法运用税收的优惠政策。国家为了宏观调控经济的发展引导居民消费，会发布并实行优惠的税收政策。而这些优惠的税收政策正是我们节税的有效渠道。

第三篇
资产管理

第五章

资产管理概述

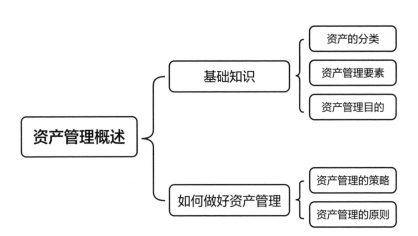

实现金融幸福很重要的一点，就是懂得如何管理资产。管理好个人或家庭的资产是走向金融幸福的重要一步。家庭就像一个小型企业，如果能将这些资产按照科学合理的方式管理起来，就能为这个家庭创造更多收入，从而更有助于实现金融幸福的目标。

做好资产管理，需要了解什么是资产，资产管理的要素，以及分析某一种资产是否值得投资。另外，还应该了解资产管理的目标是什么，有哪些资产管理策略，以及如何做好资产管理。这一章我们先从整体了解资产管理，后续的三章将分别从流动性管理、金融资产管理和实物资产管理三大类来谈如何做好资产管理。

第一节　基础知识

一、资产的分类

资产是指家庭所拥有和控制、预期能够给家庭带来效用或收益的物品。资产既包括看得见、摸得着的实物资产，如住房、汽车、家具家电等，又包括看得见、摸不到的非实物资产，例如国债、股票、银行存款等。

我们可以根据资产的流动性从高到低的顺序，将资产分为三大类：流动资产、金融资产、实物资产。

引用第三章《理财规划》城镇家庭资产负债表（详见表3.2）中的数据，可以看出典型的中国城镇家庭三类资产分布情况。城镇家庭总资产为317.9万元，其中流动资产约占3%，价值为10.8万元；金融资产约占17%，价值为54.1万元；实物资产约占80%，价值为253万元。

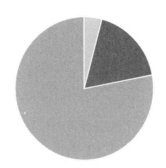

图 5.1　中国城镇家庭资产分布

资料来源：中国人民银行。

1. 什么是流动资产

流动资产包含现金、活期存款、货币市场基金、支付账户中的零钱、现金管理类理财产品等流动性较高的资产，变现能力很强。个人或家庭持有这些流动资产主要是为了应对生活日常支出和意外开支。流动资产的收益率比较低，如果想要依靠流动资产来赚钱，会比较困难。但是，流动资产变现快，交易损失小，持有风险很低。

图 5.2 展示了中国城镇家庭中流动资产的具体构成。在图 5.2 中，流动资产

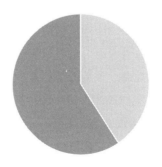

图 5.2　中国城镇家庭流动资产构成

资料来源：中国人民银行。

共计 10.8 万元，其中包含 4.4 万元的现金（占比约 41%）以及 6.4 万元的活期存款（占比约 59%）。

流动资产管理决定了个人或家庭应该持有多少种类、多少比例的流动资产，第六章《流动性管理》将会详细介绍如何做好流动资产管理。

2. 什么是金融资产

金融资产，即为了获取收益的金融类投资资产，具体包括股票、债券、定期存款、理财产品、基金等。多种多样的金融资产，可以满足居民不同的投资偏好和投资需求。其中既有高风险高收益的股票、期货等，又有收益较为稳定的固定收益类产品。

图 5.3 展示了中国城镇家庭金融资产具体构成，金融资产共计约为 54.1 万元，占家庭总资产的 17%。其中，银行理财等各类资产管理产品 17.26 万元、定期存款 14.54 万元、股票 4.15 万元、基金 2.27 万元、保险 4.28 万元、债券与互联网理财产品各为 0.78 万元，其余共计 10.06 万元。

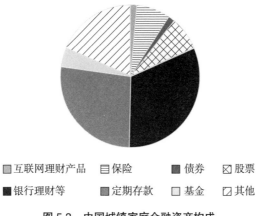

图 5.3 中国城镇家庭金融资产构成

资料来源：中国人民银行。

金融资产管理是根据不同金融资产的收益和风险特征，选择符合自身风险偏好的资产。第七章《金融资产管理》将会介绍更多金融资产管理的内容。

3. 什么是实物资产

实物资产主要包括房产和耐用品。房产通常是指用来居住或者出租的住房、商铺、厂房等，房产在资产中属于比较特殊的一种，它们具有使用与增值的双重属性，流动性往往低于其他类型的资产。此外，房产在家庭资产中的占比通常很大。如果没有特殊情况，人们一般很少会卖出持有的房产。

耐用品也是个人或家庭持有资产中必不可少的一部分，耐用品是指日常生活中经常会用到的、为人们提供便利的有形资产，比如汽车、家具、大型家电等。耐用品不像其他类型资产，主要是为人们的生活提供便利，通常会有折旧和损耗的问题，其价值一般会随着使用年限的增加而降低。虽然耐用品有二手交易市场，但是交易流动性普遍较低，卖方可能要在市场上售卖很久才能找到买方。

如图5.4，在城镇家庭实物资产构成中，住房的价值为187.8万元，占实物资产价值的74%，占家庭总资产价值的59%，超过家庭总资产价值的一半。此外，商铺的价值为21.62万元，厂房、设备等经营性资产的价值为19.42万元，汽车的价值为16.53万元，其他大型耐用品价值总和为7.63万元。

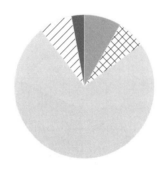

■商铺　☒汽车　▫住房　▨厂房、设备等经营性资产　■其他实物资产

图5.4　中国城镇家庭实物资产构成

资料来源：中国人民银行。

第八章《实物资产管理》重点介绍了住房、汽车、商铺和其他实物资产的收益、风险、流动性，以及个人购买实物资产的合理规划。由于实物资产占家庭总资产的比重很大，学会做好实物资产管理，可以让家庭财富更好地保值增值。

二、资产管理要素

资产管理是指个人或家庭根据风险偏好、财务状况以及目标规划，将资产进行合理配置，以实现金融幸福的过程。资产通常会有现金、活期存款等为生活开支提供流动性的资产，有股票、债券等为获取收益的资产，也有汽车、住房等为居民的生活提供服务与便利的资产。如何合理的配置和管理这些资产，即增加资产的收益、降低整体风险、保持资产的流动性，就是我们接下来要了解的内容。

资产管理需要科学的理论支撑与严谨的逻辑分析。资产管理过程包含了很多要素，这些要素可能会影响人们做的每一个投资决定。如果想要管理好资产，那么就有必要了解一下资产的三要素（RRL）：第一个"R"代表收益（Return），第二个"R"代表风险（Risk），"L"代表流动性（Liquidity）。

前两个R概括了资产管理的核心问题，即如何平衡收益与风险，在一定风险程度下如何实现更高收益，而流动性则是资产管理中需要考虑的投资限制。

1. 收益

资产的收益是指资产所能带来的资金回报。收益分为预期收益和实际收益两种。预期收益是指人们在进行决策之前，预期能够从投资中获得的收益，包含了人们的主观判断。实际收益是指人们在投资之后获得的实际收益，是真正的市场回报。

资产的收益也分为收入收益和资本利得收益两部分。收入收益一般是指利息、股利等收入；资本利得收益是指资产增值的部分，或者说剔除掉利息部分后的资本增值量。此外，还有毛收益、净收益等概念，我们用下面的案例来解释。

案例　股票投资收益

假设某只股票10元/股，苏小轼用10 000元买了1 000股，一段时间后这只股票的价格涨到了15元/股，此时苏小轼卖出，他可以获利5 000元。假如这期间他没有收到股利等其他收益，那么5 000元就是他的毛收益，或者说毛收益率为50%。计算过程是：

$$\text{毛收益率} = (\text{卖出金额} - \text{原始投资额}) / \text{原始投资额} \qquad (5\text{-}1)$$
$$= (15\,000 - 10\,000) / 10\,000 \times 100\%$$
$$= 50\%$$

以上提到的只是毛收益，从毛收益中减去各类交易成本，就是真正到手的净收益。因为买卖股票需要交纳手续费等费用，所以苏小轼真正获利是不足 5 000 元的。假设买入股票的交易费用为 30 元，卖出股票的交易费用为 60 元，那么苏小轼扣除交易成本后的净收益率则为 49.1%。计算公式是：

$$\text{净收益率} = （\text{卖出金额} - \text{原始投资额} - \text{交易成本}）/ \text{原始投资额} \quad (5\text{-}2)$$
$$= （15\,000 - 10\,000 - 30 - 60）/ 10\,000 \times 100\%$$
$$= 49.1\%$$

2. 风险

资产的风险意味着资产价值发生损失的可能性。如果一种资产的风险较高，那么这种资产的价值发生损失的可能性就比较大。资产的风险可以用资产价格的变动幅度来表示。价格波动越大，资产的风险就越高。不同资产的风险是不一样的。投资期货发生亏损的可能性通常大于投资股票发生亏损的可能性，而投资股票发生亏损的可能性又通常大于投资债券发生亏损的可能性。

3. 流动性

简单来说，资产的流动性是指资产的快速变现能力。资产的流动性主要体现在买卖价差大小、交易需要耗费的时间和难易程度等。当我们卖出流动性较高的资产时，通常需要的时间较短，卖出时资产价格发生大幅度亏损的可能性也较小。

举个例子，假如苏小轼打算出售名下的一套住房，但是找不到合适的买家，卖不出合适的价格。如果他想要卖出合适的价格，只能通过中介不停地发广告，慢慢等待买家。如果他着急卖出住房，可能就要接受更低的价格。而个人账户里的基金产品或者银行理财产品，却可以在一天或几天内被快速地赎回，一般来说价格变动也不会太大。相比之下，住房的变现能力要比基金、理财这一类产品差很多，因此住房的流动性比较低。

三、资产管理目的

在我们的一生中，资产管理是始终无法逃避的话题。从投资股票到买房，从买一台电视机到购买一份理财产品，日常生活中每一个消费或投资的决定都是资产管理中的一环。那么我们要弄明白：为什么要做资产管理？

总的来说，资产管理的目的有以下五点：一是有些资产的价值可能会随着时间推移而不断上升（增值属性）；二是合适的资产管理可以增加人们的财产性收入（收益属性）；三是通过资产管理保持资产的流动性，从而更好地应对突发状况；四是有效的资产管理可以帮助人们更快地达成生活目标；五是拥有资产储备可以保障老年生活。

1. 资产的增值属性

提起资产的增值属性，不得不提到第二章中学到的知识——货币的时间价值。资产增值是指在资产收益率为正的前提下，资产的价值会随着时间的增加而增加。尤其是在复利增长的情况下，时间越长，资产价值积累得越快。简单来说，就是在资产收益率为正的前提下，资产会随着时间推移而变得越来越值钱。

假设我们在20岁时有5万元的资产可以管理，每一年的本金和投资收益都不断地投资到下一年中，中途不提取本金或收益。如果投资年化收益率能达到5%，那么这5万元的资产就会在60岁时增值到35万元。如果年化收益率达到了10%，那么这5万元就会在60岁时增值到226万元。这就是资产增值属性的魅力。时间越长，收益率越高，人们拥有的资产价值就会越高。

2. 资产管理增加财产性收入

资产管理有助于增加人们的财产性收入。财产性收入既可以指由国债或股票等金融类投资产生的资金收益，也可以指出租房产带来的租金收入等。财产性收入是家庭收入的重要补充。

在第二章提到的生命周期理论中，我们了解到一个人的收入与其所处的年龄段有关。个人的收入水平会在其达到一定年龄之后趋于稳定。假如苏迈迈在22岁大学毕业后步入社会，这时候他的收入是相对较低的，可能每年收入10万元左右。在苏迈迈50岁左右时收入可能稳定在每年30万元，但是在他退休后收入可能会快速地下降。

在此情况下，他们可以通过配置资产来增加收入。例如，用手上富余的现金等流动性好的资产来购置一套市中心的住房并出租，用租金来提升家庭收入；也可以将低收益资产换为具有升值潜力的股票或收益更高的固定收益类产品，从而提高资产的收益。

3. 资产管理有助于应对突发状况

通过合理的资产管理来保持个人资产的流动性，可以有效地帮助人们应对各类突发情况。当遇到失业或者其他变故时，人们可以将手里的资产按照流动性从高到低的顺序依次变现，用以弥补失去的收入或支付预期外的大额支出，以此对冲风险。

2020年的新冠肺炎疫情就是一个很好的例证。2020年上半年，突如其来的新冠肺炎疫情导致社会活动大规模停摆。其间，一些家庭暂时失去了收入来源，在这种情况下，如果个人或家庭有合适的资产配置，就可以在需要资金时卖出流动性强的资产，从而减少突发状况带给人们的压力，生活质量就不会因为意外情况而下降。

4. 资产管理有助于更快地达成生活目标

人在一生中会有很多目标，比如住大房子、开好汽车、买喜欢的东西、去想去的地方等。但是这些"梦想"往往都要付出不菲的成本才能实现。合理地管理资产，可以帮助人们在日常生活中开源节流，实现资产增值，更快地达成生活目标。

比如，当我们每次发工资后，第一个想法是吃一顿大餐或者买一件新衣服，其实这不一定是理性的消费行为。如果我们能够合理地管理资产，将手上的资金投资出去，就可以有效地抑制我们当期的消费欲望，减少不必要的支出，起到节流的作用。当资产实现正收益时，也就起到了开源的作用，这会加快我们实现生活目标的进度。

随着资产价值的不断积累，我们就会发现当初制定的目标并非高不可攀。小公寓可能换成大房子，低档车也可能换成高档车，我们的生活质量也会不断提高。

5. 资产管理保障老年生活

根据生命周期理论，人生不同阶段的收入情况不同，做好资产管理可以帮助人们提前布局未来养老，提高老年生活质量。例如，养老保险产品具有长期储蓄和保障的功能，人们将适当的资金配置到养老年金中，可以达到管理现金流和未来合理分配的目的，保证在老年时期依然拥有稳定的收入来源。

除此之外，我们还可以在中年时期买房，老年用"以房养老"的方式保持老年生活水平。简单来说，"以房养老"是指老年人将自己的住房抵押给银行或是保险公司，可以定期拿到一定金额的养老金或是获得老年公寓的服务，与此同时，老人对住房依然拥有居住权和使用权。但是在老人身故后，住房将由银行或者其他金融机构抵押变现并结算利息，剩余价值再交由继承人。

"以房养老"的操作模式可以分为金融行为和非金融行为，前者需要通过金融机构才能实施，比如倒按揭、售房养老等；后者可以自行操作，比如房产租换、售后回租等，这些都可以实现以房养老的大目标。但是小心不要陷入以养老为名义的金融诈骗圈套，第十三章《金融诈骗防范》中介绍了各年龄段会遇到的理财投资陷阱，值得我们重点关注。

第二节　如何做好资产管理

一、常见的资产管理策略

常见的资产管理策略有以下四种，分别是：基于目标的资产配置方法、60/40分割法、120减去年龄法则、按照自身风险偏好管理资产方法。

第一种资产管理策略是"基于目标的资产配置方法"（Goal-based Asset Allocation）。这种方法是指，每个人需要结合家庭实际情况，列出多个目标，并为每个目标设置重要性、期限和目标成功的概率这三项指标。根据这三项指标，制定不同的资产配置方案，分别形成一个投资组合，每个投资组合分别对应一个目标。

如果目标的重要性较低，实现目标所需花费的时间较长，那么就可以配置一些风险较高的金融资产；反之，如果目标的重要性较高，实现目标所需花费的时间较短，那么应该配置一些较为稳健的金融资产，例如国债与债券型基金。

第二种资产管理策略是"60/40分割法"，这是一种国际上流行且比较传统的投资管理方式。这种方法是指将高风险资产（例如股票等）与低风险资产（例如债券等）的投资比例分别控制为60%和40%。

这种资产管理策略虽然看似简单，但在实践中可以战胜大多数投资组合。因为通常情况下，股债投资组合的风险低于股票并且高于债券，对比纯股票的单一资产投资，60/40投资组合在牺牲一些收益的情况下，平滑了资金曲线，并且能够降低投资组合的波动率。因此，"60/40分割法"资产管理策略既可以为人们提供较为可观的收益,也可以提供稳定的现金流。

第三种资产管理策略是"120减去年龄法则"。这种方法的思路比较简单,即用120减去一个人的年龄,得到的数字再除以100,就是这个人应该在全部资产中配置中高风险资产的比例。

"120减去年龄法则"策略的意义在于,随着人们的年纪逐渐增大,风险承受能力就会越来越弱。用120减去人们的年龄再除以100,得到的比例就是这个年纪适合承担的中高风险资产比例。假设你今年40岁,那么你就应该配置80%的中高风险资产、20%的低风险资产。如果你今年50岁,那么你配置中高风险资产与低风险资产的比例就应该为70%与30%。

第四种资产管理策略是指人们可以依据风险偏好来管理资产。例如某人的风险偏好是保守型的,那么可以提高投资组合里中低风险资产的比例,构建一种风格稳健的投资组合,比如配置70%的债券或银行理财、20%的债券型基金和10%的股票基金等。

如果某人的风险偏好比较激进,希望追求较高收益,那么就可以提高资产组合中的高收益类资产的比例,例如配置60%的股票基金或股票、30%的债券型基金和10%的债券或银行理财等。

> **拓展阅读** **资产管理新规**
>
> 以上所述广义的资产管理概念,既包括个人对资产的直接管理,也包括委托金融机构的代管。本部分资管新规中的资产管理是一种狭义的概念,是指投资者将资产交给金融机构,委托金融机构代理其资产在金融市场上进行投资,并获取投资收益的行为。
>
> 2018年4月,中国人民银行、中国证券监督管理委员会、中国银行保险监督管理委员会、国家外汇管理局联合印发了《关于规范金融机构资产管理业务的指导意见》(以下简称资管新规),已在2022年初生效。资管新规创立了许多具有针对性的改革制度,例如打破刚性兑付、禁止"资金池"业务、限制嵌套层级、限制非标等,资管新规主要影响的产品包括银行理财、基金产品、保险资管、资金信托等,它的实施意味着资产管理行业迎来重监管时代。
>
> (1)资管新规对理财产品的影响
>
> 以银行理财产品为例,资管新规实施之前的银行理财产品主要分为两类:

预期收益型和净值型。预期收益型理财产品具有隐形刚兑、保本保收益的特性,曾经是银行理财的主流产品;净值型理财产品具有非保本浮动收益的性质,收益取决于产品实际投资的情况。资管新规实施之后,预期收益型理财产品已正式退出历史舞台,而净值型产品将大幅度增加。

针对净值型理财产品,监管部门鼓励优先采用市值法进行公允价值计量,并且要求金融机构不设置、也不承诺预期收益率,实际收益率主要根据市场报价来计算,盈亏均由投资者承担。

资管新规让理财产品回归了资产管理的本质,具有高水平资产管理能力的公司拥有了更多机会,低水平资产管理公司则没有了生存空间。不仅如此,资管新规也使理财产品的种类和内容更加清晰透明,投资者可以在各个公开渠道查找到产品管理人的资质,也会更清晰地了解理财产品的底层资产,便于投资者控制风险。

(2)资管新规对投资者的影响

资管新规的实施给投资者带来的影响越来越显著,对于普通投资者而言,购买金融产品时需要考虑更多的要素。

首先,理财产品不再保本保收益。资管新规打破了刚性兑付,实行理财产品净值化管理,这标志着理财产品保本保收益的时代一去不复返。未来理财产品的资产风险波动会更大,即使购买银行理财产品也有可能亏本,购买任何理财产品都要风险自担,后果自负。因此购买银行理财产品或其他资管产品需要小心谨慎,不可再盲目购买。在我们进行资产配置时,要清晰地了解金融产品的风险和自己的风险偏好、风险承受能力等,并且明确自身可承受的风险与金融产品的风险是否匹配。

对于保守型投资者而言,也可以考虑把资金投向更为稳健的金融产品中,例如存款、货币基金、国债等风险相对低的产品。另外一点提示是,如果我们再遇到大肆宣扬保本保收益的理财产品,就要警惕是否是诈骗陷阱了。

其次,短期理财产品逐渐变少。资管新规要求银行、基金公司等金融机构规范内部资金池业务、加强久期管理、降低期限错配风险,要求封闭式理财产品的期限不得低于90天,费率应根据期限拉长而降低。同时,投资于未上市股权类、非标债权类的理财产品禁止期限错配。这意味着银行不能通过循环发行短期理财产品、再投资于长期资产而获取期限利差,这也标志着三个月以下的

> 封闭式理财产品将完全退出历史舞台，投资者未来要做好长线投资的准备。
>
> 最后，理财产品信息更加透明。在资管新规实施前，如果仔细查看资管机构披露的金融产品说明书等信息，只能知道这个产品的底层资产是券商或者基金的资管计划，而这些资管计划可能又投资了信托公司的信托计划等。
>
> 但是现在资管新规明确禁止了多层嵌套和通道，使得金融产品底层复杂程度明显降低，这让投资者可以更清晰地识别金融产品的底层资产和风险程度。在此基础上，投资者购买金融产品时有必要更仔细地阅读产品说明书。

二、资产管理的原则

资产管理是贯穿于人生的一个漫长过程，期间免不了会犯各种各样的错误。因此，在这里我们总结了资产管理的三项原则。遵循这些原则可以帮助人们更好地管理资产，尽量避免出现投资错误，并尽可能使每一项投资决策都符合自己的目标与预期。

第一，保证足够的流动资产以应付日常支出。需要注意的是，流动资产的比例应该根据3—6个月的开支确定。通过学习之前章节的内容，我们知道了每个家庭都应当制作一张理财规划表，在管理资产时，应该依照理财规划表的预计支出，留下足够的现金以及活期存款。

第二，制定合适的资产配置比例，合理分散资产风险。在了解自身风险偏好和风险承受能力之后，可以选择匹配不同风险的资产。每种资产的风险属性都不一样，持有多种价格变动负相关的资产，可以有效地分散资产组合的风险。例如，我们分别购买1万元的黄金与1万元的股票，由于这两种资产对市场变化的反应不同，股票价格下降时黄金的价格可能会上涨。人们可以通过构建多样化的投资组合，达到分散资产风险的目的。

第三，持续追踪资产组合收益，随时更新资产配置比例。资产管理不是配置一次以后就一劳永逸，资产比例的再分配在资产管理中十分重要。例如，根据中国人民银行数据显示，在我国家庭资产中，实物资产（如住房）的配置比例明显高于流动资产和金融资产。但是实物资产流动性较差、占比过高的问题可能会影响家庭资产整体的风险水平。因此，人们可以适当降低实物资产的配置比例，根据资产整体收益、风险和流动性的情况随时调整资产配置比例。

第六章

流动性管理

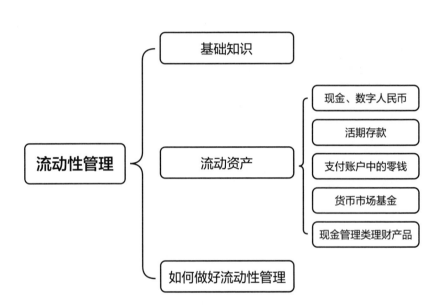

实现金融幸福，除前文所述的条件之外，还要基于以下前提：有足够的能力承担生活日常开销的支出，且能够支付一笔预期之外的大额支出，例如生病支出、意外支出等。如果因为支付日常开销和预期外的资金需求，而被迫提前卖出金融资产，甚至变卖房产，我们会生活在忧虑之中，随时会为了可能出现的意外状况而焦虑。

这一章将介绍适合用于流动性管理的流动资产，以及如何做好流动性管理。我们将分析每一类流动资产的基本情况，包括流动资产的收益、风险、流动性等特征。通过阅读这一章，可以培养流动性管理的意识，树立科学的投资逻辑，管理好流动资产，进而为管理好家庭资产做好准备。

第一节 基础知识

一、流动性与流动资产

1. 什么是流动性

流动性是指资产的变现能力。资产变现越容易，变现后损失越小甚至有收益，流动性就越强。

以银行存款为例，想将活期存款立刻变为现金，只需要去银行柜台或者ATM机取出即可，不需要缴纳任何费用，也不会有任何损失。这就说明活期存款流动性很好。若想要将定期存款立刻变为现金，我们可以取出尚未到期的定期存款，但是会损失原本以定期利率计算的利息收益。也就是说，定期存款变现需要承担一定收益损失。因此，定期存款的流动性不如活期存款。

资产的流动性与收益性不可兼得。虽然在持有某一种资产时，我们既希望持有的资产能创造高的收益，也希望资产能在需要时快速变现，但是流动性和收益性是不能兼得的。一般而言，流动性越好的资产，收益率越低。在选择投资资产时，需要在流动性和收益性之间进行权衡。

2. 什么是流动资产

流动资产是指那些可以快速变现并且无过多价值损失的资产，主要包括现金和数字人民币、支付账户中的零钱、活期存款、货币市场基金、现金管理类理财产品等。

中长期投资的金融资产和实物资产一般被认为是非流动资产。例如定期理财产品不能快速变现；基金能够快速变现，但变现时可能出现价值损失。而实物资产，如房产、汽车都不能快速变现。

二、什么是流动性管理

今年冬天苏小轼因病需要立刻支付一笔医药费，如果他的手中只持有定期存款、股票、房产等中长期投资资产，若想当下将资产快速变现，他需要承担一定的损失。定期存款会损失利息；股票没有出售在合适的时点，会损失收益；房产变现不是一时半刻可以完成的，很可能因延迟医疗费用的缴纳而耽误治疗的时机。如果他手中持有足额的流动资产，就可以在基本没有损失或者损失很少情况下，将资产快速变现，支付医药费。

这说明我们需要将一定数额的资金以现金或者其他流动资产的形式储存，保持总资产的流动性，以此来保障生活日常开销和意外开支的需要。

流动性管理就是决定应当持有多少流动资产，持有什么类型的流动资产，以及后续对流动资产配置进行及时的调整。例如，苏小轼银行账户有一笔 10 万元的理财到期，考虑到年底家庭需要大量支出，他决定拿出 5 万元来保持家庭资产的流动性。他取出 2 万元换成现金，花 3 万元买入有一定收益率的流动资产，苏小轼对这 5 万元的分配过程就是在进行流动性管理。

第二节 流动资产

下面详细介绍 5 类常见的用于流动性管理的流动资产,分别是现金和数字人民币、支付账户中的零钱、活期存款、货币市场基金、现金管理类理财产品。

表 6.1 五种常见的流动资产

类型	年化收益	简介
现金、数字人民币	0%	纸质货币、硬币、数字人民币
支付账户中的零钱	0%	第三方支付账户中的余额
活期存款	0.30%	银行活期储蓄账户中的存款
货币市场基金	2% 左右（7 日年化）	将投资者存款用于购买期限短,可交易证券的投资基金
现金管理类理财产品	2% 左右（7 日年化）	期限短,交易灵活并且可以快速变现买入卖出的金融产品

注：收益率参考日期为 2021 年 4 月 16 日。

现金和数字人民币、支付账户中的零钱和活期存款都能够直接购买商品或其他资产,是流动资产中流动性最好的资产。相对的,现金和数字人民币、支付账户中的零钱、活期存款的收益率在流动资产中偏低。其中,持有现金、数字人民币和支付账户里的零钱是零收益,活期存款略有收益,利率约为百分之零点几,对个人资产的收益贡献较弱。

货币市场基金和现金管理类理财是期限相对灵活的资产,收益率高于活期存款。在资本市场上可以较快变现,并且在一般情况下,发生较大损失的概率低,是流动资产里收益较高的资产,也是较为适合的投资品种。

一、现金、数字人民币

1. 什么是现金

我们通常把纸币或硬币形式的人民币称为现金。现金之所以能够流通,是因为有国家信用做背书。人民币是我国的法定流通货币。我国的立法保证了人民币能够顺利流通。每一张人民币上都有一组唯一的序号，即冠字号码。一些 ATM 机已经可以免费查询人民币纸币冠字号，从而辨别真伪。

图 6.1 就是我们日常生活使用的 100 元人民币现金的样币，其中双色异型横号码即为冠字号码。

图 6.1　人民币 100 元样币

资料来源：中国人民银行。

（1）收益

现金作为资产，不会产生任何收益。在数字化越来越普及的今天，人们使用现金越来越少，出门只需拿上手机就能随时用手机应用支付。中国人民银行数字人民币推出以后，手机甚至不用联网就能随时支付。因此，我们只需留少量现金在手上，以满足个别情况下的支付需要。现金不是进行流动性管理时配置的主要资产。

(2) 风险

现金不会产生任何收益，作为资产而言也不存在收益波动的风险。由于现金是以纸币或者硬币的形式存在，纸币和硬币的贮存时间如果过长，会有发霉、腐烂或生锈的问题。

(3) 流动性

现金的流动性是最好的，可直接用于购买想要的商品或资产。虽然电子支付在日常生活中非常普遍，但使用现金支付仍受到法律保护。卖方不能以不收现金为理由，拒绝交付商品。现金不依赖于电或网络，任何时候均可使用。在极端情况，例如大面积停电停网、发生重大灾害时，我们可能无法使用电子支付，但一定可以使用现金。

2. 什么是数字人民币

数字人民币（e-CNY）是中国人民银行发行的数字形式的法定货币，由指定运营机构参与运营，以广义账户体系为基础，支持银行账户松耦合功能，与实物人民币等价，具有价值特征和法偿性。

数字人民币是现金的电子化替代品，可以存入数字人民币钱包，具有与现金一样的流动性，风险极低，相应地也没有收益。数字人民币支持离线支付，即使在没有网络的情况下，只要有手机，并且电子钱包里有余额，便可随时随地支付。

截至2021年6月末，数字人民币试点场景已超过132万个，覆盖生活缴费、餐饮服务、交通出行、购物消费、政务服务等领域。2022年1月4日，数字人民币（试点版）App已在安卓应用程序商店和苹果应用程序商店上架。

二、活期存款

活期存款是指不约定期限，可随时转账、支取并按期给付利息的个人存款。

1. 收益

把人民币存入银行账户，过一个月再提取时，这部分资金的金额会多出一些。多出来的金额就是银行支付的利息。这可以理解为银行对占用我们一个月资金所给予的成本补偿。

活期存款的收益即本金在活期存款利率下产生的利息，这笔利息是按存款天数计算的，计算公式是：

活期利息 = 活期存款 ×（活期利率 ÷ 360）× 存款天数　　　　（6-1）

2022年9月15日，人民币活期存款年化利率为0.25%，活期存款的收益相对较低。

图6.2　中国建设银行活期存款账户

资料来源：中国建设银行App。

2. 风险

活期存款的风险非常低，接近于零。从安全性看，我国在实施存款保险制度以后，同一个人在同一家银行50万元以下的存款都能得到全额保障。如果有高于50万元的存款，可以存在不同的银行，进一步降低风险。

3. 流动性

活期存款的流动性很好。活期存款没有固定存款期限，使用储蓄卡可以随时在银行网点或自动取款机中取出现金，成本极低，变现方便。外出购物时，只要商家接受刷卡支付，不用取现，通过POS机刷卡，能迅速完成支付过程。活期存款也可以随时转账。活期存款的流动性几乎等同于现金。

三、支付账户中的零钱

支付账户中的零钱是存放在第三方支付账户中的资金，例如支付宝里的余额。第三方支付可以看成一个特殊的"钱包"，而这些支付账户中的零钱是放在"钱包"里用来支付的钱。随着移动支付的发展，我们越来越多地在日常小额支付场景中使用这种零钱。

1. 收益

支付账户中的零钱和现金一样，不产生任何收益。这种零钱主要是为了方便我们平时的小额消费，比如去便利店、电影院等地方随时消费使用，这不是一种储蓄，没有利息。

2. 风险

因为零钱不会产生任何收益，所以支付账户中的零钱作为资产而言不存在收益波动的风险。从储存安全的角度看，虽然第三方支付账户由各支付机构开通，但从2021年3月1日开始，我们存在支付账户中的零钱，各支付机构是要按照100%的比例全部存至中国人民银行或者指定商业银行，并最终汇总至支付机构在人民银行开立的备付金集中存管账户。因此从安全角度看，这些资金的风险很低。

3. 流动性

支付账户中的零钱可以跟现金一样使用，流动性很好。在支持扫码支付的商家处购物，可直接扫码支付且无须支付手续费。我们也可以将这些零钱转账给其他人，就如同将现金给对方一样。

但是需要注意的是，当我们从支付账户转出至银行储蓄账户时，要收取手续费。不同支付账户对于零钱提现的免费额度有不一样的规定。

生活中我们经常使用的微信零钱、支付宝余额都是支付账户中的零钱。收到的红包、转账都会进入零钱。零钱支持充值、提现、支付等功能。从零钱提现到银行卡需要支付一定的手续费。例如，在微信零钱中每个人有1 000元的免费提现额度，超出额度后需要缴纳手续费，费率为1‰，单笔最低为0.1元一笔。使用零钱向商家付款时，每年限额为20万元。

四、货币市场基金

1. 什么是货币市场基金

货币市场基金是专门投资于货币市场工具的基金。货币市场基金只能用于投资：（1）现金；（2）期限在1年以内的银行存款、债券回购、中央银行票据、同业存单；（3）剩余期限在397天以内的债券、非金融企业债务融资工具、资产支持证券；（4）符合要求的其他货币市场工具。通俗来说，购买货币基金后，钱由基金经理买入上述四种金融资产。这些资产都是期限短、容易变现的低风险资产。

货币市场基金可以在场内或者场外市场交易。场内货币市场基金使用证券交易账户进行货币基金买卖交易，多用于对证券账户内闲置资金的管理。其他通过基金公司、银行柜台、第三方销售平台等渠道申购和赎回的，都是场外货币市场基金。投资者在支付宝、微信等第三方销售平台里能买到的都是场外货币市场基金。

2. 货币市场基金的收益、风险与流动性

（1）收益

同等投资期限下，货币市场基金的收益高于现金和数字人民币、支付账户中的零钱以及活期存款。货币市场基金的收益以红利再投资使份额增加的方式体现，基金的单位份额净值始终为1元。通俗理解是基金取得收益表现为持有基金份额增加，亏损表现为持有基金份额减少，基金的净值不发生变化。

货币市场基金通过每万份收益与7日年化收益展示收益情况。每万份收益就是每一万份货币市场基金按每个交易日核算的实际收益。7日年化收益率是货币市场基金最近7日（含节假日）收益所折算的年化收益率。以天弘余额宝货币基金为例，2022年6月30日，基金的每万份收益为0.46元，7日年化收益率为1.603%。

通常情况下，基金公司对货币市场基金的申购和赎回均不收取费用，某些特殊情况下，会收取强制赎回费。此外还会收取一定的管理费、托管费、销售费等。赎回货币市场基金时，到手的金额已经减掉了上述费用。

（2）风险

货币市场基金与其他的金融资产一样，会面临信用风险、利率风险等，但是货币市场基金投资的通常为银行存款、央行票据、快到期的国债等资产，因此一般来说投资货币市场基金的风险较低。

在通常情况下，货币市场基金的收益率为正，在现实中极少发生本金的亏损。

（3）流动性

货币市场基金每个交易日都可以办理基金份额的申购和赎回，流动性高。《货币市场基金监督管理办法》中对于货币市场基金的流动性有明确的要求，其中规定基金要保持足够比例的流动性以应对赎回要求。例如，现金、国债、中央银行票据、政策性金融债券以及5个交易日内到期的其他金融工具占基金资产净值的比例合计不得低于 10%。

相较于现金和活期存款，货币市场基金的流动性弱一些，但收益更高。货币基金在一定程度上兼顾了收益性和流动性，既能获得一定收益，也能在需要现金的时候随时变现。

案例　余额宝

2013 年余额宝上线时，它专指天弘基金旗下的一支货币基金——天弘余额宝货币。2018 年第一季度，它的规模达到了 1.68 万亿元，成为当时全球规模最大的货币基金。

同年，余额宝进行了升级，开始接入其他的货币基金。也就是说在 2018 年以前，我们谈到余额宝，指的就是天弘余额宝货币基金，而现在余额宝是一个代名词，不再仅仅是天弘余额宝货币基金，也可能是中欧滚钱宝货币 A、国泰利是宝货币等基金中的任意一支。

天弘余额宝货币成立初期，7 日年化收益率最高曾超过了 6%。图 6.3 为天弘余额宝货币基金自成立以来的每万份收益和 7 日年化收益。现在的基金规模和收益相较于初期，都有大幅度下降。

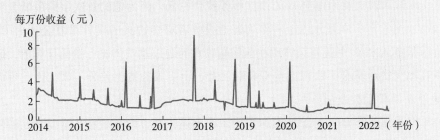

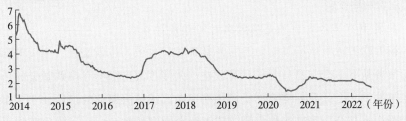

图 6.3　天弘余额宝货币基金每万份收益和 7 日年化收益率

资料来源：Wind。

截至2022年6月，天弘余额宝货币基金规模（净资产）为7 749.11亿元。通常情况下，购买该基金没有申购和赎回费，基金投资的资产组合如表6.2所示，基金投资的大部分都是低风险的资产。2022年6月30日，基金的每万份收益为0.46元，7日年化收益率为1.603%。

表6.2　天弘余额宝货币基金资产组合

资产	金额（亿元）	占基金总资产的比例（%）
债券	886.71	10.9
买入返售金融资产	1 897.51	23.33
银行存款和结算备付金合计	5 348.95	65.77
合计	8 133.17	100

注：买入返售金融资产（Buying Back the Sale of Financial Assets），是指公司按返售协议约定先买入再按固定价格返售的证券等金融资产所融出的资金。

资料来源：天弘余额宝货币基金2022年第二季度报告。

3. 什么是货币基金A、B、C

货币基金A、B和C其实是同一支基金。区别主要体现在最低申购份额、申购费、赎回费以及销售服务费上，管理费和托管费基本一样。

一般来说，货币基金B的销售服务费会更低，因为他的首次申购最低金额较高，通常在500万元以上。作为普通投资者更多购买的是货币基金A和C。货币基金A和C主要差别体现在前后端收费问题以及销售服务费的计算上，但现在不少货币基金不收取申购费和赎回费，销售服务费也差异不大，因此货币基金A类和C类差别不大。

但是其他类型的基金A类和C类，在上述收费方面还是有一定差异，需要投资者根据自己预计的持有时间来对比费用。一般而言，A类比较适合长期投资，C类适合短期投资。

4. 货币市场基金申购是从什么时间开始计算收益

场外购买货币市场基金申购通常是T+1日生效，也就是说，今天申购的基金份额要从下一个交易日开始计算收益。大多数银行都会在申购基金的当日就扣除申购款，因此我们需要尽量避免在星期五或者假期前的最后一个工作日申购货币市场基金，否则将损失周末或者假期期间的收益。在场内申购货币市场基金，自申购当日开始计算收益。

5. 货币市场基金赎回是当日到账吗

如果是场外货币基金，不是当日到账。只有小部分基金的小额赎回可以实现当日（T+0）到账，其他基金是第二个工作日（T+1）到账。货币市场基金的赎回从 T+1 日开始生效，也意味着今天赎回的基金份额在当日仍可计算收益。

有的货币市场基金规定，当赎回金额少于 1 万元时，基金公司为了扩大基金销售，方便客户随时存取，会在客户提出赎回申请的当天就将资金打至客户的账户。这部分资金其实是具有基金销售资格业务的银行提前垫付给客户的，实际上赎回的份额是要 T+1 个交易日才能到账。当赎回货币市场基金超出 1 万元时，下一个交易日才能到账。

如果是场内货币基金，当日卖出，资金即时可用于购买场内的资产如股票，或者其他场内基金，资金在 T+1 日可以取出。

五、现金管理类理财产品

1. 什么是现金管理类理财产品

现金管理类理财产品特指商业银行或商业银行理财子公司发行的，可每个交易日申购或赎回的、流动性高、风险偏小的理财产品。现金管理类理财产品的投资范围，会根据产品的不同而有所差别，但主要都是投资货币市场工具、固定收益证券、货币市场基金、监管部门认可的其他固定收益类金融资产和金融工具。

现金管理类理财产品主要满足于日常闲置现金的管理需要，是小额资金投资的不错选择。此类产品一般适合偏好短期或灵活的投资者，暂时不用资金的时候，这笔资金可以享受理财产品尚可的收益。如果临时有用钱需求，那么可以将理财产品卖出后提取至银行储蓄账户使用。

一般而言，银行的 App 在理财产品分类里面会有现金管理或者活钱管理等板块，在此分类下的产品基本都是现金管理类理财产品，部分现金管理类理财产品的名称中会直接带有"现金""流动""货币"等字样，比如"招银理财招赢聚宝盆 2 号现金管理类理财计划""交银理财稳享现金添利理财产品"等。

银行柜台、网上银行或者第三方理财产品销售平台等都可以申购或者赎回现金管理类理财产品。

2. 现金管理类理财产品的收益、风险与流动性

（1）收益

现金管理类理财产品的收益率高于现金、活期存款等资产的收益率，低于债券、股票、金融衍生品等资产的收益率。现金管理类理财产品实行净值化管理，银行或银行理财子公司不承诺现金管理类理财产品的收益，不承诺保本。

现金管理类理财产品的收益计提方式与货币市场基金无异，即单位净值也始终为1元，持有份额将根据产品收益进行调整，认购、申购或赎回的份额与金额相等。现金管理类理财产品的收益同样以7日年化收益率和每万份收益表示，当日理财产品份额已实现收益等于当日每万份收益/10 000乘以持有理财产品份额。现金管理类理财产品同样收取管理费、销售费用、托管费等费用，通常申购和赎回费用为零。

不同银行或银行理财子公司发行的现金管理类理财产品的预期收益会有所不同。表6.3为两只货币市场基金与两只现金管理类理财产品的收益率。

表6.3 现金管理类理财产品与货币市场基金的收益率对比

产品类别	产品名称	7日年化收益率（%）
货币市场基金	建信天添益货币C	1.91
	交银天益宝货币A	2.17
现金管理类理财产品	招银理财招赢天天鑫	1.82
	兴银理财兴银添利宝C	2.34

注：数据参考日期2022年12月12日。

（2）风险

就风险而言，现金管理类理财产品风险低，属于理财产品五个风险级别中最低的R1级别。从投资资产的范围来看，现金管理类理财产品和货币市场基金比较类似，投资的资产主要是国债、政策性金融债、银行大额存单等，并且投资组合的平均剩余期限较短。

（3）流动性

现金管理类理财产品流动性高。根据产品规则的不同，有些银行和理财子公司的现金管理类产品支持当天交易时段内卖出，资金当天到账（T+0），如"招银理财招赢日日盈"；有些银行和理财子公司的现金管理类产品是当天交易时段内卖出以后，资金第二日到账（T+1），如"建信理财建信宝1号"。

根据资管新规，现金管理类理财产品对 T+0 赎回有明确的金额限制，单只产品在单个自然日的赎回金额最高为 1 万元。例如交银理财稳享现金添利理财产品，之前 T+0 实时赎回当日最高为 10 万元，从 2022 年 12 月 17 日开始，最高金额下调为 1 万元。

第三节 如何做好流动性管理

流动性管理需要确定合适的数额用于投资流动资产。流动资产的特性是风险小，收益低。如果过多的持有流动资产，一是会造成家庭整体的资产收益偏低，二是不利于我们控制自己的消费。因为手上的现金多，我们的消费欲望会更强烈。

流动性管理需要在不同类型的流动资产中合理分配资金，平衡好流动性和收益性。流动资产不是只有现金，不同类型流动资产有收益高低之差。如果过高追求流动性，全额配置没有收益的现金资产，则会降低资产收益。

所以，流动性管理主要分为两步走，一是预留下多少比例的资金用于支付日常和预期外的开支（包括信用卡和分期贷款）；二是确定这部分资金如何分配至不同的流动资产。

一、需要预留多少资金用于流动性管理

这里我们回顾一下第三章中谈到的月生活支出覆盖率，这个指标可以告诉我们需要预留多少资金。

$$月生活支出覆盖比率 = 流动资产 \div (年生活总支出的 1/12) \quad (6-2)$$

传统的经验来说，个人或家庭在资产中至少要有相当于 3 到 6 个月的生活支出的流动资产，也就是月生活支出覆盖率至少要在 3—6 之间。月生活支付覆盖比率由自己决定，也可以高于 6。

苏小辙在 2020 年的生活总支出为 24 万元，月生活支付覆盖比率为 5。根据公式得出，苏小辙需要准备的流动资产金额为 10 万元。

预留多少资金用于流动性管理，既与我们选择的月生活支付覆盖比率相关，也与年度支出相关。此外，还要根据家庭人员的工作性质来考虑是否要提高预留的流动资产额度。如果工作不稳定、收入变动大，则建议预留更高比例的流动资产。

二、怎么将资金分配至不同的流动资产

要合理配置流动资产，兼顾流动性与收益性。

第一，不建议持有大量现金。我们持有的现金不产生任何收益，若将资金投入收益更高的流动资产中，可以创造收益、增厚资产价值。随着电子支付的普及，使用现金的频率也在不断降低。此外，持有大量现金还有被盗窃、抢劫或者火灾受损的风险。因此，持有大量现金不是最优的选择。

第二，在活期存款或者支付账户中的零钱中存放一定的金额。我们在生活中主要通过电子支付的方式来支付款项，在支付账户的零钱以及活期存款中存入生活所需的日常开支更便于日常生活。

第三，根据自己对于流动性和收益率的需求，可以将剩余资金在货币基金、现金管理类理财产品中自由分配，提高流动资产的收益。

三、合理使用信用卡辅助流动性管理

在缺乏流动性的情况下，可以利用金融产品辅助做好流动资产管理，满足流动性需求。信用卡就是其中之一。在消费时，如果发现支付账户的零钱余额不足，或者没有在足够数额的现金时，可以通过刷信用卡的方式，来缓解我们当时面临的流动性问题。

信用卡有免息期。只要我们能在还款日全额还款，那么在刷卡消费到还款日之间这段时间，都不需要支付利息。也就是说我们获得一笔免息的短期贷款，来缓解当下的流动性，不需要变现基金、理财产品或者动用我们的定期存款。不过需要注意，如果我们不能全额还款或者选择分期付款，则需要承担利息。

比如苏小妹打算花1 000元去办一张健身卡，但是她的支付账户中没有足够的余额。苏小妹也不想通过赎回货币基金的方式来支付这笔款，她决定使用

信用卡消费。等到下个月 10 号收到工资以后再偿还这笔支出。苏小妹的做法就是合理运用信用卡提前消费而不占用资金,有效地做好了流动性管理。花费的 1 000 元虽然是负债,但是没有任何成本,而这 1 000 元还可以继续在货币基金中取得收益。

案例 苏小妹的流动性管理

初入职场的苏小妹,现在拥有银行存款 3 万元,她应该如何进行流动性管理呢?

苏小妹过去一年支出为 6 万元,按照月生活支出覆盖率,她需要预留至少 1.5 万元用作流动性管理。

$$预留流动资金 = 3 \text{个月} \times 年生活总支出 \div 12 \quad (6-3)$$
$$= 3 \text{个月} \times \frac{6(\text{万元})}{12(\text{个月})} = 1.5 \text{万元}$$

接下来需要分配这 1.5 万元。苏小妹梳理了一下自己的短期开支,决定对自己的流动资产做如下的分配。其中日常开支 5 000 元,计划置办一些家用电器 3 000 元,剩下 7 000 元用于应对未来预期外的开支。资金将用于投资银行活期储蓄、货币市场基金、银行现金管理类理财产品,保持流动性的同时获得收益。

表 6.4 苏小妹流动资产分配

开支类型	金额(元)	投资品种
日常开支	5 000	银行活期储蓄、货币市场基金、银行现金管理类理财产品
计划开支	3 000	
预期外开支	7 000	

苏小妹存款中剩余的资产该怎么办?通过阅读第七章金融资产管理的内容,我们就会有答案。

第七章

金融资产管理

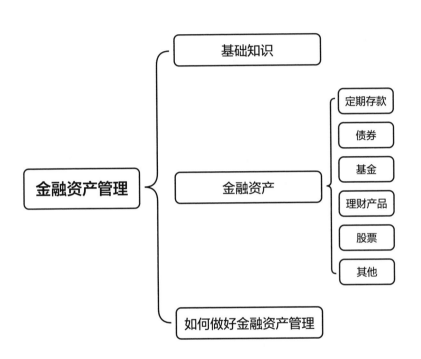

第五章概述了整个资产管理篇章的大框架，并提供了管理家庭资产的方法和思路。为了区分各类资产，我们将其分为三章展开讲解。第六章提到的是流动性很强、风险很低、收益也相对较低的流动资产；本章所谈的金融资产相对风险更高、预期收益也更高；第八章将介绍实物资产，包括住房、汽车和其他耐用品等。

本章我们来看看金融资产有哪些，每一类金融资产的收益性、风险性和流动性分别如何，最后再来谈谈如何做好家庭的投资管理。

第一节　基础知识

一、为什么需要金融资产

现金放在家里可能会贬值或者发霉，购买流动资产所带来的收益也非常有限。如果想要拥有更好的生活品质，就必须知道如何让"钱生钱"，让资产产生收益。

但是，天底下从来没有免费的午餐。或者说，永远不要幻想不付出代价就能有回报。投资同样如此。对资产来说，风险与收益始终同在，没有风险就没有收益。现金是相当安全的一种资产，但是持有现金却无法获得任何收益。即使是投资有收益的现金管理类理财产品，在投入相等金额的情况下，其预期收益相比股票、基金产品等也要低很多。现金管理类理财的风险很低，安全性高，所以必须放弃一部分收益，才能换到这份"踏实"。

如果期望获得更高一些收益，就需要承担更大的风险。以招商银行股票为例,图7.1展示了它自2002年上市至2021年的整体走势。2002年上市以来,其股价从10.6元/股涨至2021年最高点超过290元/股。就截至2021年12月31日的表现而言,招商银行可以算得上一只"优股"。

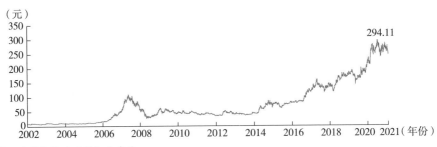

注:股票价格为后复权收盘价。

图7.1 招商银行股票价格走势

资料来源:CSMAR。

然而这并不代表我们投资股票一定能获得这么好的收益。图7.2展示了暴风影音的股票价格走势。2015年3月24日,暴风影音上市。这只股票在上市的40天内有37个涨停,股价也从7.14元/股飞升至327元/股。然而在上市的第2年,暴风影音的股票就开始一路滑坡,直至2020年11月18日,暴风影音正式在深交所摘牌退市。

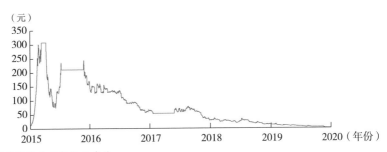

注:股票价格为后复权收盘价。

图7.2 暴风影音股票价格走势

资料来源:CSMAR。

如果不满足于低风险金融产品的较低收益,那么投资股票等高收益资产确实是一条提高收益的有效途径。但是要牢记:高收益必然伴随着高风险,高风险却不一定能获得高收益。只有做好承担高损失的准备，才能投资高风险、高收益的金融产品。

二、金融资产

金融资产是一切可以在金融市场上进行交易、具有现实价格和未来估价的金融工具的总称。本章剔除了那些高流动性的金融资产，即上一章中的流动资产，本章中的金融资产是指那些风险更高、未来收益也可能更高的金融资产。

本章将金融资产分成6大类，分别是定期存款、债券、基金、银行理财、股票和其他金融资产。

在金融资产中，既有"细水长流"的固定收益产品，也有价格变动如"云霄飞车"般的金融衍生产品。在这些金融资产中，并不是每一种资产都符合我们的投资需求，所以要对它们有一定的了解，选择适合自己的金融资产。

表7.1按照金融资产大致的风险水平进行了初步的风险排序，由此表可以对金融资产进行初步了解。风险等级等于0代表基本没有风险，而风险等级等于5意味着其风险极高。表7.1所展示的风险等级是以产品大类来估算的，即使是同一大类，不同产品的风险等级可能也会有很大不同。例如，同样都是股票，蓝筹股和ST股的风险等级就相差非常大。

表7.1 各类金融资产的大致风险等级

金融资产	产品类别	风险等级
定期存款	—	0
债券	国债	0
	地方政府债	1.0
	金融债	1.5
	企业债、公司债	2.0
理财产品	R2级	2.0
	R3级	3.0
	R4级	4.0
	R5级	5.0
基金	债券型基金	1.5
	股票型基金	4.0
股票	—	4.5
金融衍生品	—	5.0

第二节　金融资产

一、定期存款

1. 什么是定期存款

定期存款，也被称为定期储蓄。简单来说，定期存款就是往银行账户存钱，到存款期满时才能将钱取出的一种存款。定期存款有很多种类，目前接触较多的方式有整存整取、零存整取、存本取息以及整存零取四种。

整存整取是指将本金整笔存入银行，存款到期后一次性取出本金与所产生的利息。

零存整取是指不定期向银行储蓄账户存入一定金额的现金，待存款全部到期后一次性取出本金与利息。

存本取息是指首先一次性地存入一笔钱，在存款期限内定期取出一部分利息，存款到期后才能取出本金。

整存零取是指存入本金后，分批次支取本金，到期后支取利息的一种存款方式。

2. 什么是大额存单

除普通定期存款之外，银行还会发行大额存单。大额存单指的是银行业存款机构面向非金融机构投资人发行的银行存款类金融产品。这是一款个人投资者可以购买的产品。

大额存单可以通过银行柜台、银行官网或其手机 App 进行认购。通常大额存单 20 万元以上起投，期限从一个月、两个月，到一年、三年不等。根据时间的不同，利率也会不同。通常情况下，存单期限越短则利率越低。此外，大额存单的利率固定，通过合同所示利率即可确定未来可以获得的利息。

通常大额存单可以提前支取，但是支取时的利息会有所损失。不同的大额存单可支取的次数也不尽相同。如果手里有一笔超过 20 万元、暂时不会动用的钱，既不满足于普通定期存款的利率，又害怕产生任何损失，那么大额存单是一种适宜的投资渠道。

以招商银行的大额存单为例。图 7.3 为招商银行个人大额存单 2021 年第一千零一十一期的产品说明书。

大额存单产品说明书	
名称	招商银行个人大额存单 2021 年第一千零一十一期
币种	人民币
发行对象	个人投资人
发行利率	3.95%
计息类型	固定利率
付息方式	到期一次还本付息
付息频率	期满
产品期限	3 年
认购起点金额	500 000 元
认购基数	10 000 元
认购上限金额	1 000 000 000 元
提前支取	本产品允许在柜台、手机银行、网上银行提前支取，支持部分提前支取，剩余金额不小于认购起点金额，提前支取部分按照支取日我行人民币活期存款挂牌利率计息
转让/赎回	本产品不允许赎回，不允许转让
白名单控制标识	否
销售日期	2021 年 6 月 1 日 10:00 至 2021 年 6 月 30 日 22:00
购买方式	在产品销售期内，请携带本人身份证件和招商银行一卡通到招商银行营业网点或通过招商银行网上个人银行专业版、大众版、手机银行办理购买
税款	产品收益的应纳税款由购买人自行申报及缴纳
其他说明	招商银行有权依据国家有关规定、政策及业务的合理需要对本产品说明书、服务内容、计息规则等内容进行调整，并正式对外公告一定时期后施行并适用于本产品。投资人有权在招商银行公告期间选择是否继续本产品，如果投资人不愿接受公告内容，有权在招商银行公告施行前向招商银行申请终止本产品；如果投资人未申请终止本产品，变更后的内容对投资人产生法律约束力

图 7.3　招商银行个人大额存单产品说明书

资料来源：招商银行官网。

从这张招商银行大额存单的产品说明书中可以看出，该款大额存单认购的起点金额为 50 万元，利率为 3.95%，产品期限为 3 年，它的购买、转让、赎回、提前支取等方式均在说明书有所体现。我们在购买此类大额存单产品时，可以阅读它的说明书。

3. 收益

定期存款被限制了固定的存款期限，因此流动性相比现金和活期存款要低一些。但是银行会为我们牺牲的流动性给予补偿，反映到存款利率上，即定期存款的利率明显高于活期存款。

利息是根据定期存款的方式、存款时间长短以及存款利率决定的。一般情况下，整存整取的收益要高于其他的定期存款方式，并且定期存款的时间越长，利率就越高，人们获得的利息也就越多。

定期存款利息的计算公式是：

$$定期存款利息 = 存款本金 \times 存期 \times 利率 \quad (7-1)$$

值得注意的一点是，如果我们在定期存款到期之前取出，那就会损失很大一部分利息收入。例如，我们在银行有一笔 3 年的整存整取的定期存款，如果等存款 3 年到期了才取出，就能收到按照 2.75% 计算的利息。但如果刚满 2 年我们就想取出这笔钱，银行则会按照 0.30% 的活期存款利率来支付利息。

假设苏小轼与王小弗打算将手里的 2 万元存款存到银行，作为孩子们未来的学费。以中国银行的定期存款利率为例。5 年期整存整取的年利率是 2.75%，而 1 年期的年利率只有 1.75%；其他几种定存方式 5 年期的年利率是 1.55%，1 年期的年利率只有 1.35%。

如果他们选择了 3 年整存整取的方式，那么 3 年后这笔学费可以获得 1 650 元的利息，到期一共可以取出 21 650 元。

表 7.2 中国银行定期存款利率一览

定期存款类型	利率（%）
整存整取	
3 个月	1.35
6 个月	1.55
1 年	1.75
2 年	2.25
3 年	2.75
5 年	2.75
零存整取，整存零取，存取本息	
1 年	1.35
3 年	1.55
5 年	1.55

资料来源：中国银行官网，查询时间为 2021 年 12 月 28 日。

4. 风险

定期存款的风险比较低。在我国目前的市场环境下，银行兑付的保障系数很高。我国于 2015 年正式推出了《存款保险条例》，并设立了存款保险基金，保障每个储户最高 50 万元人民币的额度不受损失。

但是，定期存款的贬值风险相对较高。试想，如果我们存入了一笔年化收益率 2.75% 的 5 年定期存款，但是这 5 年将面临 3% 左右的通货膨胀率，那么实际年化收益率就变成了 –0.25%。此外，定期存款还存在一定的利率风险。一旦投资了定期存款，就锁定了未来一段时间内的收益；如果这期间的银行存款利率上升，虽然可以取出再以高息存入，但是综合下来收益可能仍会减少，因此，无法享受到更高的利息。

拓展阅读 **存款保险制度**

▼

对于个人来说，银行存款是最安全的资产之一。但是银行属于企业，依然会面临经营风险。为了保障存款安全，我国制定了存款保险制度，并于 2015 年 5 月 1 日开始实施。

存款保险制度是国家从保障存款人的角度出发，通过立法的形式建立存款保险基金，目的在于保护存款人的权益，在金融机构经营出现问题的时候，可以依照规定对存款人进行偿付。

此外，存款保险的保费是由吸收存款的银行业金融机构缴纳，我们作为存款人是不需要缴纳的。缴纳的保费会进入存款保险基金，存款保险基金管理有限公司是由人民银行于 2019 年 5 月 24 日注资成立，负责运营、管理存款保险基金。

目前存款保险的最高偿付金额为 50 万元。也就是说，如果银行发生经营问题，同一个人在同一个银行至少能保证合计在 50 万元以内的存款本金和利息不受损失，50 万元以上的可以在清算财产中按比例偿付。

2019 年 5 月 24 日，包商银行因大量资金被大股东违法违规占用，导致出现严重信用危机，随后被人民银行和银保监会联合接管。这也意味着包商银行的破产。

银行一旦破产，最大损失的是存款人的利益。包商银行约有 466.77 万户个人客户，虽然银行破产了，但是该银行的储户，尤其是个人客户的储蓄得到了 100% 的保障。所有个人客户的存款都由存款保险基金对予以全额保障，实现了个人储蓄的安全着陆。

5. 流动性

定期存款是流动性比较低的一种资产。定期存款并不意味着账户中的钱在存款期间一定不能提取,而是说如果提前提取,我们会损失不少收益。如果提前取出定期存款,那么取出部分的利息只能按照当期活期利率来计提。

让我们回到之前定期存款的例子。2万元的整存整取定期存款在3年到期时,苏小轼和王小弗可以获得1 650元的利息。但如果他们急用这笔钱,在存款到期前一天取出了本金,就只能获得不超过180元的利息(以活期利率0.3%/年计算)。

二、债券

1. 什么是债券

债券是指政府或企业等发行人发行的,约定在一定时间内偿还本金与利息的有价证券。根据债券发行人的不同,我们可以将债券分为国债、地方政府债、金融债、企业债、公司债等类型。债券相当于发行人向我们借一笔钱后给我们的债务凭证。有了它,我们就能定期收到一部分利息,并在债券到期时收回本金。债券交易的门槛比较高,单笔交易的规模可以达到千万元以上,并且债券交易以银行间债券交易市场为主,因此债券市场中个人投资者占比较低。个人能参与的债券投资以国债为主。

2. 什么是国债

国债是指国家为筹集建设资金、弥补财政赤字等发行的债券。顾名思义,我们购买国债,就是把钱借给国家。它又被称为"公债",也被称为"金边债券"。在债券市场中,国债被认为是没有信用风险的,一般也被认为是最安全的投资工具,流动性也很强。而国债收益率一般被认为是债券市场的基础性利率。在我国,投资国债的利息收入是免个人所得税的。

新中国成立以后,我国为革命战争、恢复国民经济等需求,曾临时性地发行过数次国债。然而直至1981年1月28日,国务院发布《中华人民共和国国库券条例》,我国才正式恢复国债发行。1981年恢复发行之初,发行规模为46.65亿元;截至2021年底,我国国债的累积发行规模已达46.27万亿元。40余年的时间里,我国国债不断地发展,拥有了今日稳步增长的规模、完善的市场与不断提升的国际地位。

案例　50年期国债

以2021年记账式附息（三期）国债为例，财政部官方网站展示了它的发行条件。

额度方面，该期国债为50年期固定利率附息债，面值总额为300亿元。

时间方面，该国债从2021年3月19日开始招标，3月22日开始计息，招标结束后，至3月22日进行分销，3月24日起上市交易。

利息给付方面，该国债利息为半年付利息，每年计息日（3月22日、9月22日，节假日顺延）支付利息，到期时间2071年3月22日支付最后一次利息并偿还本金。

从发行条件可以看出，这款国债产品的期限为50年，每半年付息一次，每年付息日期分别为3月22日和9月22日。该款国债的发行票面利率为3.76%，流通范围为公开发行，个人投资者也可以参与购买。

3. 什么是地方政府债

《地方政府债券发行管理办法》规定，地方政府债券指的是省、自治区、直辖市，以及经省级人民政府批准自办债券发行的计划单列市人民政府发行的、约定一定期限内还本付息的政府债券。地方政府信用水平越高，在市场上融资的成本越低，这也意味着债券的利率水平会越低。过去地方政府债的认购方都是银行、基金公司等机构投资者，从2019年开始，地方政府债也可以向个人开放认购。

个人投资者可以通过商业银行柜台、网上银行等渠道购买地方债，起投金额为100元。买入地方政府债以后，既可以持有至到期，也可以择机出售换回现金。投资地方政府债和投资国债一样，利息收入也会免除个人所得税，但它的风险与预期收益均比国债和定期存款高。

4. 什么是金融债券

金融债券是指由金融机构在全国银行间债券市场发行的、按照约定到期还本付息的有价证券。这里的金融机构具体指政策性银行、商业银行、财务公司、信托公司、汽车金融公司、消费金融公司等金融机构。发行金融债券是金融机构募集资金的方式之一，可以帮助金融机构解决资金来源不足的问题。金融债一般采用固定利率，固定的投资期限，不支持提前兑付，但是可以流通转让。

2014年以前个人投资者是不能购买金融债券的，之后个人投资者可以通过证券公司、商业银行等渠道进行购买。2014年5月，国家开发银行发行了我国首只个人投资者可以购买的金融债券，债券发行额度20亿元，债券期限为一年，票面利率为4.50%。个人投资者可以通过中国工商银行进行购买，其中个人投资者认购了15.45亿元。

> **案例　国家开发银行金融债**
>
> 2022年1月，国家开发银行公开发行了2022年第一期"债券通"绿色金融债券，主要用于建设绿色交通低碳运输体系，助力实现"碳达峰、碳中和"的战略目标。该债券票面利率为2.45%，票面金额为100元，票面期限为5年。债券认购日为2022年1月20日当日，上市日为2022年1月24日，到期兑付日为2027年1月21日，按年付息，到期偿还本金和最后一笔利息。个人投资者可以通过中国银行、平安银行、南京银行等承办机构的营业网点、网上银行、电子银行渠道购买。在债券上市交易后，个人投资者也可以通过银行进行交易。

5. 什么是企业债券和公司债券

购买企业债券或公司债券，就是借钱给企业或者公司。企业债券是中华人民共和国境内具有法人资格的企业依照法定程序发行、约定在一定期限内还本付息的有价证券。公司债券是指公司依照法定程序发行、约定在一定期限还本付息的有价证券。

企业债券与公司债券有一定区别。第一，两者的发行主体和流通市场不一致。企业债券可以在银行间债券市场和交易所市场发行和流通，公司债券只能在交易所市场发行和流通；第二，两者的监管机构不同。企业债券由发改委监管，而公司债券由证监会监管。不过，公司债与企业债的区别越来越小，未来或许可以并为一谈。

同股票投资一样，个人需要在证券公司开立证券账户和资金账户后才能购买企业债券和公司债券。此外，银行也向个人投资者提供购买银行间债券的渠道，符合资质的个人投资者可以在银行专柜或官网进行购买。

6. 债券的价格和收益率

债券的价格分为净价和全价。所谓净价,是指不包含从债券起息日开始计提的利息的价格;所谓全价,则是指价格中包含了债券的应计利息。一般而言,债券交易都是净价交易的,债券净价才能反映出债券的价格变动,但交割时采用全价交割。

债券的收益可以用债券收益率来表示,实际中主要分为债券名义利率和实际收益率。债券的名义利率即债券的票面利率,是指债券发行人每年支付利息与债券面额之间的比率。债券的票面利率是固定的,代表了每一年持有100元面额的债券将收到的债券利息。如果持有100元面额的债券,每年收到3元的利息,那么这支债券的票面利率是 $3 \div 100 \times 100\% = 3\%$。

债券的实际收益率又被称为"到期收益率",是指债券持有至到期日的收益率。具体来说,它是投资债券后,未来获得的现金流贴现后等于债券当前市场全价时的收益率。债券到期收益率会随着时间推移和市场变化而变化。

债券的净价与到期收益率是负相关的。债券到期收益率越高,意味着未来现金流的贴现率越高,债券现在的净价越低;反之,债券到期收益率越低,债券净价越高。

7. 债券的收益、风险与流动性

债券的收益分为利息和资本利得两个部分。

首先是利息收益,这是由债券的票面利率决定的。计算公式为:

$$债券利息 = 持有债券面值 \times 票面利率 \times 当前年度持有天数 \div 当前年度实际天数(算头不算尾) \quad (7-2)$$

债券利息一般按年支付,也有少数债券是半年付息。假如在某国债的发行日这天,我们以净价100元的价格购买了10 000元该国债,票面利率为3.02%,那么我们每年都将收到302元的利息。

债券的票面利率跟债券的风险及期限有关。债券风险越低,票面利率就越低,比如国债;公司与企业的信用风险较高,其发行债券的票面利率也就高一些。同一类型的债券,期限越长,利率也越高。通常情况下期限为30年的国债的利率要高于期限为10年的国债。

资本利得也是债券收益的一大组成部分,由剔除利息后的交易净价之差来衡量。如果以净价100元买入某国债,再以净价103元的价格卖出,那么就能赚取3元的资本利得。

债券最大的风险是违约风险，也就是发行人还不起钱。通常国债可以看作是没有风险的；金融债券，尤其是三大政策性银行和大型国有银行发行的金融债券的风险也不高；但是公司与企业发行的债券风险参差不齐。我们可以参考信用评级机构给出的信用评级来判断债券的风险。按照信用风险从高到低排序，常见的信用评级主要有AAA级、AA级和AA级以下。其中AA级以下包括A级、BBB级、BB级、B级以及C级。这些评级都可能使用"+""-"调整，代表比原评价略高或者略低。AAA级通常代表违约风险低、偿还能力强，而C级基本代表违约风险很高、偿还能力较差。一般认为，AA级以下债券的信用风险是比较高的。

而从流动性来看，债券的流动性相对较好，尤其是能在二级市场交易的债券。不过不同类型的债券流动性是有差别的。例如一些不上市流通的国债流动性就为零，只能将其持有到期而无法进行交易；而信用评级为AAA的国企在交易所市场发行的企业债券的流动性就比较好。信用评级越高或者说信用资质越好的债券，一般流动性也越好，如国债、金融债的流动性往往高于一般的债券。

当然，债券交易的难易程度也跟市场需求相关。在交易所交易的债券中，对国债、政策性银行发行的金融债（如国开债）等无风险债券的需求比较大，其流动性也比较好。

三、基金

1. 什么是基金

基金是证券投资基金的简称。这里的基金特指除货币市场基金以外的公募基金产品，是指向公众公开发行，专门投资于有价证券的基金产品。基金成功发行后形成一定的资金规模，基金经理就用这些资金去购买各种各样的资产。每个基金都是一个大型的投资组合。

投资基金意味着投资者不用自己主动选取投资具体债券、股票或者其他资产。购买基金也就意味着委托基金经理来帮我们管钱。基金产品凭借其较大的资金规模，能够投资多种同类或者不同类资产，从而有效地分散投资风险。

除上一章提到的货币市场基金以外，基金还有很多不同的类型。依据金融资产的类型，基金产品可以分为股票型、债券型、混合型等。依据交易场所的不同，也可以将基金分为场内基金与场外基金。此外，依据基金管理方式，还可以将基金分为主动型基金与被动型基金。下文将对各类基金进行较为详细的介绍。

> **拓展阅读** **什么是基金的认购、申购和赎回？**
>
> 如果我们想购买一支处于募集资金初始阶段的基金，就是进行基金的认购。与之相对，基金发行以后，如果投资者想申请购买基金，就是进行基金的申购。通常来说，与申购基金相比，认购基金的费率更低。而当我们卖出基金时，其实是退出该基金产品的投资，就是基金的赎回。

2. 什么是债券型基金

债券型基金指的是主要投资国债等债券的基金产品。当看到债券型基金这类产品时，不要认为这类基金会百分之百地投资债券，债券型基金投资债券的资产份额在 80% 以上。2014 年证监会发布的《公开募集证券投资基金运作管理办法》规定，债券型基金投资债券的基金资产份额不能低于 80%。而只投资债券的基金叫作纯债型基金。

债券型基金的特点有以下三点。首先，债券型基金具有低风险、低收益的特点。与股票型、混合型等其他基金产品相比，由于规定了 80% 的比例份额，债券型基金的风险在很大程度上被降低了。但与此同时，债券型基金投入高收益产品的比例也大大降低，因此收益也相对较低。

其次，债券型基金的收益通常较为稳定。已知债券收益的稳定性，由于高比例投入债券，债券型基金收益的稳定性也相对较高。这种稳定性在市场表现不佳时会使投资者保住资产，但在市场表现良好时，却也无法带来更高的收益。

最后，债券型基金的管理费用相对较低。由于债券型基金主要由投资债券资产组成，其管理难度也相对较低。一位基金经理可以同时管理十多只债券型基金，它的管理费用也会随之降低。

虽然债券型基金相对低风险、低收益，但这并不意味着债券型基金一定不会亏本，低风险意味着此类产品亏损的可能性较小、亏损的金额可能较少。风险厌恶者或者保守的投资者可以尝试投资此类产品。

案例　南方多利债券型基金

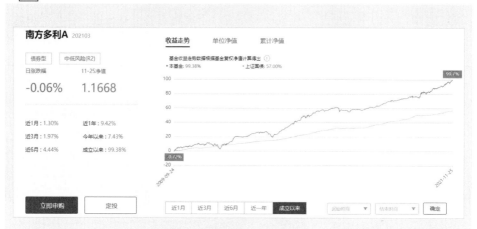

图 7.4　南方多利 A 基金详情

资料来源：南方基金官网，查询时间为 2021 年 11 月 26 日。

图 7.5　南方多利 A 投资情况

资料来源：南方基金官网，查询时间为 2021 年 11 月 26 日。

图 7.4 展示了南方基金的债券型基金——南方多利 A 的详情。图片左侧展

第七章 金融资产管理

示了该基金的业绩表现。2021 年初至 11 月，增幅为 7.43%，而从 2009 年成立至 2021 年 11 月，增幅为 99.38%。从图片右侧可以看出，该基金产品的收益波动较为平缓，虽然有下跌情况，但在长期持有的情况下可以持续获得收益。官方网站以及第三方销售平台均销售该类产品。

从图 7.5 该产品的介绍页可以看到 2021 年第三季度该债券型基金前五名的债券持仓，以及该债券的股票持仓情况。作为一款债券型基金，它的股票份额甚至低于 5%，债券份额则高达 95% 以上。

案例　南方纯元纯债基金

图 7.6 展示了南方基金的纯债型基金——南方纯元 A 的详情。从图片左侧的业绩数据可以看出，2021 年 1 月至 11 月收益率为 3.59%。而从 2017 年成立至 2021 年 11 月，该款产品的收益为 19.94%。单从 2021 年 11 个月的收益对比，南方多利 A 的收益情况要好于南方纯元 A。由于南方纯元 A 是一款纯债型基金产品，它的收益率与风险都会比南方多利要低。同样，基金公司的官网或第三方销售网站上可以买到此类基金产品。

图 7.7 显示了南方纯元 A 的投资情况。从 2021 年南方纯元 A 持仓前五名的债券情况可以发现，该产品并没有投资任何股票。纯债型与债券型基金的最大区别是纯债型基金只投资于债券产品，因此纯债型基金比债券型基金的风险更低，适合更加保守的投资者。

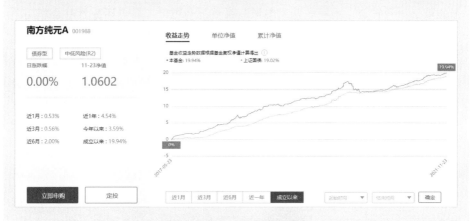

图 7.6　南方纯元 A 基金详情

资料来源：南方基金官网，查询时间为 2021 年 11 月 24 日。

图 7.7 南方纯元 A 投资情况

资料来源：南方基金官网，查询时间为 2021 年 11 月 24 日。

3. 什么是混合型基金

混合型基金指可以同时灵活投资股票与债券的基金产品。与债券型基金要求一定的债券投资比例不同，混合型基金可以灵活配置。

混合型基金虽然可以灵活配置股票与债券的比例，但它也分为偏股型基金、偏债型基金以及灵活配置基金。从这些基金产品的名字就可以看出，偏股型基金会侧重于股票投资，风险会更高，可能获得的收益也会更高；偏债型基金更加侧重于债券投资，预期收益率与风险系数都会更低；而灵活配置基金产品的预期风险与收益率无法一概而论，通常取决于每款产品投资股票与债券的比例。

与债券型基金相比，混合型基金的预期风险与收益率都会更高。如果投资者不满足于债券型基金的收益情况，也愿意承担更高的风险，那么可以考虑投资混合型基金产品。

案例　华夏大盘精混合基金

图 7.8 展示的是一只老牌"牛基"——华夏大盘精选混合 A。自从 2004 年 8 月发行以来，它的收益高达 3 956.32%，总收益接近 40 倍。如果在 2004 年购买了 10 万元华夏大盘精选混合 A，到 2021 年 11 月就可以获得近 400 万元收益。这支基金虽然近年来表现欠佳，但曾经却是一只传奇基金。

图 7.9 展示了截至 2021 年 9 月底华夏大盘精选混合的投资比例。它是一只偏股型基金，股票的投资比例高达 86.58%，而债券、现金类的投资比例总和不到 15%。希望获得高收益、又可以承担高风险的投资者会更适合投资偏股类的混合型基金。

图 7.8　华夏大盘精选混合 A 基金详情

资料来源：华夏基金官网，查询时间为 2021 年 11 月 26 日。

图 7.9　华夏大盘精选混合 A 投资比例

资料来源：华夏基金官网，查询时间为 2021 年 11 月 26 日。

4. 什么是股票型基金

股票型基金指主要投资于股票的基金产品。前文提到的规定了债券型基金投资比例的《公开募集证券投资基金运作管理办法》同样规定，80% 以上的基金资产投资于股票的为股票型基金。虽然像前文中的华夏大盘精选混合投资股票，它投资股票的比例也超过了 80%，但是由于它的投资比例较为灵活，也可以出现投资股票低于 80% 的情况，所以不属于股票型基金。

与货币市场基金、债券型基金、混合型基金相比，股票型基金作为风险最高、预期收益最高的基金类别，更加适合喜爱风险投资、追求高收益且能承担高风险的投资者。如果手里有闲钱，且可以承受高损失的风险，那么股票型基金是一条可以考虑的投资渠道。

案例　汇丰晋信智造先锋股票型基金

图7.10展示了汇丰晋信基金公司的汇丰晋信智造先锋A。如图所示，它的基金类型为股票型基金；目前处于正常开放状态；晨星评级为五星，收益率、基金经理等信息一目了然。

图 7.10　汇丰晋信智造先锋 A 基金详情

资料来源：汇丰晋信基金官网，查询时间为 2021 年 11 月 26 日。

表 7.3 显示了该基金产品的资产组合情况。从表中可以看出，汇丰晋信智造先锋 A 是一款典型的股票型基金，投资股票的资产比例高达 93.49%。该基金投资的具体行业与股份也可以在报告中查询。

表 7.3　2021 年 9 月 30 日报告期末基金资产组合情况

项目	金额（亿元）	占基金总资产比例（%）
股票	34.634 5	93.49
基金投资	—	—
债券	1.592 48	4.30
银行存款和结算备付金合计	0.602 68	1.63
其他资产	0.217 314	0.59
合计	37.047	100

资料来源：汇丰晋信基金官网，查询时间为 2021 年 11 月 26 日。

股票型基金与货币市场基金、债券型基金相比，具有高风险、高收益的特点。但并不是每一只股票型基金都可以获得高收益，获得五星评级也只能代表它过去的成绩。我们在考虑投资股票型基金时要慎重抉择。

拓展阅读　什么是基金的晨星评级

晨星评级是指晨星基金评级公司对于基金公司的评价。通常晨星基金评级公司只会评价发行两年及以上的基金产品，每年排名前 10% 的基金产品可以得到五星，而后的 22.5% 会被评为四星；中间的 35% 会被评为三星；随后的 22.5% 被评为二星；末尾的 10% 被评为一星。此外，晨星评级每次发布的榜单分为一年期、三年期、五年期、十年期基金榜单，不同的时间长度可以体现出基金过去较为长期的表现。

在汇丰晋信智造先锋的案例中，我们了解到它的晨星评级为五星。通过晨星评级可以了解过去表现良好的基金，但晨星评级只代表该基金过去的表现，并不代表该基金未来也会表现优秀，因此只能起到参考作用。

5. 场内基金与场外基金

按照交易场所划分，基金可以分为场内基金和场外基金。所谓的"场"就是指交易所。在交易所内交易的就是场内基金，而在交易所以外交易的基金就是场外基金。如果希望购买场内基金,投资者需要在交易所开户。开户后,在交易所就可以进行场内基金的买卖交易了。大多数基金都可以任意选择场内或场外交易。

至于场外基金,指的是投资者通过基金公司直销渠道,或通过银行、第三方代销公司,比如支付宝等平台购买基金,进行场外交易。开立基金账户、完成风险评测以后,就可以购买符合我们风险偏好的基金了。图 7.11 是支付宝的基金展示页面。

图 7.11 支付宝基金模块一览

资料来源:支付宝 App。

6. 主动型基金与被动型基金

根据投资理念的不同,可以将基金分为主动型基金与被动型基金。主动型基金通常追求超出市场平均水平的收益。基金经理在主动型基金中扮演重要角色。通过他们的决策与判断,基金的持仓情况会不断变动。

与之相反,被动型基金一般会顺应市场的变化,并不会主动寻求超越市场的表现。通常指数型基金被认为是被动型基金。这种基金通常不需要人为决策,依据计算机模型追踪市场表现。

7. 什么是指数型基金

要想了解指数型基金,首先要知道什么是指数。在股票市场中,如果想关注某一只股票的价格变化是很容易的,但是如果想关注许多只股票,对于我们普通人来说就很困难了。金融机构为此挑选了一些具有代表性的股票,将这些股票的价格变化进行一系列复杂的计算并合成为指数。在股市中,指数可以反映股票市场的价格变化以及变动趋势,为人们的投资行为提供参考。

指数型基金就是指根据不同的特定指数,购买指数内全部或部分上市公司股票形成投资组合的一种基金产品。国内有"沪深300""上证50"等指数,美股也有"标普500"等指数可以参考。根据这些指数发行的基金产品就是指数型基金。接下来简单了解一个我国的经典股市指数。

> **拓展阅读** **沪深 300 指数**
>
> 2005年4月8日,上海证券交易所与深圳证券交易所联合推出了沪深300指数。这是第一款覆盖了沪深两市的指数,与"上证50""深证100"等单一交易所指数相比,它的范围更广,更能反映沪深两市的整体走势,属于跨市场指数。
>
> 沪深300指数的选股极具代表性。开始,按照过去一年的日均成交金额进行从高到低的排序,然后剔除后50%的股票;然后,对于余下的前50%的股票,按照过去一年的日均总市值的高低再次排名,选取前300名的证券作为指数样本。
>
> 很多指数型基金会选择沪深300作为跟踪标的。投资沪深300的指数基金可以说是在投资我国股票市场的"龙头股"。选择这类基金产品,代表着在与我国股票市场行业地位最高的一批股票共同成长。

指数型基金还可以衍生出指数增强型基金。这类基金需要基金经理管理,属于主动型基金,虽然也参考各类股市指数,但是与被动型的指数基金在投资理念上截然不同。与指数型基金相比,它的"增强"效果也不能确定,表现可能优于指数型基金,也可能比指数型基金的表现差。

8. 开放式基金与封闭式基金

按照基金运作方式分类,可以分为开放式基金与封闭式基金。开放式基金产品的规模不固定,基金设置了开放期,投资者可以在开放期内申购或者赎回基金份额。封闭式基金是与开放式基金相对的,它的规模固定不变,是指基金产品在募集并发行成功后进行封闭,在一定时间之内不再接受新的募集资金。

两者的主要交易方式也有所不同。如果投资者申请购买开放式基金,大部分需要向基金管理公司或者销售机构申购、赎回。而对于封闭式基金，投资者可以在该基金发起设立时向基金公司或者销售机构认购，或者在基金上市交易后通过证券交易所交易。

目前，开放式基金数量占我国公募基金总量的80%以上，也是国际上主流的基金产品形式。

9. 基金的收益、风险与流动性

基金的收益与基金类型有关。想要获得高收益，必定要承担高风险；但是承担高风险也不一定能获得高收益。下面对比了同一家公司两只不同类型的基金的收益情况。

截至2021年9月30日，易方达基金管理公司旗下的混合型基金"易方达瑞恒灵活配置混合型证券投资基金"近三年的收益率走势（如图7.12）。

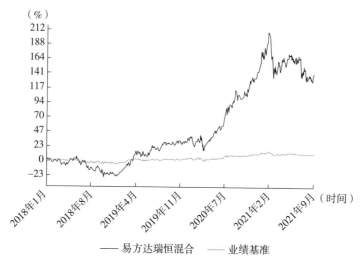

图7.12 易方达瑞恒混合基金收益率（2018年1月—2021年9月）

资料来源：易方达基金管理有限公司官网，查询时间为2021年11月12日。

而"易方达安瑞短债债券型证券投资基金"同样是易方达基金管理公司出品的产品，但该产品是一个投资短期债券的基金，近三年的收益为8.93%。图7.13为易方达安瑞短债债券收益率走势图。

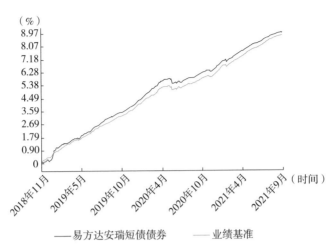

图 7.13 易方达安瑞短债债券收益率走势图（2018年11月—2021年9月）
资料来源：易方达基金管理有限公司官网，查询时间为 2021 年 11 月 12 日。

图 7.12 显示走势大幅波动，图 7.13 显示走势平稳上升。如果单看走势曲线，可能会觉得易方达安瑞短债债券的表现比易方达瑞恒混合的表现好。但从纵轴看，从 2018 年 11 月到 2021 年 9 月末，这款易方达发行的债券型基金收益率不到 9%，而 2018 年初易方达发行的混合型基金的收益率最高点为 200% 以上，截至 2021 年三季度，收益率也在 150% 左右。虽然这两只基金的发行时间不同，但即使在相同的时间内，收益差距也很大。

对于基金的风险，在第二章中学习的风险分散化，以及投资组合理论可以提供参考。通过资产配置，可以在不降低预期收益率的前提下降低风险，基金的原理也是如此。整体上，基金的波动性低于单只股票。购买一支基金，它可能包括了股票、债券等金融资产组合。这种资产组合可以有效地分散投资风险。

选择投资基金产品的话，投资风险虽然可以分散，但却不会消失。对基金的选择以及购买基金的时机都会极大地影响投资收益。如果选择的基金表现不佳，我们将承担损失的风险；如果购买基金的时机不好，申购后基金净值一路下跌，个人也会承受巨大的损失。

就基金的流动性而言，基金的流动性与基金种类有关，也与基金交易场所和交易方式有关。一般情况下，基金变现较快，流动性较好。如果在场外购买基金，开放式基金可以随时申购或赎回。如果购买的是场内基金，封闭式基金与开放式基金都可以在交易时间段内买卖。

如果在场外赎回基金，到账时间是由基金种类决定的。赎回国内的开放式基金一般2—4个工作日到账。如果赎回投资境外资产的基金，那么到账时间最长可能达到9个工作日以上。如果在场内卖出，即使卖出的资金当天能够到证券账户，也要在第二个工作日才能从证券账户转出到银行账户。

四、非现金类理财产品

1. 什么是理财产品

理财产品是金融机构根据投资者的不同投资偏好所专门设计的投资计划。换句话说，理财产品就是投资经理在分析了人们的需求之后，根据不同人群的风险偏好、投资期限、预期收益等要素而专门制定的资产管理计划。买入理财产品可以省去自己配置资产的麻烦。现金类理财产品在第六章中已有提及，本节中的理财产品为非现金类理财产品。

广义的理财产品不仅包含金融机构发行的理财产品，还包括债券、基金和资管产品等，但本节所讨论的是狭义的理财产品，具有明确的定义。2021年5月11日，银保监会颁布的《理财公司理财产品销售管理暂行办法》中规定，理财业务是指理财公司接受投资者委托，按照与投资者事先约定的投资策略、风险承担和收益分配方式，对受托的投资者财产进行投资和管理的金融服务。而针对理财公司，银保监会也给出了明确规定：在我国境内依法设立的商业银行理财子公司，以及银保监会批准设立的其他主要从事理财业务的非银行金融机构。也就是说，我国理财产品的主要发行机构为商业银行的理财子公司，以及其他银保监会批准的非银行金融机构。

理财产品的销售有直销和代销两种不同模式。理财公司直接发行并销售的，为直销模式；其他理财公司以及银行业金融机构代理销售的，为代销模式。图7.14展示了招商银行App代销的不同理财产品。

虽然招商银行的理财子公司为招银理财，但从图中可以看出，招商银行代销了不同理财公司的理财产品。从华夏理财、中银理财到招银理财，不同理财产品的资产配置各有不同，有侧重债券类的，有侧重权益类的；根据产品持有期的长短，可分为超短期、短期、中期、长期等。

图 7.14　招商银行 App 理财产品页面

资料来源：招商银行 App。

总体来说，如果手里有暂时用不到的资金，又希望这笔资金有收益，那么购买理财产品也是一种投资方式。与活期存款、定期存款相比，理财产品的风险性较高，但收益率也相对较高。

2. 理财产品的风险

理财产品的风险与其投资资产的风险有关。按照不同的标准，理财产品拥有不同的分类。在第一次购买理财产品之前，投资者需进行风险承受能力测试，以判断自己更适合哪一风险级别的理财产品。理财公司一般会针对每个理财产品给出内部评级，按照产品风险从低到高，分为 R1（保守型或谨慎型）、R2（稳健型）、R3（平衡型）、R4（进取型）、R5（激进型）五种类型。其中 R1 风险最低；R2 为稳健型，通常投资于国债、货币基金、逆回购等低风险、中低风险产品；而到 R3 等级的理财产品通常会增加企业债券，以及一定比例的股票、外汇投资，但 R3 投资高波动资产的比例通常低于 30%；R4 为进取型，在 R3 的基础上，投资高波动资产的比例可以高于 30%；而 R5 没有任何投资限制，可以使用金融衍生品、杠杆投资等。

3. 开放式理财与封闭式理财产品

从产品投资期间是否开放申赎来看，理财产品分为开放式理财产品和封闭式理财产品。这两者的区别主要在于赎回时间、收益率以及流动性。

从赎回期来看，开放式理财产品通常在每个工作日的指定时段都可以申购以及赎回（当天额度未用完）；封闭式理财则一定要等到期满才可以赎回。从收益率来看，在同等条件下，封闭式理财产品的收益率通常高于开放式理财产品的收益。从流动性来看，开放式理财的流动性相对更好，而封闭式理财产品的流动性相对更差。

除了开放式与封闭式理财产品以外，还有半开放半封闭式的理财产品，在定期开放的时间内可以申购或赎回。

案例 交通银行理财稳享固收精选3个月定开20211005理财产品

交通银行理财发行的这款"稳享固收精选3个月定开2021005理财产品"是投资于固定收益类资产的公募产品，投资起点较低（1元起投），不收取认购/申购、赎回费用，适用于追求稳健收益、对资金流动性有要求的个人投资者。

由表7.4可以看出，这是一款半开放半封闭式的理财产品，拥有固定的申购、赎回期限。此外它的风险评级为R2，属于稳健型理财产品，其费用明细也如表所示。

表7.4 交银理财稳享固收精选3个月定开2021005理财产品基本情况

产品名称	交银理财稳享固收精选3个月定开2021005理财产品
募集方式	公募
运作方式	定期开放式
管理人	交银理财
产品类型	固定收益类、非保本浮动收益型
产品风险评级	较低风险产品（R2）
业绩比较基准	3.60%
产品开放期	产品开放期为每年2、5、8、11月24日（含）起第一个工作日9:00至第二个工作日16:00，投资者可在产品开放期提交申购、赎回申请
投资起点	个人投资者：投资起点金额为1元，并以1元为单位递增
产品申购及赎回	1.申购和赎回申请受理时间：每年2、5、8、11月24日（含）起第一个工作日9:00至第二个工作日16:00 2.申购/赎回价格：产品开放期最后一日的产品单位净值

续表

产品费用	1. 认购/申购/赎回费率：本产品暂不收取认购/申购/赎回费 2. 销售手续费率：0.15%/年 3. 固定管理费率：0.10%/年 4. 托管费率：0.02%/年 5. 产品运作和清算中产生的其他资金汇划费、结算费、交易手续费、注册登记费、信息披露费、账户服务费、审计费、律师费等，按照实际发生时从理财产品中列支 6. 产品承担的费用还包括投后管理费、项目推荐费、财务顾问费等，按照实际发生时列支 7. 超额业绩报酬：针对投资收益超过按业绩比较基准计算的部分，产品管理人将提取80%作为超额业绩报酬

此类理财产品可以通过交通银行App等多种渠道购买。如果投资1万元到这款理财产品中，根据业绩比较利率3.6%计算，一年后或许能获取300多元的收益，但也有可能收益并不理想，甚至会有亏损。

4. 从什么渠道可以购买理财产品

购买理财产品有多个渠道：第一，直接从商业银行理财子公司直接购买其发售的理财产品；第二，从商业银行、其他理财公司的代销渠道购买。目前，商业银行柜台、商业银行App为主要的线上、线下购买渠道。图7.15展示了招商银行App出售的理财产品，从图中可以看出，招商银行销售的该款招银理财产品为代销模式，需要封闭426天，风险级别为R2（中低风险），起购标准为100元，业绩比较基准利率为4.2%。各大银行的柜台、银行手机App上都能获取各类理财产品的信息，并可以直接通过平台购买理财产品。

理财产品过去可以在支付宝、微信等第三方平台购买，但为了防范风险，2020年12月25日出台的《商业银行理财子公司理财产品销售管理暂行办法》明确指出，理财子机构只能选择银保监会许可的金融机构代销产品。因此，目前已经无法在支付宝等第三方平台购买银行理财子公司发售的理财产品。

图 7.15　招商银行 App 理财产品销售界面

资料来源：招商银行 App。

5. 理财产品的收益与流动性

不同理财产品的收益是不一样的。通常情况下，理财产品的预期收益与产品的期限、风险以及产品结构相关。

首先，如果一款理财产品的封闭期较长，风险较大或起始认购额较高，那么这款理财产品的预期收益可能相对较高。反之，如果一款理财产品的封闭期较短，风险较低，认购额度较低，那么这款产品的预期收益可能相对低一些。

其次，两款封闭期相同的理财产品，风险较高的产品预期收益也可能较高。如果对比两款风险等级相似的产品，那么封闭期长的产品的预期收益可能高一些。

最后，与股票或者指数挂钩的理财产品，风险相对较高；而与存款与债券挂钩的理财产品，风险相对较低。理财产品的风险与它的投资产品结构有很大关系。

需要特别注意的是，理财产品都是净值型的，也就是说产品不保证本金和收益。七日年化收益只代表过去的收益情况，并不代表它的未来收益，只能起到参考作用。即使产品给出了预期收益率或者预期业绩基准，也不能保证在收回投资时，收益就一定能够达到预期收益率或者预期业绩基准。净值型产品一般在每个交易日都会披露盈亏情况。

而从流动性的角度看，非现金管理类理财产品一般会有固定的封闭期，封闭期越长，则流动性越差。不同理财产品的封闭期不同，建设银行的非现金管理类理财产品按期限分为3—6个月、6—12个月、12个月以上。一般而言，理财产品如果投资的是权益类资产，那么理财产品的封闭期可能会更长。

五、股票

1. 什么是股票

股票是一种有价证券，是企业在筹集资本时向出资人发行的股份凭证，代表着其持有者（即股东）对股份公司的所有权。当个人持有一家公司的股票时，就成了这家公司的股东，可以享受公司分红，在公司的决策上也有一定的投票权（优先股除外）。

我国股票市场主要分为A股、B股、H股，其中个人投资者一般接触更多的是A股。A股是指在我国国内发行的、国内居民和单位可购买的以人民币计价的股票；B股原是针对境外投资者在国内购买的以美元或港币计价的股票，现在也面向国内投资者开放；H股是在国内注册的公司在香港发行并上市的股票。

以A股为例。如果投资者想购买A股股票，首先需要在上海证券交易所、深圳证券交易所或者北京证券交易所开立证券账户和资金账户。证券账户是交易股票的前提，只有开设了证券账户才可以在该证券交易所做交易。资金账户是记录股票交易的资金变动及余额情况的账户，在开户时，我们需要选择一个证券公司的营业部来开立资金账户。

虽然资金账户记录投资者股票交易的流转情况，但投资者的资金并不在资金账户里。为了保护投资者的利益，证监会规定投资者的资金统一交由拥有第三方存管资质的商业银行进行存管，证券公司不能接触。也就是说，我们投资股票的资金并不在证券公司的账户中，而是存放在第三方商业银行的账户中。这样可以有效地隔离证券公司与投资者的资金，防止投资者的资金被证券公司非法占有或挪用。

在开立好证券账户和资金账户以后，投资者就可以通过证券公司的手机应用软件或者交易大厅购买股票了。图7.16展示了部分股票价格的显示页面。

涨幅排名				5分钟涨幅排名				换手率排名			
688432	N有研	21.12	113.12% 1	002651	利君股份	8.26	5.22% 1	688432	N有研	21.12	41.38%
300071	福石控股	3.89	20.06% 2	837344	三元基因	18.47	5.12% 2	002995	天地在线	32.91	33.45%
688246	嘉和美康	32.86	20.01% 3	000411	英特集团	13.11	4.55% 3	603163	圣晖集成	36.70	30.70%
688108	赛诺医疗	7.76	17.40% 4	600706	曲江文旅	10.41	3.07% 4	002864	盘龙药业	47.16	29.96%
837344	三元基因	18.47	14.22% 5	300460	惠伦晶体	10.56	2.92% 5	003042	中农联合	33.90	24.39%
300204	舒泰神	17.17	13.18% 6	000610	西安旅游	10.83	2.85% 6	002474	榕基软件	10.25	23.65%
688401	路维光电	58.15	12.96% 7	603738	泰晶科技	23.67	2.52% 7	688419	C耐科	45.38	21.69%
300086	康芝药业	7.55	11.85% 8	834765	羊之意	6.50	2.52% 8	300813	泰林生物	55.01	20.82%
跌幅排名				5分钟跌幅排名				成交额排名			
688037	芯源微	213.15	-10.61% 1	603388	元成股份	11.99	-2.36% 1	300750	宁德时代	386.20	22.60亿
002241	歌尔股份	18.65	-9.99% 2	000788	北大医药	9.13	-2.35% 2	002594	比亚迪	259.50	22.09亿
300456	赛微电子	16.03	-7.29% 3	600685	中船防务	25.09	-2.30% 3	002705	众生药业	17.92亿
832876	慧为智能	9.06	-7.27% 4	605589	圣泉集团	21.30	-2.16% 4	600519	贵州茅台	1452.99	16.78亿
002947	恒铭达	21.05	-6.94% 5	600212	绿能慧充	9.20	-1.92% 5	002077	大港股份	18.72	16.14亿
000070	深南电A	8.48	-6.81% 6	300813	泰林生物	55.01	-1.91% 6	002466	天齐锂业	101.21	16.05亿
603826	坤彩科技	46.63	-6.74% 7	301026	浩通科技	34.79	-1.83% 7	600010	包钢股份	2.11	15.99亿
300986	志特新材	30.10	-6.43% 8	688392	骄成超声	177.74	-1.70% 8	000980	众泰汽车	7.62	15.70亿
振幅排名				5分钟振幅排名				量比排名			
688432	N有研	21.12	33.60% 1	002651	利君股份	8.26	27.99 1	000721	西安饮食	9.20	6.2367%
300071	福石控股	3.89	19.14% 2	605005	合兴股份	17.49	26.77 2	002474	榕基软件	10.25	5.6602%
301235	华康医疗	48.50	15.64% 3	002689	远大智能	4.90	22.80 3	002995	天地在线	32.91	5.5456%
300813	泰林生物	55.01	15.11% 4	000606	*ST顺利	2.07	21.59 4	002593	日上集团	4.21	4.9597%
688108	赛诺医疗	7.76	14.98% 5	603016	新宏泰	21.31	21.09 5	603151	邦基科技	22.15	4.8559%
002995	天地在线	32.91	14.91% 6	603367	辰欣药业	14.38	21.08 6	002642	荣联科技	8.87	4.7016%
003042	中农联合	33.90	14.84% 7	002593	日上集团	4.21	20.41 7	600243	青海华鼎	4.71	4.5201%
002060	粤水电	8.04	14.82% 8	688108	赛诺医疗	7.76	19.48 8	688246	嘉和美康	32.86	4.2111%

图7.16　部分股票价格一览

资料来源：Wind，查询时间为2022年11月10日。

2. 股票基础知识

（1）什么是普通股和优先股

股份公司最基本的股份就是普通股。公司通过发行普通股来筹集资金，帮助公司运营发展。投资者购买普通股，可以通过公司派发股息、股票升值等方式获得收益。

股票中除了普通股，还有优先股。所谓"优先"是指公司分配股息时，优先股股东相比普通股股东享有优先分配权，并且股息是按约定好的股息率发放；公司如果破产清算，相比普通股股东，优先股股东对公司资产也有优先受偿权。

（2）什么是证券交易所

证券交易所是买卖股票、公司债、政府公债、国库券、可转让定期存单等有价证券的市场。

我国现在有上海证券交易所、深圳证券交易所和北京证券交易所三大交易所。不同的交易所上市要求不同，所以上市的股票也各有特点。目前三家交易所共有约5 000家的上市公司。

1990年11月26日，上海证券交易所（简称上交所）正式成立。它是改革开放后第一家证券交易所，目前是我国规模最大的证券交易所，也是全球第三大证券交易所。截至2021年末，上交所的上市公司多达2 037家，总市值高达52万亿元。

主要有两类企业选择在上交所上市。首先，综合实力强、规模大的企业可以在上交所主板上市，股票代码为600XXX、601XXX或603XXX；此外，科技型和创新型的中小企业也可以在上交所科创板上市，股票代码为688XXX。而对于科创板上市的公司，只有拥有两年以上交易经验、前20个交易日日均资产不少于10万元的投资者可以参与投资。

深圳证券交易所（简称深交所）在1990年12月1日开始营业。它的规模仅次于上交所，截至2021年末，深交所共有上市公司2 614家，总市值约39.6万亿元。

主要有两类企业可以在深交所上市。首先，成熟的大企业在上交所之外，也会在深交所主板上市，投资者在投资时没有门槛限制。深交所主权代码有000XXX、001XXX、002XXX。除此以外高科技、高成长型的中小企业可以选择在深交所创业板上市，代码300XXX。与科创板类似，投资创业板也需要拥有两年以上交易经验，以及前20个交易日日均资产不少于10万元这两项主要条件。

北京证券交易所（简称北交所）于2021年9月3日注册成立，同年11月15日正式开市，是三大交易所里最年轻的一家交易所。在开市首日，北交所上市公司共有81家。挂牌时间短、规模相对较小的高科技企业在符合北交所《北京证券交易所投资者适当性管理办法（试行）》的前提下，可以选择在北交所上市。与上交所和深交所两市相比，北交所的投资者门槛相对更高，主要包括拥有两年投资经验、前20个交易日日均资产不少于50万元等。

（3）什么是ST股票和*ST股票？

ST股票在股票市场中指的是需要"特别处理"（Special Treatment）的股票，《深交所股票上市规则》（2014年修订）中规定："有退市风险警示的公司股票，在其股票简称前冠以'*ST'字样，以区别于其他股票；有其他风险警示的公司股票，在其股票简称前冠以'ST'字样，以区别于其他股票。"从它们的定义看，ST股票风险系数很高，*ST股票的风险系数更高。同时，它们的涨跌幅也具有严格限制：每日ST股票、*ST股票涨幅最高5%，跌幅最高也为5%。

对于ST股票、*ST股票，投资者一定要非常谨慎。总体而言，虽然ST股票也存在实现高收益的可能性，但这种可能性很小，同时这类股票风险极高，一招不慎，可能导致较大亏损。

3.收益

股票的收益具有很大的波动性，既可能是高收益，也可能是负收益。股票收益与交易股票的时机，以及选择购买的股票都有紧密联系。我们通过以下的例子来看看股票收益的波动。

假设苏小轼在2020年5月8日，购买1手（100股）茅台的股票，购买价为1 314.61元；在2021年5月26日，卖出了茅台的股票，卖出价为2 220元。在不考虑交易成本的情况下，单纯看股价上涨，苏小轼的持有收益率高达68.9%。由于2021年3月，茅台每10股派发现金红利192.93元（含税），考虑现金红利后，苏小轼的持有收益率为70.3%。

如果苏小轼是在2021年1月11日，购买了茅台的股票，购买价为2 099.73元；在2021年8月26日，卖出了茅台的股票，卖出价为1 595元，在不考虑交易成本的情况下，苏小轼的持有收益率为–24%。

如果苏小轼在2020年5月8日购买的不是茅台，而是中兴通讯。2020年5月8日购买股票，购买价为42.49元；2021年5月26日卖出股票，卖出价为29.76元，不考虑交易成本的情况下，苏小轼的持有收益率为–30%。由于2020年8月，中兴通讯每10股派发现金红利2.0元（含税），考虑现金红利后，苏小轼的持有收益率为–29.5%。但如果时间提前一年，苏小轼在2019年5月8日购买股票，购买价为28.9元；在2020年5月26日以36.3元的价格卖出，不考虑交易成本及现金红利的情况下，持有收益率约为25.6%。

股票收益来源于股票买卖价差、股息和红利发放这两部分。股票价格会受到宏观经济形势、公司经营状况、行业发展周期等多重因素影响；股息和红利发放则取决于公司管理层与公司效益等因素。

在我国，不同公司的股票价格每日上涨幅度的限制有所不同。在沪深A股主板，无风险提示且非首次上市的公司股价每日最高涨跌幅为前一日股票收盘价的10%；A股中ST股票和*ST股票每日价格最高涨跌幅为前一日股票收盘价的5%。创业板和科创板公司的股票每日价格最高涨跌幅均为前一日股票收盘价的20%。

股票交易还需要缴纳印花税、佣金、过户费、交易手续费等一系列费用。

股票收益要扣除这些费用才是投资者最后得到的钱。

4. 风险

理论上说，股票是一种具有高收益与高风险双重属性的金融资产。股票的价格波动比较大，极端情况下可能会在短短几天内出现巨大盈利或者亏损。换句话说，人们既可能通过股票快速暴富，也可能因为股票迅速破产。

股票的风险可以分为两种：非系统性风险与系统性风险。其中，非系统性风险指的是由特殊原因造成的某一企业或行业的风险，是可以通过分散投资消除的。而系统性风险是整个市场的风险，无法通过分散投资来消除。例如，苏小轼开车不看路，把车开进了水里，汽车因为发动机进水坏了，这是由于他的特殊原因造成的非系统性风险；但如果由于全市暴雨，停在露天停车场的汽车都进了水，发动机均有损伤，这就是系统性风险，大家都无法避免。

对于股票的非系统性风险，很多人应该都听说过一句话，"入市有风险，投资须谨慎"。如果用全部资金买入一只股票，或者只买入一个行业的股票，将会面临很大的非系统性风险。如果这只股票，或者这个行业由于各式原因导致股票价格大跌，那么投资也会损失惨重。

但非系统性风险可以通过分散投资来规避。当投资分散化后，即使其中的一只股票亏损严重，但也许另一只股票大涨，以此弥补了亏损的部分。这样的操作虽然不会获得超额的利润，但由于分散投资，也不会遭受巨额损失。

除了非系统性风险以外，投资股票也可能遭遇系统性风险。买入股票后，我们总会遇到几个行情不好的年份。2008年金融危机、2015年股灾，当股市大盘整体大跌的时候，谁也无法避免此类系统性风险。持有股票的时间越长，这类系统性风险导致的股票大跌带来的负面影响就越小。但负面影响可能不会完全消除。以日本股市为例，1990年泡沫经济崩溃，直至2010年日本股市指数也没有涨回到1990年的巅峰。因此，股票的长期投资风险总是比短期投资风险要小得多。我们可以通过长期持有股票来规避一定的系统性风险。

5. 流动性

股票能在二级市场上交易，是流动性较高的金融资产。从变现速度来看，股票的变现速度很快。沪深上市的股票采取的是 T+1 的交易方式，意思是买入股票后要等到第二天才能卖出，卖出股票时资金当日到账、次日可取。

从变现成本来看，卖出股票是有交易成本的，券商会根据买卖的金额收取一些费用。例如,交易佣金按不超过交易金额的千分之三、最低 5 元的标准收取。因此将股票变现时要承担一定的成本。

一般来说,股票成交越快、交易成本越低、交易价格变动幅度越小,股票的流动性就越好。反过来说,如果一只股票的流动性好,那么这只股票在二级市场上的交易价格波动相对较小,交易速度也比较快。

案例　贵州茅台股票

2001 年 7 月 31 日,贵州茅台在上海证券交易所挂牌上市,公开发行 A 股共计 7 150 万股(包括 650 万股存量国有股)。2001 年 8 月 27 日正式上市时,贵州茅台每股发行价为 31.39 元,挂牌首日开盘价为 34.51 元。在上市之初,贵州茅台的股票并没有受到太大关注。2002 年,贵州茅台股价甚至出现了下跌,2003 年最低点甚至跌至 25 元。但从 2003 年底开始直至 2007 年,贵州茅台的业绩迅猛增长。结合 2005 年开始的牛市,贵州茅台的股价也随之大幅上涨。在此后的十几年间,贵州茅台经历了多次大涨。虽然股价也曾经历回撤,但总体表现依然非常亮眼。但贵州茅台的成绩属于历史,并不代表它的未来也会表现优秀,对投资者只能起到参考作用。

图 7.17 展示了截至 2021 年 12 月 31 日贵州茅台股票的累计收益率。从图中也可以看出,截至 2021 年底,贵州茅台股票的收益率曾突破 55 539.44% 大关。贵州茅台曾长期占据 A 股第一高的价位。

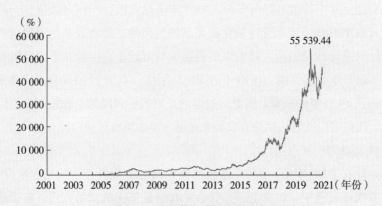

图 7.17　贵州茅台股票累计收益率

资料来源:CSMAR。

六、其他金融资产

1. 其他金融资产有哪些

如果把金融市场比作海洋,那么在这片海洋中,除了股票、基金、理财产品等常见资产之外,还有资管产品、REITs、期货、期权、信托、外汇、私募基金等其他我们接触更少的金融资产。其中 REITs 我们将会在下文中详细说明。

期货是与现货相对的,是指以大宗商品或金融资产等为标的的标准化可交易合约。例如,如果现在计划 3 个月后买入一批大豆,但是预计 3 个月后大豆的价格会上涨,那么现在就可以用较低价格买入期货合约,合约中会规定 3 个月后这批大豆的交易价格,这样也就锁定了 3 个月后大豆的买入价格。如果 3 个月后大豆的市场价格真的上涨了,那么就能够买入这批大豆再卖出,从而赚取差价。

期权跟期货类似,同样也是锁定未来交易价格的一种金融工具。但是与期货不同的是,期权是一种选择权,人们可以用很低的成本购买以某一价格交易的权利,待到交易时间时再决定要不要按这个价格成交。再来看看前面大豆的例子。如果现在是买入看涨期权,只是购买了将来以一定价格买入这批大豆的权利。3 个月后会根据市场价格决定,是以这个价格买入这些大豆,还是放弃这个既定价格,选择按照市场价格买入或者干脆不买。

信托可以看作是"富人们的游戏",是指由信托公司销售的金融理财产品。信托的起投金额标准很高,一般是 100 万元以上,加上我国禁止信托产品公开募集资金,只能向合格投资者定向发行,所以人们在生活中接触信托产品的机会不多。资金信托的合格投资者标准有两点:第一,具有 2 年以上投资经历,第二,家庭金融净资产不低于 300 万元,家庭金融资产不低于 500 万元,或者近 3 年本人年均收入不低于 40 万元。

外汇主要指外国货币、外币存款、外币有价证券和外币支付凭证等。人们投资外汇,主要依靠汇率变动来获得盈利。根据国家外汇管理局《个人外汇管理办法实施细则》规定,对个人结汇和境内个人购汇实行年度总额管理。年度总额分别为每人每年等值 5 万美元。实际上,除美元之外,常见的投资外汇种类还包括欧元、英镑、日元等。

私募基金是指那些以非公开方式向特定投资者募集资金的投资基金。私募基金的投资人一般都是高净值客户，基金的投资范围也主要是一些收益较高的资产，投资周期相对较长，有一定的投资风险。

资产管理产品指的是监管机构批准的基金公司、证券公司等向特定的客户募资，运用募集资金进行投资的一种金融产品。它与理财产品相似，但是发行单位有所不同。

2. 证券公司提供的资产管理产品

证券公司的资产管理产品既可以面向银行、企业，也可以面向个人，尤以高净值客户为主。资管产品主要包括大集合资产管理计划（简称"大集合"）、小集合资产管理计划（简称"小集合"）、专项计划、养老金产品等。其中，根据2018年的监管要求，"大集合"产品正逐步向公募基金产品转型。

所谓"大集合"产品参考公募基金进行转型，指的是"大集合"产品要对标公募基金的相关规定，在投资范围、投资限制、产品申购与赎回、投资运作等方面均与公募基金对齐。这类"大集合"资管计划多是混合型产品，投资范围既包括债券等固定收益类资产，也包括股票、股指期货等收益较高的资产。产品的风险收益水平比股票型基金低，但比债券型基金和货币市场基金要高。

案例　中信证券臻选回报两年持有期混合型集合资产管理计划

中信证券臻选回报两年持有期混合型集合资产管理计划（以下简称"中信证券臻选回报"）是中信证券顺应参考公募基金转型的号召，从其他产品转型而来的混合型大集合资产管理产品，成立于2020年10月。它属于中高风险型产品，其投资方向主要是国内发行的股票、港股通标的股、债券、资产支持证券、债券回购、银行存款等，尤其以具成长性的行业企业的股票为主。

截至2021年6月底，这个资管计划的资产组合中，股票投资占全部资产的72.86%，银行存款和结算备付金占比15.41%，而债券投资仅占到了5.21%。股票投资中，境内股票占基金资产净值的41.30%，其中制造业的投资比例最高，投资金额占到了基金资产净值的32.05%，港股通投资占基金资产净值的31.70%。

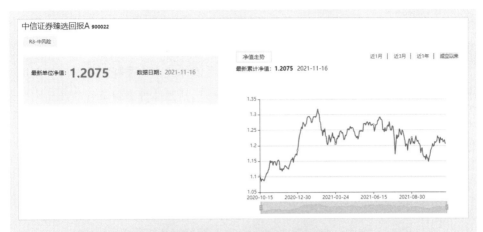

图 7.18　中信证券臻选回报两年持有期混合型集合资产管理计划详情

资料来源：中信证券官网，查询时间为 2021 年 11 月 17 日。

表 7.5　中信证券臻选回报前五大投资股票

股票名称	投资公允价值占基金资产净值比例（%）
吉利汽车	6.71
贵州茅台	6.44
安踏体育	3.96
东方财富	3.55
腾讯控股	3.53

注：数据截至 2021 年 6 月 30 日。

截至 2021 年 6 月底，"中信证券臻选回报 A""中信证券臻选回报 B""中信证券臻选回报 C"的单位份额净值分别为 1.284 5 元、1.284 4 元、1.278 8 元，基金份额累计净值增长率分别达到 15.68%、15.67%、15.17%。

在产品开放期间，我们可以在证券交易所正常交易日的交易时间，通过指定销售渠道购买此类大集合产品，最低申购或认购金额为 1 元，投资金额的门槛与普通公募基金差别不大。产品以金额申购，份额赎回，赎回也必须在指定的交易时间内进行。

3. 保险公司提供的资管产品

保险公司销售的各类传统保险产品中，分红险、投资连结型保险和万能型保险都是带有投资功能的。我们会在第十二章《商业保险管理》中介绍这几类产品。除此之外，保险公司也面向个人提供带有投资功能的个人养老保障管理产品和资产管理产品。

养老保障管理业务是指养老保险公司接受团体或个人委托而提供的养老保障以及与养老保障相关的资金管理服务，具体包括团体养老保障管理产品和个人养老保障管理产品。我们购买个人养老保障管理产品并不是以保险为目的，而是追求它们的投资价值。相对而言，这种产品的投资风格相对稳健，更适合投资者长期持有。登陆第三方平台，我们可以看到平台上销售的各款个人养老保障管理产品。

图7.19　第三方平台销售的部分个人养老保障管理产品

资料来源：微信App。

案例　平安养老金通90天

平安养老保险提供的"平安养老金通90天"这款产品，风险评级为中风险，要求1 000元起投，投资设置了90天的封闭期，封闭期内无法收回资金，必须等到90天封闭期结束才能收回投资。

表 7.6 "平安养老金通 90 天"产品介绍

产品名称	平安养老金通个人养老保障管理产品金通个人 17 号组合
产品类别	混合型
运作方式	契约型开放式
投资管理人	平安资产管理有限责任公司
收益率	浮动收益
风险评级	中风险
购买金额及限制	认购/申购金额为 1 000 元，每笔购买金额上限 19.9 万元
产品开放及赎回	产品每日开放，锁定 90 天，锁定期内不可取出
产品费用	1. 受托费：年费率 0.55% 2. 托管费：年费率 0.02% 3. 投资管理费：0.20%
投资范围	主要投资于货币市场工具和在国内市场发行或上市的固定收益资产

自 2018 年资管新规出台以来，银保监会也顺势针对保险资金运用和保险公司开展资产管理推出了相关政策。保险资产管理公司迅速布局，各家陆续推出众多资产管理产品。2020 年，保险的资产管理规模合计 21 万亿元。

4. 什么是 REITs

REITs 全称为房地产信托投资资金（Real Estate Investment Trusts），它是房地产投资证券化的一种手段。具体而言，REITs 是以发行股票等方式募集资金，再由专业投资管理公司进行投资经营管理，这些管理公司通过投资房地产项目（如住房、公寓、工厂、仓库等）获取住房升值或出租收益，在扣除了相关费用之后，按照一定比例定期向投资者分红。

我国 REITs 市场刚刚起步。2020 年，我国允许发行 REITs，在二级市场上可公开交易。2021 年 6 月 21 日首批基础设施公募 REITs 在沪深交易所正式上市，其中沪市有 5 只，深市有 4 只。首批基础设施公募 REITs 分为产权类公募 REITs 和经营权类公募 REITs。产权类公募 REITs 主要依靠出租资产获取租金和资产增值带来长期收益，如产业园区、物流仓储等；经营权类公募 REITs 主要依靠与政府签署特许经营协议进行收费而获取收益，如污水处理、高速公路等。

以深圳证券交易所为例，在深交所上市的 4 只基础设施公募 REITs 中，属于产权类公募 REITs 的有蛇口产园和盐港 REITs，属于经营权类公募 REITs 的有首钢绿能和广州广河，这 4 只基金发行募集情况如表 7.7 所示。

表 7.7　基础设施公募 REITs 公募基金发行募集情况

封闭式基础设施证券投资基金项目	中航首钢生物质	博时招商蛇口产业园	平安广州交投广河高速公路	红土创新盐田港仓储物流
基金代码	180801	180101	180201	180301
基金简称	首钢绿能	蛇口产园	广州广河	盐港 REIT
基金份额（亿份）	1.00	9.00	7.00	8.00
询价区间（元/份）	12.500—14.000	2.100—2.420	12.471—13.257	2.163—2.381
发售价格（元/份）	13.380	2.310	13.020	2.300
募集资金总额（亿元）	13.38	20.79	91.14	18.4
2021 年净现金流分派率（%）	8.52	4.39	5.91	4.15
2022 年净现金流分派率（%）	7.62	4.47	6.87	4.40
基金合同生效日	6月7日	6月7日	6月7日	6月7日
存续期限（年）	21	50	99	36
战配比例（%）	60.00	65.00	78.97	60.00
网下发售比例（%）	28.00	24.50	14.72	28.00
公众投资者认购比例（%）	12.00	10.50	6.31	12.00

注：净现金流分派率＝年度可供分配金额/募集资金总额；其中，首钢绿能、广州广河、盐港 REIT 2021 年净现金流分派率为 2021 年基金设立至年底数据，蛇口产园为 2021 年度数据；2022 年净现金流分派率为 2022 全年分派率。

资料来源：深圳证券交易所。

另外，国内也有投资海外 REITs 的基金产品，比如上投摩根基金管理有限公司发行的上投富时发达市场 REITs（QDII）基金产品等。

5. 投资门槛与风险防范

对于这些归为其他的金融资产，需要了解的事情包括以下几点。

第一，这些资产的投资门槛一般较高。投资这些资产，不但需要人们具有相关的知识储备，而且在投资经历、个人资产等方面都有相应要求。例如购买信托产品需要符合信托合格投资人的标准；开通科创板交易权限，要求投资者在开通前 20 个交易日账户内的日均资产不低于 50 万元，并且投资者参与证券交易达到 24 个月以上。

第二，期货、期权等金融衍生品的交易均采用保证金交易制度，这类金融资产都带有杠杆属性。例如国债期货的最高杠杆可以达到 50 倍，商品期货的杠杆在 10 倍左右。杠杆放大了资产的收益或损失，如果控制不好这些资产的杠杆比例，一旦资产价值下跌，就会发生相当大的损失，因此这类资产的风险很大。

2020年的"原油宝"事件就是一个较为有典型的例子。2020年4月，受新冠肺炎疫情、经济下行等因素的影响，美国5月原油期货的价格跌到零以下，这直接导致"原油宝"的投资者"穿仓"，一觉醒来本金全部损失，甚至还欠了银行数倍于本金的债务，一时之间引起轩然大波。

就算家庭有相当好的经济能力，可以承受较高程度的风险，也不建议盲目追逐过高收益。期权、期货等金融衍生品，以及信托产品、私募产品等，这些类别的金融资产相对于普通家庭来说门槛较高。不仅投资起步金额较高，而且对投资者的金融素养要求也比较高。如果盲目投资这些资产，尤其是放大投资杠杆的话，风险就会变得很高，甚至可能使人一夜之间倾家荡产。

第三节　如何做好金融资产管理

金融资产管理是一门值得深入钻研的学问。家庭不同于企业，一般来说收入规模比较小，因此不可能像企业一样有较大规模的资金投入多种资产。资金有限时，如何保证在留有一定流动性的前提下，将剩余资金投入能够产生可观收益的资产中，并尽可能降低资产组合的风险敞口，减少可能出现的损失，这就成为金融资产管理的题中之义和重中之重。以下提出三点建议。

第一，对于金融产品的收益和风险有全面的认识。风险和收益就像是一枚硬币的两面，始终记住一条原则：这个世界上没有无风险的高收益，收益始终是对风险的补偿。不同的人承受风险的能力也不同。如果不想承担很多风险，那就选择风险更低、收益也相对更低的资产，例如国债、债券基金等；如果能够承受一般程度的风险，可以尝试一定比例的基金产品，例如沪深300基金或者大盘股基金等；而如果愿意承受更高的风险，追求更高的收益，也可以考虑投资个股。但需要注意，即使风险承受能力再强，也需要注意分散股票投资。

第二，根据不同的生命周期进行金融资产配置。假设目前正处于青年期，收入较少，负债较多，我们可能首先考虑的是偿还各类房贷、车贷、消费贷款等问题。如果此时有了一定积蓄，在保证债务偿还的情况下还可以尝试一些风险投资，例如成长型股票基金，或者有成长潜力的小公司的股票，因为它们有成长的空间。而到了中年时期，收入提高、储蓄增加，基于自身情况，可以投资一些能够承担风险的金融资产。但到了老年阶段，收入减少、支出增加，最需要的是保有目前的财富，同时规避高风险的投资，防止资产受损。这时更应该投资的是债券，或者稳健企业的高分红股票。

第三，选择适合自己的产品。对于个人来说，没有最优的产品，只有最合适的产品。要结合自己的个人职业、市场预期、财务状况、投资目标等多方面情况进行资产配置。考虑自己所处的生命周期以及对风险的承受能力，对金融资产配置进行不断调整。通过本章的学习，希望你可以整理出一套最适合自己的金融资产管理方案。

第八章

实物资产管理

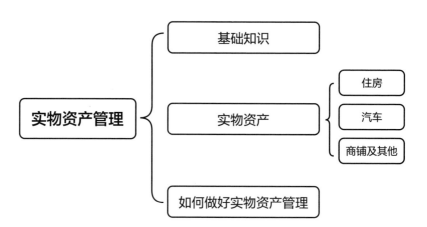

在第五章《资产管理概述》中可以了解到,实物资产包括房产和耐用品。房产包括住房、商铺、厂房等,耐用品包括汽车、家具、大型家电等。本章将重点介绍住房、汽车、商铺和其他实物资产的收益、风险、流动性,以及个人购买实物资产的合理规划。一般来说,个人或家庭的实物资产价值在总资产中占比较大,学会如何做好实物资产管理,可以让家庭财富更好地保值增值。

第一节　基础知识

一、住房

居无定所则民难安。在中国人的传统观念中,"家"的概念与住房息息相关。以第三章《理财规划》城镇家庭资产负债表中的数据为例,一个中国城镇家庭总资产为317.9万元,其中实物资产价值253万元,占比约78%。在实物资产构成中,住房的价值为187.8万元,占实物资产价值的74%,占家庭总资产价值的59%,超过家庭总资产价值的一半。此外,商铺的价值为21.62万元,厂房等经营性资产的价值为19.42万元,汽车的价值为16.53万元,其他大型耐用品价值总和为7.63万元。

由此可以看出,家庭总资产中占比最大的是实物资产,而实物资产中占比最大的是住房。尤其是在北京、上海、广州、深圳等一线城市,一套住房的总价动辄几百万元。因此,管理好住房对家庭资产的管理有着至关重要的作用。

我国住房除了商品房，还有政策性住房等类型。政策性住房是指政府面向中低收入人群实行住房或租房保障过程中提供的限定销售价格或租金价格、建设标准、供应人群等，具有社会保障属性的住房。政策性住房包括共有产权房、公共租赁住房、安置房、集租房等类型。购买或租赁政策性住房可以享受政府相关税收、福利和优惠政策等待遇，但评估标准较为严格，各地区的申请条件也各不相同，可以在当地住建委官网查询最新规定。本章提及的住房主要指商品房。

二、汽车

根据汽车的用途不同，国家标准化管理委员会将汽车分为两大类：乘用车和商用车。乘用车是指在设计和技术特性上主要用于载运乘客及其随身行李和临时物品的汽车，车内座位最多不得超过9个。乘用车分为11类，分别是普通乘用车、旅行车、小型乘用车、舱背乘用车、活顶乘用车、越野乘用车、敞篷车、多用途乘用车、专用乘用车、短头乘用车和高级乘用车。而商用车是指在设计和技术特性上用于运送人员和货物的汽车，商用车分为3类，即客车、货车和半挂牵引车。对于家庭或个人而言，更常见的是乘用车，所以在此不再赘述商用车资产管理，本章提及的汽车主要指乘用车。

三、商铺及其他

家庭在拥有住房之外，还可以通过购买商铺作为实物资产投资。商铺是专门用于商业经营活动的房地产，是经营者对消费者提供商品交易、服务及感受体验的场所。个人购买商铺作为实物资产的主要目的是商铺升值、经营或出租。因此，商铺也具有一定的收益性和风险性。在我国，商铺的产权期限一般是40年，也有部分综合用地上面修建的商铺，产权年限为50年。由于个人购买商铺在不同城市皆有限制，一定要了解充分政策后再购买。

其他实物资产还包括家具、家用电器、电子产品、贵金属、珠宝首饰、收藏品等。这些实物资产更大的作用是为个人提供便利或提升生活质量，部分实物资产还会具有保值增值的属性，比如贵金属、珠宝、艺术收藏品等。

第二节　实物资产

一、住房

1. 住房的收益、风险与流动性

（1）收益

除最基本的使用价值外，住房还有保值增值的功能。它为人们创造的收益主要有住房增值和出租收益。当住房价格上升时，如果将住房卖出，溢价部分就是住房增值的收益。例如，北京2010年商品房平均销售价格在1.3万元/平方米左右，至2020年平均销售价格已经上涨至3.8万元/平方米左右。如果一个人在2010年购买了一套200万元的住房，2020年卖掉时可以获得近400万元的收益。

住房是人们生活居住、生产经营的必需资产，持有住房会为人们提供某种程度的通胀保护。比如，从图8.1过去十多年的历史数据来看，北京住房的平均销售价格一直稳中有升，持有住房的人也因此获得了收益。

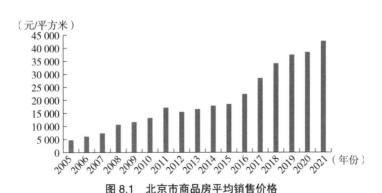

图8.1　北京市商品房平均销售价格

资料来源：国家统计局。

除了房价本身，一线城市的房租水平也高于经济不发达城市。将闲置住房出租也可以获得相应的租金收益，长期出租可以为人们带来稳定的现金收入。

（2）风险

持有住房最主要的风险就是房价波动产生的损失。住房价格是波动的，且受政策影响较大，如城市规划、房地产税收、土地政策、租金管制等变化都会为持有住房带来一定的政策风险。当经济下滑或出台控制房价的政策时，住房的价格就会随之下降。在政策调控方面，我国政府近年来强调"房子是用来住的，不是用来炒的"，北京、上海、广州、深圳以及各大省会城市陆续采取了限购等政策来稳定房地产市场的价格。目前，在部分人口流出城市，住房价格出现了长期保持不变甚至下跌的情况。

（3）流动性

通常来说，直接持有住房的流动性是比较低的。住房、商铺等都属于非流动性的实物资产，这意味着它们不能像其他流动性好的金融产品一样，可随时变现。出售住房需要经过房源登记、签订合同、办理手续等一系列流程，出售一套住房可能需要几个月甚至几年的时间。如果我们想快速出售住房，可能需要大幅降价，最终出售的价格要远远低于我们的心理预期价格。

影响住房流动性的还有住房限售政策。限售政策因地而异，包括限售住房的类型、限售期限等。例如，2017年南京规定了居民购买新房并取得不动产证后3年内不得转让，2018年深圳规定了住宅3年内限售、公寓5年内限售等。

综上所述，住房作为资产管理中的长期实物资产，需要具有较强资金实力和长期稳定现金流的家庭，才能将其作为资产组合的一部分。相比较而言，间接持有住房的流动性就很高了。间接持有住房的方式主要是投资不动产的房地产信托投资基金REITs，在第七章《金融资产管理》中已有详细介绍。

2. 购买住房的规划

首先，购买住房要确定期望的目标和需求。通常情况下，个人对住房的需求受年龄、收入、家庭人数、周边配套设施、交通便利程度等因素影响，要找到符合所有预期的住房是比较困难的。在面临各种因素的权衡取舍时，要逐一分析哪些因素是更重要的，按照重要性程度进行排列，以便在多种因素发生冲突时做出最合适的选择。

其次，购买住房前必须客观公正评估个人资产，再根据需求和实际支付能力来选择用哪一项购房计划。先弄清楚两件事：一是能拿出多少钱付首付？二是根据自身的偿还能力能获得多少贷款额度？

由于购房的起点都比较高，动辄几十万或者上百万，对于许多人来说，攒够首付款是很大的难题。首付款储蓄应该在个人财务预算中占重要的一部分。除储蓄以外，购房者还可以寻求父母或亲戚的资金支持。如果实在无法凑齐首付款，还可以考虑减少首付款的金额、降低购房预算或增加贷款额度。

在攒够首付款后，最好到银行咨询，确保自己确实有资格申请该额度的贷款。银行会根据收入和当前负债情况来决定最大贷款额度，他们会权衡考虑贷款人的历史财务状况、征信记录、收入稳定性、支付能力等。

最后提醒大家，因为住房的流动性较差，大量的自有资金会被占用，同时还要背负未来每个月还贷的压力，这就需要我们清晰地评估自己的财务状况、规划购买住房的现金流、选择最佳的贷款组合方式、在较长时间内承担资金压力和市场风险，要求我们具有较强的资金实力和长期稳定的现金流。

3. 买新房还是二手房

许多人在买房前会考虑是买新房还是二手房，新房和二手房各有利弊，以下列出几个角度作为参考。

（1）首付额度不同

同等价位的住房，新房的首付款一般比二手房低。这是因为贷款银行对二手房的评估价格一般低于交易价格，所以二手房的可贷款金额相对较少。举个例子，同样价格为100万元的新房和二手房，在首付比例为20%的情况下，新房的首付款是$100 \times 20\% = 20$万元；而价格为100万元的二手房，银行的评估价可能只有80万元，那么它的可贷款金额是$80 \times (1-20\%) = 64$万元，所以购买这套二手房的首付款为$100 - 64 = 36$万元。

（2）购房成本不同

购买新房需要缴纳契税、住宅专项维修资金等，而二手房需要缴纳契税、评估费、中介费等，缴纳条件根据住房的情况差异而有所不同。

通常情况下，二手房的增值税和个人所得税由卖方缴纳，但是这部分税费可能会通过房价转移到买方身上。值得注意的是，如果选择购买满五唯一的二手房，就不需要缴纳增值税和个人所得税了，这样可以节省很多税费。关于购房交税的知识可以在第四章《纳税管理》中查看。

（3）交易流程不同

购买新房主要是购房者与开发商进行交易，需要办理的手续也简单，只需要自己提供基本材料；而二手房是购房者、出售方、中介三方进行交易，需要办理的手续较为烦琐。

（4）周边配套设施不同

二手房的社区环境和周边配套资源相对成熟，教育医疗资源丰富。而新楼房位置相对较偏僻，一般周边配套资源少，但是楼龄新，小区居住环境更好，停车更方便，居住舒适度较高。

（5）入住时间不同

从居住的角度考虑，新房大多数是期房，需要等待建成后才能收房，置办家具后会有挥发性污染，需要放置一段时间才能居住；而二手房一般会有基础装修，比新装修的挥发性污染少很多，可以现买现住。但是如果对装修的要求高，那二手房重新装修的时间要更长一些。

买二手房还是买新房，需要综合上面几个因素进行评估后确定。

4. 为什么有钱却买不了房

如果准备购房，首先要关注国家最新的购房政策，我国各地区购房政策都各不相同，出台的政策有限购、限贷、限价等，每年也会有条款规定和购房条件的变动。购房前需要掌握所在地区的购房政策、贷款购房流程和注意事项，这样可以减轻一部分购房压力。

以北京为例，在北京购房需要满足下列条件之一：第一，已婚京籍家庭（通州除外）中无房的家庭可购买两套住房，已有1套住房的可再购买1套；第二，单身京籍家庭（包括未婚、离异、丧偶家庭）在京无房的，可购买1套住房。

针对无北京户口的家庭在京购房需要满足下列条件之一：第一，在京无房且已连续5年（满60个月）在京缴纳社保或个税的非京籍家庭，可购买1套住房；第二，想在通州区购买住房，还必须符合近3年（满36个月）在通州连续缴纳社保或个税的要求。

不同地区的住房限购政策不尽相同，如果需要了解更详细的购房限制条件，可以登录各地的住建委官网进行查询。

5. 贷款买房的利弊

使用贷款（包含公积金贷款、商业贷款、组合贷款等方式）购房，可以在一定程度上减轻短期内个人或家庭的资金压力，利用贷款来购买更大、更好的住房（购房贷款内容详见第十章《负债管理》）。相对于全款买房，贷款购房只需要准备好首付款，这会减轻我们的资金压力。

在房价上涨时，贷款买房比全款买房获得的收益更高（参见表8.1）。例如，在100万元的住房涨到120万元的情况下，全款买房使用100万元赚了20万元收益，获得20%的收益率；而在贷款50万元买房（不考虑贷款利息）的情况下，房价上涨了20万元，则是获得40%的收益率。

但是在房价下跌时，贷款买房的损失率也更高。同样以价值100万元的住房为例，如果房价下跌20万元，全款买房条件下的损失是20%；贷款50万元买房的损失则是40%。更糟糕的是，如果房价下跌超过50万元，那么住房的价值低于贷款金额，即使将住房卖掉也不足以偿还贷款。

表8.1 房价波动下不同付款方式的收益率

住房价格	首付金额	贷款金额	房价波动额	收益率
100万元	100万元	0元	上涨20万元	20%
			下跌20万元	−20%
	50万元	50万元	上涨20万元	40%
			下跌20万元	−40%

注：收益率计算公式为房价波动额除以首付金额乘以100%。

所以在购房前，要针对自己目前的财务状况、还款能力等作出客观准确的评价，选择是否贷款。

案例　高波动的燕郊房价

河北省廊坊市三河市的燕郊镇与北京市通州区相邻，距离北京国贸只有30多公里。2012年，燕郊的新房平均价格约8 000元/平方米，随后几年房价快速上涨，个别小区在2017年一度超过3万元/平方米。如果在2012年以1万元/平方米的价格购买了一套100平方米的住房，在2017年以3万元/平方米的价格卖出，那么将获得（30 000−10 000）×100 = 200万元收益，收益率高达200%。一些人看到涨幅如此之大，纷纷购买燕郊住房。但是2017年3月17日北京楼市新政出台，环京的各个城市也紧跟北京的步伐出台了各种住房限购限贷政策，燕郊的房价均价从2.8万元/平方米跌至1.8万元/平方米，只用了不到两年。

2016年末，有人在燕郊房价暴涨时贷款购买了一套380万元左右的住房，首付100万元，向银行贷款280万元，分期20年还款，每个月需还款近2万元。但是过了两年，房价下跌了近一半，住房的总价低于贷款金额。如果此时卖出住房，不仅损失了首付款，还要偿还剩余的银行贷款。

6.买房需要准备多少钱

一般情况下，购买住房除交纳房款外，还需要交的税和费用有契税、权证登记费等。其中，买卖住房纳税的内容在第四章《纳税管理》中有详细介绍，此处仅提及一二。另外，购买新房需要额外交纳住宅专项维修资金，购买二手房需要额外交纳中介费、评估费等。

（1）契税

契税是转移土地、住房一定要缴纳的税，契税法规定契税税率为3%—5%，各地区根据是否为首套、住房面积是否超过90平方米来确定契税征收的优惠税率。

（2）印花税

目前，针对个人之间交易住宅类房屋免征印花税。

（3）权证登记费

权证登记费，也被称之为产权转移登记费或工本费，是在房屋管理局办理住房证时发生的费用。一般情况下，普通二手房的权证登记费是80元/套，如果是非住房类的二手房权证登记费是550元/套。

（4）中介费

如果想买到合适的二手房，一般情况下会通过房屋中介来购买。中介公司除了提供选房、实地看房等服务外，还会参与到整个二手房交易过程中，包括办理贷款、过户等服务。通过中介公司交易住房需要缴纳一定的中介费用，具体标准根据不同城市的中介收费情况来决定，像在一线城市的中介费一般是房屋住房交易额的2.5%左右。需要注意的是，中介费在不同城市、不同地区的收取对象不一样，可能向卖方收取，也可能向买方收取，或者双方都收。另外，新房是不需要交纳中介费的。

（5）评估费

向银行贷款购买二手房时，银行需要对住房进行评估，根据评估价计算贷款额度。贷款银行会指定专业的评估机构来评估住房，其产生的费用由购房者承担。

（6）住宅专项维修资金

住宅专项维修资金是针对新房收取的费用，是指用于房屋公共设施、共用设备（涉及房屋共有部分如内外承重墙体、屋顶、上下水管道等）保修期满后的大修、更新和改造的资金，费率一般是当地住宅建筑面积每平方米造价的5%—8%。

7. 持有住房的成本有哪些

持有住房的成本主要包括装修成本、物业费、水电燃气费，北方冬天还要交取暖费。

另外，持有住房的成本还包括房产税。房产税是向住房的持有者征收的税收，根据住房的余值或者租金进行征收。它是一种古老的税种，中外各国政府都早已开征。像唐朝的"间架税"、清朝的"计檩输税"、清末民国的"房捐"都属于当时收取的房产税。欧洲中世纪收取的"窗户税""灶税""烟囱税"也都是房产税，以房屋的外部标志作为确定缴税的标准。目前我国房产税还没有开始在全国范围内征收，只有上海和重庆作为试点城市正在针对住房持有者征收房产税。

除此之外，房屋保险也是持有住房成本的一部分，房屋保险是指保险公司对于因意外事故或自然灾害造成的房屋损坏给予一定的经济补偿。在美国、日本等国家，人们经常会为自己的住房购买房屋保险，我国居民购买房屋保险的意识也在不断增强。具体介绍详见第十二章《商业保险》中财产险的内容。

案例　上海房产税

2011年起，上海开始试点房产税。针对本地居民新购买的第二套房、非本地居民购买新房（高新人才和住满3年的非本地居民放宽至第二套）征收房地产税。计税是依据房产交易价格的70%决定。房屋单价超过上年度全市均价的2倍，税率按0.6%执行；不超过2倍，税率按0.4%执行。计算公式如下：

应纳房产税税额＝新购住房应征税的面积（建筑面积）× 新购住房单价 × 70%× 税率　　　　　　　　　　　　　　　　　　　　　　　　(8-1)

如果本地居民购买第二套房，但合并计算家庭人均居住房屋面积不超过60平方米，免征房产税。如果购置第二套房，但在1年后卖出，还可以退还房产税。

假设苏小轼作为非上海居民在上海购置了一套新房，房屋价格为400万元，单价没有超过上一年全市新建商品房平均销售价格的2倍。苏小轼需要每年缴纳的房产税金额为4 000 000×70%×0.4%=11 200（元）。

8.卖房需要准备多少钱

出售住房需要交增值税及附加、个人所得税、印花税、土地增值税、中介费。其中，个人出售住宅类房屋免交印花税和土地增值税，增值税及附加和个人所得税都有国家税收优惠政策，通过第四章《纳税管理》中的税收优惠政策可以了解到如何合理节税。

（1）增值税及附加

增值税及附加包括增值税和增值税附加，增值税是以不动产转让收入（不含税）作为计税依据的流转税。出售不满 2 年的普通住房，需要按照全额的 5% 缴纳增值税。出售 2 年以上（含 2 年）的普通住房，免征收增值税及附加。

增值税附加是城市维护建设税、教育费附加、地方教育附加的总称。城市维护建设税税率根据纳税人所在地区不同分为三档：市区为 7%，县城、镇为 5%，不在市区、县城或镇为 1%；教育费附加为 3%；地方教育费附加为 2%。目前个人出售住房减按 50% 征收附加费。

（2）个人所得税

缴纳金额是住房成交价格减去房屋原值、税金和合理费用后的 20%，如果房屋没有原值，缴纳金额是住房成交价格的 1%。出售满 5 年并且是个人或家庭唯一的住房可以免征个人所得税。

2022 年 10 月 1 日至 2023 年 12 月 31 日，出售自有住房并在卖出后 1 年内重新购买了住房的纳税人，可以部分或全额退还卖房时已缴纳的个人所得税。

（3）中介费

如果个人通过房产中介成功出售了住房，需要交纳中介服务费，各个中介机构的收费比例不一，中介费的收取没有成文规定。但是有些城市，如北京、上海等地，卖方是可以免交中介费的。

二、汽车

1.汽车的收益、风险与流动性

（1）收益

汽车的收益更多是从消费者的效用方面考量。拥有一辆家用汽车最大的好处就是方便，无论是日常上班还是节假日出游或回家探亲，可以为个人节省很多时间。同时，有车一族的活动半径会变大，距离不再是问题，生活质量也相应提升，可以开车出门办事、购物，或者和家人、朋友们自驾游。另外，汽车也可以是用户身份的象征，特别是对于一些成功人士或创业者来说，可能会带来隐性收益。

（2）风险

拥有汽车最大的风险就是价格下跌、资产贬值。汽车作为家庭实物资产中的消耗品，一般情况下不考虑车辆保值的可能性。而且汽车在行驶过程中难免会遇到剐蹭、碰撞等不同程度的损害，它所面临的贬值风险就更大了。

（3）流动性

汽车比住房和商铺更容易交易变现，目前有二手汽车交易场所，也有专门回收二手汽车的公司，旧车的出售价可以根据年限、车况、配置、行驶里程等信息进行评估，通过车辆检测、买卖交易和过户转移登记最终将车辆出售。

2. 购买汽车的规划

除了住房以外，个人或家庭最大的刚需可能就是汽车。个人对购车的需求与购房类似，同样受很多因素影响。比如，家里有3个孩子，可能需要一辆7座汽车；家里有一只狗或者日常会搬运很多东西，就需要一个很大的后备箱；经常户外出行，可能需要一辆安全性高的越野车等。把我们希望车辆具备的功能特征列成一份清单，列出哪些是必需的，哪些是备选的，拿着这份清单，接下来该做的就是要了解自己能负担得起多高的价钱。

汽车的价格从几万元到几十万元、几百万元不等，从现实的角度看，如果因为购买了一辆汽车而使自己的生活质量有所下降，甚至陷入财务危机，那肯定不值得。所以在制定买车计划时，最重要的是购买行为要符合自己的预算。

在我们的储蓄中应该有一笔款项是专门用于买车的，动用这部分存款来支付汽车的首付款是比较稳妥的。在了解自己可以支付的首付之后，还应该清楚使用贷款后每月的还款额。汽车贷款本质上是一种分期偿还贷款，你可以利用第十章《负债管理》介绍的汽车贷款相关知识，来确定自己的贷款利息和月还款额度。在这些数字确定好以后，你就会知道自己应当选择多高价位的汽车了。

3. 买新车还是二手车

二手车相对于新车有较大的价格优势。一辆新车使用过一年以后，其价格可能只有购入价格的80%；一辆新车使用过四五年后，其价格可能只有购入价格的一半。所以在衡量了我们的财务状态以后,如果发现想要的车型价格太高难以支付,就可以考虑二手车。从价格角度来说,二手车确实更便宜。

但是购买二手车存在一定的风险,要综合考虑车龄、行驶里程、操控性能、硬件设备、是否发生过事故等因素。如果不了解这些信息、没有这方面的经验,并不建议考虑二手车。

4. 选择贷款买车还是全款买车

全款买车的优势在于购车流程简单,支付方式较灵活,不需要准备很多资料就可以提车。贷款买车的优势在于,可以使用财务杠杆,利用低首付撬动高额资产,但是贷款比全款买车要多付出更多成本。如果我们考虑贷款买车的话,就需要确定贷款比例和贷款利息,具体可以参考第十章《负债管理》中关于汽车贷款的内容。

如果买车时恰逢购车优惠活动,比如免金融服务费、免贷款利息等,那么我们需要计算贷款成本是否足够划算。除此以外,假如我们需要更多的流动资金用于经商或应对突发状况,或者有更好的投资理财途径,能够使赚的钱比贷款成本高,那么贷款买车比全款买车更合适些。

5. 买车需要准备多少钱

在了解了买车需求和支付能力以后,我们应该计算购买心仪的汽车一共需要花多少钱。除支付汽车的裸车价款以外,购买汽车还需要额外缴纳以下几种税和费用。

(1) 购置税

车辆购置税的金额计算公式如下:

$$车辆购置税金额 = 机动车销售发票的金额 \div 1.13 \times 购置税率$$

(8-2)

其中增值税税率为13%,购置税率目前为10%,且购买新能源汽车暂时免交车辆购置税。

(2) 关税

购买进口汽车需要多交一项进口车的关税,自2018年7月1日起,进口汽车的关税税率为15%。

6. 持有汽车的成本有哪些

在购买了汽车以后,还需要考虑车辆的保险、行驶、保养、年检等项目产生的使用成本，具体可以分为以下几种。

（1）行驶成本

驾驶车辆会产生汽油费或电费、停车费、车位费、洗车装饰费等，还有可能因为交通违章产生罚款费用。

（2）保险费

车辆的保险费基本分为交强险和商业险两种。交强险是需要每年购买的，属于强制性责任保险。商业险可以根据自身需求进行购买。车辆保险费的详细信息可以在第十二章《商业保险管理》中查看。

（3）车船税

车船税是对车辆船舶必须征收的一种税，在我们缴纳交强险的同时，保险公司就会代收车船使用税。全国各地根据排气量和车型来计算车船税，一般来说，排气量越大，车船税越高。按照车船税征收的标准，最低的档次是240元至360元，最高的档次是3 600元至5 400元。

（4）保养费

车辆保养费与保养周期和车辆公里数有关。不同车型的保养周期不尽相同，一般是6个月、8个月或12个月，或者按照车辆行驶里程数来确定保养周期和项目。

三、商铺及其他

1. 商铺的收益、风险与流动性

（1）收益

家庭在拥有住房之外，还可以通过购买商铺作为实物资产投资。拥有商铺的主要目的是商铺升值、经营或出租，因此它的收益性体现在增值收益、经营收益和租金收益。增值收益也就是商铺的房价升值带来的收益，房价增值往往需要较长的时间。在这段时间内，经营收益和租金收益就是主要收益。经营收益可以很多，但是需要持有人花费足够多的时间、精力去经营一家属于自己的店铺。租金收益相对比较简单，但是也需要商铺具备地段、人气、周边业态优势才能获得可观收益。

（2）风险

根据收益的特点，商铺的风险包括价格下跌风险、经营风险和出租风险。

目前商业区、社区商铺的开发量不断上升，空置率也有所提高，导致商铺的价格增长缓慢或者有贬值的情况出现。经营风险受商户经营管理、业态定位、市场竞争等因素影响，特别是受电商和疫情的影响，越来越多的实体店转为线上营销，经营或出租线下店铺的难度增大。

（3）流动性

商铺属于长期持有的实物资产，而非短期套利的资产，一两年内难以收回成本。出售商铺时转让费较高，需要缴纳契税、增值税、个人所得税、印花税等税费，不管是买方还是卖方承担，都会使获利大打折扣。这样一来，商铺的流动性也就降低了。

总之，购买商铺是一项专业投资，需要对商铺有全面、理性、有针对性的掌控，才能提高投资商铺的成功率。

2.购买商铺的规划

在购买商铺前一定要花足够的时间和精力做好准备工作。比如，考察商铺地段、人流量、周边配套设施、产权状况、评估商业不动产价值等。很多购房者会先购买小面积商铺，随着原始投资净值的增加，再购买更大更好的商铺。

有些商铺不会随着房龄的老旧而贬值，反而因为时间越久，周边配套设施越完善，商铺的租金也就水涨船高了。但是，如果察觉到商铺周围生意不景气，附近店铺关了一个又一个，甚至闲置下来很久没有人购买或租赁，就应该谨慎考虑是否值得购买。

我国各地区的商铺贷款和限购标准不同，如果以个人名义购买商铺，贷款年限一般为5年，最长不可超过10年。贷款按现行商业贷款利率执行，并且商铺贷款属于商业房地产贷款，不属于个人住房贷款，不能用公积金贷款。在贷款比例方面，有些地区首套商铺的贷款比例可以达到50%，但是像在北京购买商铺必须支付全款。

3.买卖商铺需要准备多少钱

购买商铺买方需要缴纳的税费包括印花税、契税、权证登记费等，从开发商手中购买新开盘的商铺还需要交住宅专项维修资金。

出售商铺卖方需要缴纳的税费包括印花税、个人所得税、增值税、城市维护建设税、教育费附加、地方教育附加等。自2019年起，小规模纳税人可以在50%的税额幅度内减征印花税、城市维护建设税、教育费附加、地方教育附加。

4. 持有商铺的成本有哪些

商铺属于商业用地，有商业用途和营利性质，所以它的物业管理费、水电费的执行标准都按商用计算，价格比较贵。另外，购买商铺无论用于经营或出租，都需要缴纳房产税，以商铺余值计税缴纳的，税率为1.2%，以商铺租金收入计税缴纳的，税率为12%。

如果购买商铺用于自营，投资者会担心商铺整体的财产安全问题，担心商铺会因水灾、火灾、被盗、被抢等事故造成损失，希望给自己的商铺购买保险。但是，我们并不能以个人的名义为经营性质的商铺购买企业财产险，所以如果是自营的情况，可以考虑以个体工商户名义为商铺购买中小微企业财产险。

目前市场上适合个体工商户投保的商铺财产保险产品大致分为三种类型：商铺财产基本险、商铺财产综合险和商铺财产一切险。第一种商铺财产基本险只承保公司财产因火灾、水灾、高空坠物等事故造成的损失，比较适合存货较多的商铺；第二种商铺财产综合险是在商铺财产基本险上加上被抢、被盗造成的损失，比较适合库存商品价格较高的店铺投保，比如金银首饰店、典当行等；第三种商铺财产一切险是在商铺财产综合险的基础上外加第三方责任险，更适合餐厅、酒吧、旅店、KTV等带有服务性质的商铺，购买财产一切险可以转嫁因商铺过失造成的第三方责任赔偿的风险。

需要注意的是，因为不同商铺的财产总额不同，在投保商铺财产保险过程中，商铺投保人应该增加对财产整体保障额度的认知，最好能够列出商铺内需要保障的财产清单，并确认每一个险种费率，从而选择最适合自己商铺的财产险。

5. 其他实物资产的收益、风险与流动性

个人的其他实物资产包括家具、家用电器、电子产品、贵金属、珠宝首饰、收藏品等。从收益性的角度来看，贵金属、珠宝、艺术收藏品等，一般具有保值增值的属性。

贵金属实物资产主要包括金、银等贵重金属，我们可以投资的贵金属有金条、金块、金币等。当社会动荡、经济衰退或通货膨胀预期可能到来时，很多人会认为黄金是最安全的投资产品，黄金的价格也会随之上涨。当国际紧张局势缓解、政局逐渐稳定或股市行情较好时，黄金的价格就有下跌的风险。一般认为，黄金比较适合风格稳健的长线投资者。

而家用电器、电子产品、家具等实物资产一般都有贬值的风险，特别是电子产品的革新迭代速度快，各类电子产品竞相推出，产品性能一代比一代优越，这就导致电子产品的稀缺性被打破，手里已有的电子产品会折旧，不具备保值属性。

从流动性的角度来看，像住房、商铺等不动产的买卖需要登记，而其他实物资产有线上线下的二手商品交易市场，卖方可以以合适的价格直接出售给中间商，交易过程省去了实地考察、交税、登记等环节。

第三节　如何做好实物资产管理

个人或家庭中的实物资产在总资产中占了很大比例，我们可以遵循以下几点，对家庭的实物资产进行合理规划，从而更好地管理实物资产，让家庭财富保值增值。

第一，房子是用来住的。住房自身兼具居住和投资的功能，但是有些人过分放大了它的投资属性，将购房变成了炒房。自从2016年底中央经济工作会议提出"房子是用来住的，不是用来炒的"后，国家通过对房地产市场的市场供需调节、价格引导、财税引导、资源配置等手段，来实现住房的合理分配。在此背景下，我们仅需要从自身的角度考虑是否购买住房用于自住、改善居住环境等，而不再是投资的目的。

第二，理性选购汽车。汽车的种类很多，且不同类型的车辆性能各有侧重。根据汽车的用途和特点不同，选购符合自己需求的车辆是最基本的原则。所以在选购汽车之前，先明确自己购车的目的，确定汽车的使用途径，比如自己为什么要买车？想买什么样的车？更看重汽车的什么属性？购车的预算是多少？

通过本章，我们了解了汽车属于消费品，且不会随着时间流逝带来金钱上的收益。相反，它会持续耗费资金。所以在购买汽车时，应重点考虑它的用途，在理性客观地分析汽车的作用和自身的需求之后再购买。

第三，适度消费，按需购买。一般来说，其他实物资产的购买频率较高，在购买这些资产时应该保持清醒，理性地考虑自己的需求。这就需要树立正确的消费观,量入为出,适度消费;避免盲从,理性消费;按需购买,量力而行。个人的消费水平应该与自己或家庭的收入水平、财务状况相匹配,根据自身经济承受能力进行消费。这样既能珍惜自己的劳动果实,也能有效避免过度消费所带来的额外压力和负担。

第四篇
债务管理

第九章

个人信用管理

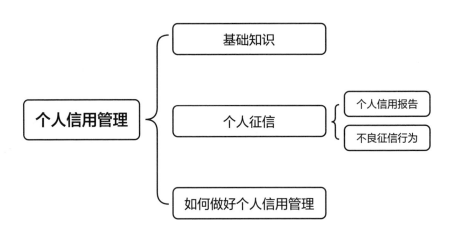

《左传·昭公八年》里有云:"君子有言,信而有征,故怨远于其身。"由此可见,君子言而有信,方能取信于人,个人信用可谓是一个人在社会中的立身之本。一个人在经济活动中信用较好,说明他对财务规划能够做到心中有数,还款能力强,能够长期保持良好的信用状况。

信用良好的人,可以更便捷地获得银行的信贷支持。例如,可以轻松申请到额度更高、利率更低或者期限更长的贷款;再比如,从各家银行都能够申请到额度更大的信用卡等。

第一节 基础知识

一、什么是信用

信用是指在交易的一方承诺未来偿还的前提下,另一方为其提供商品或服务的行为。信用是随着商品流转与货币流转相分离,商品运动与货币运动产生时空分离而产生的。信用既是社会经济主体的一种理性行为,也是一种能力的体现。个人信用是征信机构对个人信用水平的评估和认证,可以客观地评价一个人的信用水平。下面通过一个例子来具体了解信用对人们生活的影响。

一位贷款申请人因为去年的一笔分期贷款逾期偿还,被贷款银行上报了中国人民银行征信系统。今年他又有一笔大额开支拟向银行申请贷款,银行要求增加担保,否则再次申请被拒的可能性很大。一般情况下,征信记录中不良记录越多，从银行等金融机构贷款的难度就越大，一旦违约，再次办理贷款业务便会困难重重。

当我们向银行申请贷款时，若个人信用良好，银行可能以优惠利率贷款给我们，待期满时需要将本金和利息归还给银行。同理，当我们使用信用卡消费时，也预支了银行的资金，只有信守承诺，按时还款，银行才会认为我们是守信的。而这些守信的历史记录，会成为未来我们申请贷款或信用卡的重要参考依据。

二、什么是征信

征信是指征信机构根据相关规定，合理合法地采集个人和企业的信用情况，加以整理、保存、加工后，形成信用报告并对外提供的活动。

个人征信非常复杂，征信部门往往要从多个源头获得个人信用数据，例如，从银行获取信贷记录、信用卡申请和还款记录等，获得数据后还需进一步加工处理，并最终输出有用的个人信用信息，形成个人信用报告。

三、什么是征信白户

征信白户是指一个人缺乏信贷记录、甚至没有信贷记录，银行等放贷机构难以根据现有信用记录来判断他的信用情况。在缺少足够的信贷记录的情况下，银行难以判断这个人是守信的。

但是，有一些征信白户是因无借贷能力或者借贷需求所致。例如，刚刚年满18周岁的青年尚无过多消费，或者父母给予的资金足够应对开销，不需要使用贷款，那么他们很可能就是征信白户。

通常情况下，如果我们没有过违约情况，可能会默认自己信用水平一定良好，实则不然。如果我们未曾在银行办理过信用卡或贷款业务，空白信用记录看似清白，贷款机构却无法依个人信用报告来判断信用状况及履约能力。这样一来，银行可能无法为我们提供所需贷款额度，或者要求提供其他辅助证明材料，甚至不排除有贷款申请被拒的可能。

四、什么是征信机构

征信机构是指依法设立的主要经营征信业务的机构。征信机构负责采集、加工和处理个人信用数据和企业信用数据，并以此推出各种信用服务产品。

我国目前有政府主导和市场化两类个人征信机构。政府主导的个人征信机构是指中国人民银行征信中心，市场化个人征信机构是指获得个人征信业务牌照的机构。

五、我国政府主导的个人征信机构

我国政府主导的个人征信机构是中国人民银行征信中心。

中国人民银行征信中心负责建设、运行和维护人行征信系统。2006年，第一代征信系统正式运行。2020年1月，第二代征信系统正式上线，它更加全面地覆盖了个人基本信息和贷款信息，登陆中国人民银行征信中心的征信系统即可查询。

由央行主导建设的央行征信系统，立足全国范围内个人和企业信贷信息全面共享应用，已成为世界上规模最大、覆盖人口最多、收集信贷信息种类最全的征信系统。截至2022年8月末，个人征信系统接入金融机构4 081家，收录11.5亿自然人信息，日均提供查询1 084.4万次；企业征信系统接入金融机构3 811家，收录9 874.6万户企业和其他组织信息，日均提供查询服务27.3万次。

六、我国的市场化个人征信机构

截至2022年底，正式运营的市场个人征信机构有两家，即百行征信和朴道征信。百行征信有限公司是国内第一家市场化个人征信机构。百行征信的股东主要有行业自律组织——中国互联网金融协会以及芝麻信用、腾讯征信等8家企业。朴道征信有限公司是第二家市场化个人征信机构，其股东主要包括北京金融控股集团、京东数科、小米科技等。到2022年8月底，百行覆盖了4.96亿人，提供服务38.59亿次；朴道覆盖了1.57亿人，共提供服务10.13亿次。

钱塘征信有限公司（筹）有望成为第三家个人征信机构，中国人民银行已于 2021 年 11 月受理了该司的征信业务申请。主要股东包括蚂蚁科技集团、浙江省旅游投资集团、传化集团、杭州市金融投资集团、浙江电子口岸有限公司、杭州溪树企业管理合伙企业（有限合伙）。

第二节　个人征信

一、个人信用报告

1. 什么是个人信用报告

个人信用报告记录了一个人的履约历史，又被称为个人的经济身份证。在我国，个人信用报告由中国人民银行征信中心提供。只要是个人发生的信贷交易，尤其是与金融机构发生的信贷交易，都会被一一记录下来。个人信用报告不仅记载了信贷信息，还可能包括欠税、民事判决、强制执行、行政处罚等信息。通过个人信用报告，可以对个人的信用状况及履约情况有非常清晰和全面的认识。

个人信用报告主要包括个人基本信息、信息概要、信贷记录、公共信息记录、查询记录等部分。其中，个人基本信息包括身份证号、婚姻状态、居住地址、职业等。信息概要中可以查看个人的信贷数据，以及为他人提供担保的情况，也可以看到个人的不良信贷信息概要。除了个人基本信息之外，还有个人信贷记录、公共记录等内容，公共记录具体包含了欠税情况、民事判决、强制执行、行政处罚记录等。个人信用报告中还记载了报告的被查询情况，具体记录了个人信用报告在何时被何人或者机构以何种理由查询。

2. 如何查询个人信用报告

我们可以通过线下和线上两个渠道查询自己的信用报告。

第一，线下渠道查询。截至 2022 年 11 月，全国约有 2 100 家个人征信查询网点，提供柜台或自助终端查询个人信用报告。此外，也可以通过分支机构的查询点、部分商业银行网点提供的自助终端进行现场查询。现场查询需要携带本人居民身份证前往网点，当天即可获取个人信用报告。全国各征信分中心及查询点联系方式可以登录征信中心官网（http://www.pbccrc.org.cn）查询。

第二，线上渠道查询。我们可以登录征信中心官网、银行的网银系统，或者通过手机银行 App、中国银联云闪付 App 等线上渠道查询个人信用报告。

3. 个人需要查询个人信用报告吗

需要。我们要养成定期查询个人信用报告的习惯。对于每个发生过的信用行为，尤其是与银行等金融机构产生过信用往来的个人来说，查询个人信用报告都是必不可少的。定期查询报告并及时核对个人基本信息及信用信息记录，能够有效避免信息错误和疏漏等问题。一旦发现个人信用报告所记录的信息有误，要及时向征信中心或数据发生机构申请更改，以免影响个人信用。

中国人民银行征信中心每年提供两次免费查询个人信用报告的服务，超过两次则需额外付费：10 元 / 次。

4. 我可以查询别人的信用报告吗

一般情况下不可以。在没有得到他人授权的情况下，个人无权查询他人的信用报告。特殊情况下，如果个人取得了他人授权，那么代理人将有权查询委托人的信用报告。

5. 谁可以查询我的个人信用报告

金融机构只有在办理审核个人贷款申请、审核个人信用卡申请、审核个人作为担保人申请、对已发放的个人信贷进行贷后风险管理时，才可以查询个人信用报告。同时，金融机构需要指定专门的信用报告查询员，并在人民银行征信管理部门备案。当然，个人信用报告的查询行为，也都会被记录在案。

县级以上（含县级）司法机关和其他依据法律规定有查询权限的行政管理部门，可到当地人民银行征信管理部门申请查询相关涉案人员的信用报告。

6. 什么是硬查询和软查询

个人信用报告的硬查询是指金融机构因审查客户信用卡申请、贷款申请、担保资格申请等原因进行的信用查询，硬查询需经客户的授权。软查询一般是指金融机构的贷后管理查询和个人自查询，贷后管理不需要客户的授权。

7. 频繁查询个人信用报告会造成不良影响吗

多次硬查询会造成不良影响，而软查询不会。如果在一段时间内，个人信用报告硬查询次数过多，金融机构有理由怀疑客户处于资金紧缺的状态，可能说明客户的还款能力不足，进而拒绝用户的申贷请求。软查询是正常贷后管理和个人信用检查，不会对个人信用造成不良影响。

8. 个人信用报告信息有误可以修改吗

可以申请订正错误的征信信息。个人信用报告中的个人基本信息、信贷信息、公共记录都有可能出现错误。信贷信息和公共记录是由放贷机构和公共部门上传到征信系统的,其中涉及多部门人工录入等操作环节,难免出现纰漏。个人信息一般由人行征信中心从公共信息部门提取,或者会从我们申请信用卡或贷款时填写的信息中获取的。因此,如果我们的个人基本信息发生了变化,要及时到银行或直接向征信中心申请修改征信信息,以免影响个人信用。征信中心会进行严格审核,确认无误后订正相关信息。

案例　信用记录修正

2020年7月,小陈在办理个人业务时查询了自己的信用报告,结果发现自己背负了一笔4 000万元的贷款担保,被担保人是深圳的一家建筑工程公司。可是小陈与这家工程公司毫无关系,此前也未听说过这家公司。于是,小陈向贷款银行深圳分行提出了撤销担保贷款记录的申请。两天后,银行向小陈反馈,这笔贷款担保因银行工作人员录入数据时操作失误造成,并将小陈的这笔贷款担保记录从征信系统中清除。该银行也为这一失误向小陈当面致歉,这一乌龙事件才得以圆满解决。

案例　个人信用报告中出现的不当表述

2021年4月,房女士在查询自己的个人信用报告时发现,自己的基础信息中"工作单位"信息出现了侮辱性字眼。为此,房女士向中国人民银行X支行投诉这一情况,而后中国人民银行X支行受理了这一投诉。

事出有因。2018年4月,房女士向某消费金融公司申请了一笔个人消费贷款,贷款期限为36个月。房女士的信息是在那个时候由某消费金融公司上传至人行征信系统的。经过调查核实,某消费金融公司承认这一不当信息确实是他们的工作人员上传的。

在查清事实之后,中国人民银行X支行两度约谈了某消费金融公司,要求后者立即更正错误信息,并与房女士做好沟通,维护其合法权益。同年5月,中国人民银行X支行暂停该消费金融公司征信系统查询权限。

这一事件警示我们一定要养成定期查询个人信用报告的习惯，并且一旦发现有误，应及时向征信中心或者上传信息的金融机构反映情况，尽快更正错误信息，以免影响个人信用记录。

9. 个人可以修改不良征信记录吗

个人无权修改信用报告中的不良征信记录。个人信用报告中的不良征信信息保存期限为5年，5年后会被系统自动消除。按照国家颁布的《征信业管理条例》第三章第十六条规定：征信机构对个人不良信息的保存期限自不良行为或者事件终止之日起为5年，超过5年的应当予以删除。个人信用报告中，会显示近5年内的不良个人征信记录，如果报告中记录内容与事实不符，可由本人申请更正。

举例来说，假设某人申请的贷款应还款日为2020年1月1日，实际还清贷款的时间为2021年1月1日，那么前者是不良行为产生日，后者是不良行为终止日。不良信息在他的个人信用报告中的展示期为2021年1月1日到2026年1月1日。

5年内，若个人有特殊情况需要补充说明，也可以在个人信用报告中对不良行为做出情况说明，以供使用报告的个人或单位参考。

案例　利用"信用修复"设计的骗局

既然个人信用报告中的信用记录十分重要，那么就会有很多人担心不良信用记录会给自己的日常经济活动带来不便，自然就有不少人想要通过各种办法"修复"自己的信用记录，也就是所谓的"铲单"。这给了许多不法分子乘虚而入的机会。

2020年12月，邓某因为申请房贷时遇到征信问题，无法办理贷款，于是他通过一个房产销售认识了张某军。张某军以邓某的妻子有信用逾期记录，需要为她修复这些不良记录的名义，要求邓某花15 000元解决这个问题。但是，张某军在收到一部分钱款以后，却迟迟没有解决邓某妻子的不良信用记录问题。于是邓某要求张某军退还这部分钱，但张某军也并未归还，邓某遂将张某军告上法庭。

同样的事情也发生在另一位丁某的身上。2020年1月，丁某也因为房贷申请受阻,被介绍认识了张某军。张某军同样以帮助修复个人信用记录为由,向丁某索取了 8 400 元。

事实上,张某军根本无能力修复征信逾期记录,在收到钱后会用各种借口拖延,乃至拉黑对方所有联系方式。正是巧用人们对征信修复的知识盲区实施了诈骗。

事实上,个人信用记录中的不良记录是不能被无端删除。只有当不良记录出现错误,或者不良信用行为终止后满 5 年,这些不良记录才能从个人信用报告中被删除。

10. 什么是个人信用分

信用评分是一套定量评估个人信用风险的方法,它通过对客户信息进行量化计算得出分数,这个分数可以简单明了地反映客户的信用状况。目前,信用分在成熟市场国家被广泛使用,在中国目前尚没有被广泛使用的信用分。

案例 美国个人信用评级法 FICO 分

FICO 分是由美国的三大征信机构——Equifax、Experian 和 TransUnion 基于相关数据模型所测得的信用风险分值。贷款机构通常将此分值作为贷款决策的重要参考依据,在短时间内快速、客观测评客户的信用风险,提高交易效率,降低交易成本。

FICO 分由以下几部分组成:还款历史记录(占分数的 35%),即是否按时支付了自己的信用账户(信用卡、贷款等);欠款总额(占分数的 30%);贷款总额及信用历史的长度(占分数的 15%);信用历史时长(占分数的 10%);查询的频率和新开设信用账户等其他(占分数的 10%)。

FICO 分所测算的信用评分的分值范围在 300—850 分,分值越高,信用风险越小。当借款人的信用分达到 670 分以上,即被认定为信用良好,可以较为容易地获得金融机构发放的贷款;若借款人的信用评分在 580—669 分,可能会参考其他信用分析工具测评结果;若借款人的信用评分低于 580 分,贷款机构可能要求借款人增加担保(或者拒绝贷款),可能会参考其他信用分析工具测评结果。

表 9.1 FICO 分数评级表

分数区间	信用评价
300—580	较差
580—669	中等
670—739	良好
740—799	优秀
800—850	极好

二、不良征信行为

1. 什么是不良征信行为

不良征信行为主要包括逾期还款、欠税欠费、民事判决、违法处罚等，这些不良行为都会在个人信用报告中有详细展现，且在不良行为或事件终止之日起 5 年以后，系统才会自动抹除这个"信用污点"。

良好的信用需要日积月累、处处细心的维护，一旦不小心发生逾期还款、欠税欠费等行为，这座信用"大楼"就会轰然倒塌，继而影响日后与金融机构有关的各项业务。

2. 信用卡逾期还款会影响个人征信吗

信用卡逾期还款会留下不良信用记录，进而影响个人征信。信用卡逾期还款会带来很多麻烦：银行会频繁打电话催缴，或者要求增加担保、收取罚息、提前收回贷款等，甚至将我们告上法庭。不仅如此，信用卡逾期还会影响个人征信，逾期记录将显示在的个人信用报告中，并对后续贷款、消费等产生影响。

3. 房贷、车贷等贷款逾期还款会影响个人征信吗

房贷、车贷的逾期还款，会留下不良信用记录，进而影响个人征信。报告中呈现的这些不良记录，会影响人们后续申请贷款、申请信用卡等。

如果在贷款（如房贷、车贷）到期之前囊中羞涩，还可以主动联系贷款银行并与银行商量，双方重新签订《贷款展期协议》，将还款日延后并重新确定每月还款额，避免发生贷款逾期留下不良征信记录，对个人信用造成不良后果。

案例　银行信贷审批对个人信用报告的运用

个人信用报告中的信用记录是最核心的内容。商业银行在处理客户的信贷申请时，会把个人信用报告作为重要参考依据，以此判断客户的信用状况，并根据判断决定是否放贷以及贷款额度。

李某向某商业银行申请了保证贷款，被银行认定为担保人的资质条件不符合贷款申请条件，不予通过。但是，银行信贷人员在审批李某的贷款申请时，发现他在别的银行有一笔个人住房按揭贷款，该笔贷款的还款记录良好，且贷款已结清。于是，信贷人员推荐李某以这一套房屋作为抵押向银行申请贷款。这一次，李某的贷款申请终得通过，拿到了他需要的款项。

再举个反面的例子，张某向一家商业银行申请第二套房的住房贷款，申请资料中展示了一套自有住房的证明。但是，银行工作人员在查询了张某的个人信用报告后发现，张某有一笔个人住房贷款尚未还清，并且根据他的信用卡贷款和收入情况综合评估，张某没有还第二套房贷的经济实力。因此，银行拒绝了张某的贷款申请。

4. 小额贷款公司的贷款信息上报征信系统吗

小额贷款公司没有被强制要求提供客户的信贷信息，有相当一部分的小额贷款公司的贷款信息是没有上报征信系统的。征信系统仍存在着对小贷公司的覆盖范围不广、防范信用风险的作用不强等问题。换言之，监管在对小贷公司上征信这一问题上存在一定程度的"监管黑箱"问题。

5. 贷款逾期一天会上征信吗

按照《征信业管理条例》的规定，超过还款日1天就算逾期违约，有个别对还款日要求很严格的银行，会将逾期1天的情况视为违约，上报征信系统；而大多数银行或放贷机构则会设置一定时间的宽限期（通常为3天），只要在宽限期内足额还款，就不算逾期。

按时还贷是非常重要的。但是我们可能曾经遇到过类似情况：有时候忙着忙着便忘记了还款日；就算银行每个月会定期发送短信提醒，有时候也是阅读完毕便"束之高阁"。

很多人手上不只有一张信用卡，而且每张卡的还款日不尽相同，有时候难免会忘记还款。一般信用卡还款到期后银行会提供 1—3 天的容时服务，3 天内只要我们主动联系银行，向银行说明情况，并及时还款，银行就会认为我们没有恶意违约，也就不会被银行以逾期上报征信系统，也不会被银行收取罚息。过了 3 天的宽限期后，银行一般会上传征信系统，但也有部分银行要到下一个账单日才会上报征信系统，但是会征收这一段时间内的罚息。

现实中，如果金额较大逾期 90 天后仍不还款，就会面临被银行起诉的风险。因此，我们在贷款或者使用信用卡时要牢记还款日，并要保证还款日当天或者还款日之前就有足够的钱在账户上，以方便银行到时划扣。

6. 短期多次申请信用卡会影响个人征信吗

短期多次申请信用卡可能会影响个人征信。我们向银行申请信用卡时，银行会向征信系统申请查询我们的信用报告，如果银行发现个人信用报告中有多次申请信用卡的记录，可能会认为我们在短时间内有较大的资金需求，未来还款会产生困难。因此，短期内多次申请信用卡会给个人征信造成负面影响。

第三节　如何做好个人信用管理

个人征信在社会生活中有着举足轻重的地位，想要做好个人信用管理，我们必须树立良好的消费观和还款意识，很多人由于没有正确评估自己的消费能力和还款能力，无法按时还款，结果导致信用水平恶化。为了避免出现这种情况，我们在贷款和消费时要做好以下几点。

第一，积极拥抱信贷产品，提高信用可得性。评估一个人的信用状况是否良好，通常要依据过往的信用行为相关记录，包括个人过往偿还贷款情况、使用信用卡等信贷交易记录等。如果一个人既不贷款也不使用信用卡，就会因缺乏评价个人信用状况的参考依据，难以评估个人信用情况的好坏。尽量不要让自己成为征信白户，并通过良好的个人信用记录来塑造良好的个人信用形象。

第二，当我们有贷款需求时，尽量避免在短期内多渠道申请贷款。短期内多次申请贷款，个人信用报告也会被银行等金融机构频繁查询。如果短期内硬查询记录过多，那么银行会认为这个人的用款需求较大，且可能难以一次性获得高额度贷款，所以如果存在短期内向多家金融机构申请贷款的问题，会被银行视为重点关注对象。此外，要适度使用信用卡的信贷额度，注意额度使用率。

第三，做好还款规划，按时足额还款。如果个人存在逾期的情况（即存在不良信用记录的情况），信用将会受到很大质疑。我们在办理贷款或申请信用卡时，要谨防滥办滥用，信用卡账单产生后应及时还款，尽量在银行规定的还款日前1—2天完成还款操作。一旦我们因错过还款日期等行为产生了不良信用记录，未来申请贷款或申领信用卡时，将不可避免地受到影响。

第四，定期查询个人信用报告，及时纠正错误或者弥补疏漏。定期查询个人征信记录有助我们确认基本信息、信用卡还款情况以及贷款还款记录等是否准确，同时也能更好地了解自己的信用状况，如果发现记录有误，一定要及时更正。

此外，想要保持个人征信良好，还要对自己的风险承受能力和还款能力有一个清晰的认识。我们可以建立一个个人收支对账簿，这样便于及时确认自己的收支情况，时常总结个人消费情况。同时，我们要有一定的储蓄以备不时之需，平时的日常开支要做到量入为出，否则遇到临时急需大量资金的情况，贷款很可能会超出还款能力，就有可能留下不良征信记录。如果在贷款（如房贷、车贷）到期之前"囊中羞涩"，也可以主动联系贷款银行并与银行商量，双方重新签订《贷款展期协议》，将还款日延后并重新确定每月还款额，避免发生贷款逾期，对个人信用造成不良后果。

第十章

负债管理

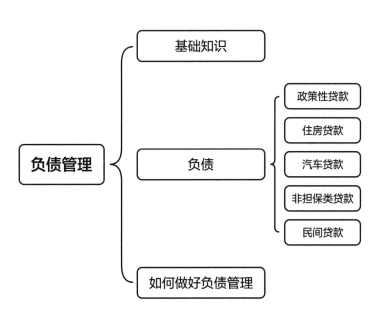

长期保持良好的财务状况是拥有金融幸福的要素之一。这不仅要求我们管理好家庭资产，也要求我们管理好家庭负债。负债是一把双刃剑，既可以帮助加速实现生活目标、减轻短期付款压力，也可能会导致财务出现问题。负债是助力还是危害，关键在于如何去使用它，是否能发挥它的积极作用。

个人或者家庭的负债包括从贷款机构处获得的贷款以及其他负债。本章通过对贷款相关内容的阐述，可以帮助读者对贷款有更深入的认识，从而更好地进行负债管理，获得更高的金融幸福感。

第一节　基础知识

贷款是融资工具。在缺乏资金时，人们可以支付一定成本获取资金的使用权，并在约定的时间偿还资金。使用贷款大部分是为了达成以下几种目的。

第一，帮助实现生活目标。贷款可以帮助我们实现理财规划中的生活目标，可以提前享受到大件商品或者服务，提高生活品质。以本书中的王小弗和苏小轼一家为例，假设他们婚后第一年，王小弗换了一份离家较远的工作，需要开车上班。同时，在夫妻俩共同制定的理财目标中，也希望在婚后第二年能购置一辆新车。当下，王小弗和苏小轼一共储蓄6万元，金额不足以购置一辆新车。怎么办？

通过贷款可以解决他们目前的困境，实现计划目标。王小弗和苏小轼想购买的是一辆价格约为10万元的新车。根据4S店提供的贷款合同，他们只需要缴纳4万元首付款,贷款6万元,即可提车。6万元的贷款将在未来的3年里逐月偿还。

第二,减轻短期付款压力,平滑消费开支。贷款可以将当下的一笔大额支出分摊到较长的时间,避免在一个时刻因为巨额开支而导致财务状况吃紧。

从前文王小弗和苏小轼购买10万元的汽车,可以看到贷款对于减轻短期巨额支付的作用。原本购车当月支出应该是10万元,通过贷款方式,当月只需支付首付款4万元。剩余的6万元在接下来的36个月内还清,大约每月的还款额为2 000左右,平滑了家庭的消费开支。

表10.1　全款买车、贷款买车支出现金流对比表

现金流	买车时(元)	买车后(元)					
		第1个月	第2个月	第3个月	……	第35个月	第36个月
全款买车支出现金流	100 000	—	—	—	—	—	—
贷款买车支出现金流	40 000	2 000	2 000	2 000	2 000	2 000	2 000

第三,享受贷款机构提供的福利。部分消费者使用信用卡和其他贷款产品,主要是为了享受贷款机构提供的一些额外福利。例如使用某行的信用卡在店内消费可以打八折,使用花呗付账可以立减5元等。除此之外,通过消费累积积分还可以兑换网站会员、礼品(如图10.1)。消费者可以选择在免息期内全额还款,零成本享受贷款机构提供的福利。

第四,杠杆投资。部分投资者看好某个行业的发展,想购买相关的投资产品,但手头资金不够,或者希望提高杠杆率获取更高的收益率,就会通过贷款的方式追加资金。例如我们常见的股票融资。

贷款虽然能解决当下资金缺乏,或者减轻当下付款压力,但是前文已提到,它并不是无偿使用的。通过贷款购买的产品或者服务,在一般情况下会支付高于非贷款的金额。下文我们将详细介绍贷款相关的基础知识。

图 10.1 贷款机构提供的积分福利

一、贷款额度

1. 什么是贷款额度

贷款额度是指贷款申请人从贷款机构获得的贷款金额。例如,将价值100万元的房子抵押给银行申请贷款,贷款申请人从银行获得了70万元的贷款。在这个例子中,70万元就是贷款额度。

2. 决定贷款额度的要素

贷款机构会根据申请的贷款是否有担保、担保物价值的大小或个人的信用水平高低,而决定个人贷款额度的高低。

对于抵押贷款/质押贷款,贷款额度主要取决于担保物的价值和质押率,不同担保物的质押率有所不同。例如,《证券公司股票质押贷款管理办法》规定股票质押率最高不能超过60%。《凭证式国债质押贷款办法》规定凭证式国债质押贷款额度起点为5 000元,每笔贷款应不超过质押品面额的90%。

对于无担保贷款,贷款额度与收入的高低、信用水平的高低有关系。一般来说,收入越高,信用水平越高,能获得的贷款额度越高。

二、贷款利率

1. 什么是贷款利率

把钱存在银行，可以获取利息，利息与本金的比率即为存款利率。同样，从银行借出一笔钱，需要付出一定的利息，这个利息与贷款本金的比率是贷款利率。

利率是一定时期内利息额与本金的比率，通常分为年利率、月利率、日利率，可以用百分比、千分比或者万分比表示。例如一笔1万元贷款，每年支付500元利息，该笔贷款的年利率为5%。

贷款利率可以分为固定利率和浮动利率。

固定利率下贷款的利率不与市场利率挂钩，在整个贷款期间保持固定不变。不论市场利率上升或者下降，借款人支付的利率保持当初约定的数值，不发生变化。一般情况下，中短期贷款采用固定利率，例如汽车贷款利率在还款期间一般按期初约定的利率，不发生变化。

浮动利率下贷款的利率与市场利率挂钩，在贷款期间，利率会随着市场利率的变动而发生调整。例如，我国的个人住房贷款基本上都是浮动利率，在LPR利率出现之前每年根据中国人民银行公布的贷款基准利率调整，之后每年根据LPR的变动进行调整。

2. 什么是LPR

LPR，全称为贷款市场报价利率（Loan Prime Rate），是基础性的贷款参考利率。它是由18家商业银行在公开市场操作利率的基础上加点报价，由全国银行间同业拆借中心计算并公布。其中，公开市场操作利率主要指中期借贷便利利率，中期借贷便利期限以1年期为主。

LPR是浮动利率，时刻反映市场供求变化。它是贷款利率定价的主要参考基准，其他贷款利率在它的基础上加减基点形成。基点，英文为base point，简称bp，是幅度变化的度量单位，主要运用在计算利率、汇率、股票价格、债券等方面。一个基点是万分之一，即0.01%，100个基点等于1%。

LPR的报价包括1年期和5年期以上两个产品。2022年9月20日的LPR，1年期是3.65%，5年期以上是4.3%。截至2022年9月，过去12个月的LPR如表10.2。

表10.2　2021年10月至2022年9月LPR历史数据

日期	1年期LPR（%）	5年期以上LPR（%）
2022年9月20日	3.65	4.30
2022年8月22日	3.65	4.30
2022年7月20日	3.70	4.45
2022年6月20日	3.70	4.45
2022年5月20日	3.70	4.45
2022年4月20日	3.70	4.60
2022年3月21日	3.70	4.60
2022年2月21日	3.70	4.60
2022年1月20日	3.70	4.60
2021年12月20日	3.80	4.65
2021年11月22日	3.85	4.65
2021年10月20日	3.85	4.65

拓展阅读　中国房贷利率是固定利率还是浮动利率？

我国个人住房贷款利率长期实行浮动利率。2020年之前是在贷款基准利率的基础上浮动形成，2020年之后是在LPR基础上加点形成。

个人住房贷款业务开展至今约30多年，期间曾有一次机会，借款人可以将房贷利率转为固定利率。在2020年3月1日—2020年8月31日，住房贷款客户可以选择固定利率或者浮动利率。

之所以有这个选择的机会，是因为在2019年下半年，中央银行开始推动个人住房贷款利率定价基准从贷款基准利率转换为LPR。在这个特殊的转换期，中央银行给存量的个人住房贷款提供了一次选择机会，即住房贷款的利率可以按当时的合同执行利率作为固定利率，执行贷款合同的剩余期限，也可以选择按LPR加点执行浮动利率。

选择固定还是浮动，主要基于对于未来利率的预期而定。如果预期未来利率下降，浮动是合适的选择；反之，如果预期未来利率上升，固定利率是合适的选择。

3. 什么是贷款成本

贷款成本包括支付的利息成本和其他直接相关的费用。如果用比率来表示，是指贷款成本与其实际占用的贷款本金的比例。将该比率折算为年化形式，即为贷款年化利率。中国人民银行公告〔2021〕第3号中，规定贷款年化利率可以采用复利，也可以采用单利方法计算。复利计算方法指的是内部收益率法。采用单利计算方法的，应说明是单利。

以某消费金融公司的某消费贷产品为例，计算借款人需要承担的贷款成本为多少。该贷款产品日利率为0.067%，年利率为24.45%（单利，365天），日客户服务费率为0.03%，年费率为10.95%（单利，365天）。借款人使用消费贷1年后，需要承担的贷款成本为年利率35.4%。另外该公司提供灵活保障服务包，费用约贷款本金的1%。如果选择该服务包，那么贷款成本在35.4%的基础上增加1个百分点，为36.4%。也就是说，申请1 000元的该贷款产品，1年的使用成本为364元，到期需要归还1 364元。

> **拓展阅读** 贷款分期产品中宣传0利率是否意味着0贷款成本？
>
> 不一定。贷款成本＝利率成本＋费用成本。看到宣传零利率的产品，我们需要关注零利率背后是否紧跟着要交手续费、金融服务费等。如果利率是零，相关费用也是零，贷款成本才是零。
>
> 市场中多见的宣传零利率的分期产品主要有部分信用卡分期产品、部分汽车贷款，以及一些线上购物网站分期产品。
>
> 信用卡分期产品宣传"零利率"，但一般都需要每期支付手续费，贷款成本并不为零。对于汽车贷款，有些宣传零利率的车型希望增加销售量，确实不要求支付额外的手续费，此时贷款成本为零；但有的车贷合同要求缴纳额外的手续费，或者是服务费，此时贷款成本不是零。同理适用于线上购物网站，免息分期产品是否要求缴纳分期手续费，决定贷款成本是否为零。
>
> 多数的贷款产品宣传零利率，是为了把利息转变为手续费或者服务费来收取。因为在一定程度上，我们会受传统消费理念的影响，难以接受支付利息的消费习惯，将利息转化为手续费更便于我们心理上接受贷款产品。不过从2021年3月起，根据中国人民银行的要求，所有贷款产品均应明示贷款年化利率，即包括利息和费用的年化利率，市场上零利率的产品也越来越少。

三、贷款期限

贷款期限是指贷款从发放到全部收回的时间。贷款根据期限的长短可以分为短期贷款、中期贷款、长期贷款。1 年以内的贷款为短期贷款；1 年以上、5 年以下的贷款为中期贷款；5 年以上的贷款为长期贷款。

贷款期限越长，意味着使用贷款资金的时间更长，因此付出的利息也会更多。我们以 5% 的利率水平借入 10 万元为例，假设贷款期限为 3 年，每个月的还款金额为 2 997 元，总还款额为 107 895.23 元。如果贷款期限变为 10 年，每月的还款金额将下降至 1 061 元，总还款额为 127 278.62 元。从数据看，10 年期的贷款每个月支出的还款金额要少一些，但需要还款的总额比 1 年期贷款高出了 24 549.64 元，约为本金的 1/5。

表 10.3　不同借款期限的还款数据统计（按照年利率 5% 计算）

还款期限	1 年	3 年	5 年	10 年
本金（元）	100 000	100 000	100 000	100 000
每月还款额（元）	8 560.75	2 997.09	1 887.12	1 060.66
还款总额（元）	102 728.98	107 895.23	113 227.4	127 278.62
利息总额（元）	2 728.98	7 895.23	13 227.4	27 278.62

注：例子中使用等额本息的还款方式计算相关金额。

如果想要降低贷款的利息支出，可以考虑缩短贷款期限，增大每期还款金额。但也需要考虑，提高每月的还款额后，是否会影响我们的日常现金流。建议贷款期限和每月还款金额的确定，应与我们制定的支出和储蓄计划尽量匹配。

四、是否担保

1. 什么是担保贷款

贷款根据是否有担保可以分为担保贷款和无担保贷款。

担保贷款是指有担保的贷款，根据担保方式的不同，可以分为保证贷款、抵押贷款和质押贷款。

保证贷款是指以第三人承诺在借款人不能偿还贷款时，按约定承担连带责任而发放的贷款。例如，苏小轼向贷款机构借10万元，并约定秦小观是苏小轼的担保人，当苏小轼没有能力还上这10万元时，贷款机构可以要求秦小观偿还这10万元债务。

抵押贷款是指以借款人或第三人的财产作为抵押物发放的贷款。例如，苏小轼向银行借款10万元，以自己的房产作为抵押物向银行申请。如果贷款到期，苏小轼不能偿还贷款，那么被抵押的房产就会被售出，售出的金额用来偿还10万元的债务。抵押物也可以是他人的房产，只要获得他人的同意。例如秦小观的房产也可以用于抵押协助苏小轼获得贷款，只要获得秦小观的同意。

质押贷款是指以借款人或第三人的动产或权利作为质物发放的贷款。质押贷款与抵押贷款的主要区别就是担保物品的存放区别，质押要求质押物品必须移交贷款人。因此，质押只能是动产或者权利。例如，房子不能被质押，因为房子是不动产。例如，秦小观可以将手中持有的市值100万元的股票质押给银行，获得一笔贷款。

不同质押品的质押率不同。例如，以银行汇票、银行承兑汇票、支票、本票、存款单、国库券等有价证券质押的，质押率最高不得超过90%；以动产、依法可以转让的股份（股票）、商业承兑汇票、仓单、提单等质押的，质押率最高不得超过70%；以其他动产或权利质押的，质押率最高不得超过50%。

2.什么是无担保贷款

无担保贷款，也被称为信用贷款。它不需要抵押品，是以个人的信用，即承诺到期还款的方式，向贷款机构申请贷款。生活中，信用卡贷款就是典型的信用贷款。

五、贷款的还款方式

1.贷款有哪些还款方式

贷款的还款方式有一次性还款、先息后本和分期还款三种方式，其中分期还款又可以分为等额本息和等额本金两种还款方式。

一次性还款是指按贷款合同上约定的时间，到期一次性偿还本金和利息。例如，2021年1月1日，苏小辙向贷款机构借了1万元，约定年利率为12%，期限为1年。在2021年12月31日，苏小辙将本金1万元以及利息1 200元一次性归还贷款机构。

先息后本是指我们获得贷款后，先支付利息，然后在约定的还款日，偿还本金。苏小辙在 2021 年 1 月 1 日向贷款机构借了 1 万元，约定年利率为 12%，期限为 1 年，约定以先息后本的方式还款。那么在 2021 年 1—12 月，苏小辙每月需支付 100 元利息给贷款机构，并在 12 月偿还本金 1 万元。

分期还款是指按合同约定的期数，定期偿还贷款。多数是按月偿还。分期还款在日常生活中非常普遍，如买房、买车、各大商家平台的分期购物等都是这种还款方式。

分期还款又可以分为等额本息和等额本金两种还款方式。等额本息还款，每月还款额是固定的，还款额包含了每月应偿还的本金及利息。在每月固定的还款额中，本金的比例逐月递增，利息的比例逐月递减。等额本金还款，每月偿还的本金是固定的，再加上应偿还的利息。利息逐月递减，月还款额递减。等额本金对比等额本息，总利息支出略低些，但是等额本金前期需要支付较高的还款额，对现金流的要求高于等额本息。

以下是等额本息和等额本金计算每月还款金额的公式。

（1）等额本息

$$每月还款额 = \frac{P \times i \times (1+i)^N}{(1+i)^N - 1} \tag{10-1}$$

其中：P 为总贷款额（元），i 为月利率，N 为贷款期限（月数）。

（2）等额本金

$$第(k+1)月还款额 = \frac{P}{N} + \left(P - k\frac{P}{N}\right) \times i \tag{10-2}$$

其中：P 为总贷款额，i 为月利率，k 为已还期数（月数），N 为贷款期限（月数）。

等额本息和等额本金还款金额的计算较为复杂，我们可以通过各大银行的网上贷款计算器来计算还款金额。

案例　不同还款方式的每月现金流

2021年1月1日，苏小辙借了1万元，约定年利率为12%，1年后还款。现在我们来对比在四种不同的还款方式下（一次性还款、先息后本、等额本息、等额本金），现金流以及还款总额的支出差异。

表10.4为苏小辙从1月至12月每月需要还款的金额，并分别列出每月具体偿还的本金和利息。

从表格中可以看出，一次性还款方式下，在贷款期内没有现金流支出，只需要在约定的到期时间偿还全部本金和利息11 200元即可。先息后本还款方式下，前11个月每月需要支出现金流——利息100元，最后一个月偿还10 100元，其中10 000元是本金，100元是利息。等额本息还款方式下，每月支出现金流为固定金额888.49元。等额本金还款方式下，每月支出现金流是由固定偿还本金833.33元以及当月应还利息相加的金额。

等额本息还款方式中，每月还款额888.49元通过公式（10-1）可计算得出。

$$每月还款额 = \frac{P \times i \times (1+i)^N}{(1+i)^N - 1}$$

$$= \frac{10\,000 \times 1\% \times (1+1\%)^{12}}{(1+1\%)^{12} - 1}$$

$$= 888.49（元）$$

等额本金还款方式下，每月本金额833.33元是由10 000元除以还款所需的12期得出。每月的偿还金额可以通过公式（10-2）计算得出。我们以表10.4中1月和2月为例解释说明。其他月份以此类推。

$$1月还款额 = \frac{P}{N} + \left(P - k \times \frac{P}{N}\right) \times i$$

$$= \frac{10\,000}{12} + \left(10\,000 - 0 \times \frac{10\,000}{12}\right) \times 1\%$$

$$= 833.33 + 100$$

$$= 933.33（元）$$

表10.4 四种还款方式每月还款金额表（单位：元）

还款方式	还款项目	月还款额												总还款金额
		1月	2月	3月	4月	5月	6月	7月	8月	9月	10月	11月	12月	
一次性还款	本金	0	0	0	0	0	0	0	0	0	0	0	10 000	11 200.00
	利息	0	0	0	0	0	0	0	0	0	0	0	1 200	
	合计	0	0	0	0	0	0	0	0	0	0	0	11 200	
先息后本	本金	0	0	0	0	0	0	0	0	0	0	0	10 000	11 200.00
	利息	100	100	100	100	100	100	100	100	100	100	100	100	
	合计	100	100	100	100	100	100	100	100	100	100	100	10 100	
等额本息	本金	788.49	796.37	804.34	812.38	820.50	828.71	837.00	845.37	853.82	862.36	870.98	879.69	10 661.85
	利息	100.00	92.12	84.15	76.11	67.98	59.78	51.49	43.12	34.67	26.13	17.51	8.80	
	合计	888.49	888.49	888.49	888.49	888.49	888.49	888.49	888.49	888.49	888.49	888.49	888.49	
等额本金	本金	833.33	833.33	833.33	833.33	833.33	833.33	833.33	833.33	833.33	833.33	833.33	833.33	10 650.00
	利息	100.00	91.67	83.33	75.00	66.67	58.33	50.00	41.67	33.33	25.00	16.67	8.33	
	合计	933.33	925.00	916.67	908.33	900.00	891.67	883.33	875.00	866.67	858.33	850.00	841.67	

$$2\text{月还款额} = \frac{P}{N} + \left(P - k \times \frac{P}{N}\right) \times i$$

$$= \frac{10\,000}{12} + \left(10\,000 - 1 \times \frac{10\,000}{12}\right) \times 1\%$$

$$= 833.33 + 91.67$$

$$= 925\,(\text{元})$$

四种还款方式中，不考虑先息后本利息的时间价值，一次性还款和先息后本的总还款金额是一样的，均为 11 200 元。而等额本息和等额本金的总还款金额少于 11 200 元，这是因为等额本息和等额本金使用贷款本金的时间少于一次性还款和先息后本。在每月还款时，等额本息和等额本金都会偿还部分本金，利息也随之减少。

2. 什么是提前还款

提前还款是指当人们有多余可用的资金时，申请提前偿还完贷款的行为。能否提前还款、以什么方式提前还款，是根据签订的贷款合同中约定的内容来决定。一般来说，因为提前还款打破了之前的还款约定，贷款方会要求借款方支付一定的违约金。

提前还款主要有三种情况，分别是提前全部还款、提前部分还款且贷款期限不变、提前部分还款的同时缩短贷款期限。

目前，多数商业性个人住房贷款提前还款没有违约金，但具体情况还需根据各地贷款行的政策确定。办理的信用卡分期提前还款，银行不退还已分摊期数的手续费，也不收取剩余未摊分期的手续费，不过部分银行会收取一定数额的违约金。如果想提前还款，建议了解还款所需条件后再决定。

案例　不同银行信用卡账单分期提前还款对比

A 银行、B 银行、C 银行旗下的信用卡账单分期产品都提供提前还款业务。办理提前还款业务时，三家银行但对于本金、手续费以及违约金有细微不同的规定。

对于本金，三家银行都要求一次性还清。

对于分期手续费，三家银行都只收取已经办理了分期期数的手续费，不收取提前还款后剩余期数的手续费。A 银行和 B 银行是按期缴纳手续费；C 银行则是规定一次性收取全部手续费，在办理提前还款后，会退还剩余期数手续费。不过 A 银行有明确规定，在办理分期时享受的手续费折扣优惠，在申请提前还款时，需要扣回。

对于违约金，B 银行不收取，A 银行和 C 银行都收取剩余本金的 3%。A 银行对于违约金有最高限额，即不超过提前还款后剩余期数的手续费。也就是说，如果最初是一次性缴纳全部的分期费手续费，那么提前还款时就不用再交 3% 的违约金。

表 10.5　信用卡账单分期的提前还款

银行	剩余本金	分期手续费	违约金
A 银行	一次性还清	已收取的手续费不予退还 办理分期享受的手续费折扣需扣回 （手续费按期缴纳）	收取未偿本金的 3%，违约金不超过分期交易全部剩余手续费
B 银行	一次性还清	已收取的手续费不予退还 （手续费按期缴纳）	未提及需要缴纳违约金
C 银行	一次性还清	按期缴纳：已收取的手续费不予退还 一次性缴纳：退还剩余未分摊期数对应的手续费	收取未偿本金的 3%

资料来源：银行官网。

六、贷款违约

1. 什么是贷款违约和贷款逾期

贷款违约是指借款人没有按照贷款合同约定的要求执行贷款合同。例如，擅自改变贷款用途、提供虚假的文件等。

贷款逾期是贷款违约的其中一种形式。贷款逾期是指在贷款合同约定的日期内，借款人没有进行还款。例如，假设信用卡账单的还款日是 24 日，如果还款人从入账日到 24 日都没有任何的还款行为，就会造成逾期，需要支付违约金。

日常中，我们看到贷款逾期 M1，M2，M3，其中 M 是指英文月（Month）的简写，M1 表示逾期 1 个月，M2 表示逾期 2 个月，M3 表示逾期 3 个月。

贷款逾期后需要缴纳罚息，会增加贷款的成本。逾期会纳入征信记录，影响个人征信，对未来与金融机构发生业务往来产生影响。例如，如果出现多次逾期，会对我们下一次申请贷款造成负面影响，被拒绝的可能性会提高。

案例　贷款逾期的危害

贷款逾期可能会带来意想不到的危害。周某想从开发商元某手中购买一套商铺，用于经营。于是与元某签订了一份认购协议，并支付了2万元定金，随后又补交了10万元首付款，尾款计划通过银行申请按揭贷款支付。

在申请按揭贷款时，银行查询周某的信用卡在最近5年内有25个月出现了逾期，其中16个月逾期超过了90天。因此，银行拒绝了周某的贷款申请。

因申请不到贷款，周某无力购买商铺，希望元某能退还自己已付的12万元。但元某不同意退款，两人闹上了法庭。最终人民法院经审理后判决解除原告周某与被告元某签订的《认购协议书》，由元某退还周某购房款10万元，2万元定金不退。

因自己过往的贷款逾期记录，周某无法申请贷款，不仅没有买成商铺，还损失了2万元定金。这便是贷款逾期可能带来的危害。

2.个人破产条例

一个诚实守信的债务人，如果不幸陷入债务危机，当他已无力妥善清理债务时，可以申请个人破产，从债务危机中解脱出来，重新参与社会经济活动。自2021年3月1日开始，深圳经济特区开始施行《深圳经济特区个人破产条例》。

适用条件有：一是在深圳经济特区居住，且已缴纳社会保险连续满3年；二是申请人因生产经营、生活消费导致丧失清偿债务能力或者资产不足以清偿全部债务。

为适用于不同类型的债务人，《深圳经济特区个人破产条例》中规定免除个人未清偿债务主要有3种方式，分别是破产清算、重整、和解。

破产清算，除了依法豁免的财产以外，全部财产用于偿还债务。通过考察期后，可以依法免除未偿清的债务。申请破产清算的考察期一般为3年，若有违规行为，延长2年。

重整，基于债务人未来可预期的收入，重新制定一份偿还债务的计划，法院批准后债务人执行。

和解，在法院裁定受理破产清算申请后、宣告债务人破产前，债务人或者债权人可以申请和解流程，就债务减免和清偿达成和解协议。

申请破产后，债务人的消费行为有明确的限制。例如不得乘坐高铁一等座、飞机商务舱和头等舱等；不得购买不动产、机动车辆；不得支付高额保费购买保险理财产品等。

除债务人应承担配合破产程序的相关义务以外，与债务人共同生活的人以及其他利害关系人都应配合相关部门的调查。

案例　全国首宗个人破产清算

呼某是我国首宗个人破产清算案中的破产申请人。她因经营的文化公司倒闭，负债480多万元。为了偿还债务，她已经出售了名下唯一房产，但仍然负债100多万元。2021年6月9日，呼某向深圳中级人民法院提交了个人破产清算表。法院经过核查认为，呼某情况属实，符合个人破产的条件，宣告呼某破产，进入3年的考察期。

根据规定，在考察期间，呼某要履行限制消费行为的义务，同时每月要在破产信息系统登记申报个人收入、支出和财产等信息，以及履行规定的其他义务。

呼某的财产中有两部分被豁免，可以不用于还债。一是每月扣除社保后必要的生活开支，包括老人赡养487.5元，女儿抚养费1 100元，以及本人必要生活开支2 200元；二是生活的必需品（家具家电等），价值3 950元。目前，呼某每月劳务收入5 000元，扣除上述的每月必要开支后，剩余的部分将全部用于偿还债务。

第二节　负债

个人或者家庭负债既包括我们从贷款机构获得的融资，也包括我们从自然人获得的融资。负债包括政策性贷款、商业性贷款以及民间借贷（见图10.2）。

政策性贷款是指国家有出台明确的相关政策支持，有特定投向和用途的贷款产品。国家助学贷款、住房公积金贷款、个人创业担保贷款、脱贫人口小额信贷等都是政策性贷款。

商业性贷款是指除政策性贷款以外的贷款。例如银行、消费金融公司、小额贷款公司等具有放贷资质的贷款机构向消费者提供的贷款产品，都是商业性贷款。一般而言，商业性贷款是贷款机构以营利为目的而发放的贷款。其中，有担保的贷款可分为住房抵押贷款、汽车抵押贷款以及其他担保类贷款；非担保的贷款，根据贷款额度是否可以循环使用，可分为循环类贷款和非循环类贷款。

民间借贷是指个人从非贷款机构处获得的融资。

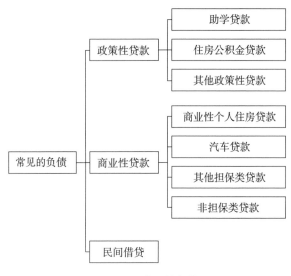

图 10.2　常见的负债

一、政策性贷款

政策性贷款是指国家有出台明确的相关政策支持，有特定投向和用途的贷款产品。例如，国家助学贷款、住房公积金贷款、个人创业担保贷款、脱贫人口小额信贷等都是政策性贷款。接下来从贷款额度、期限、利率等方面详细介绍上述贷款产品。其中，住房公积金贷款将在住房贷款中与商业性个人住房贷款一并进行详述。

1. 什么是国家助学贷款

国家助学贷款是专用于帮助高校中贫困家庭学生支付在校期间学杂费、住宿费的贷款。国家助学贷款的资金来自国家开发银行和其他金融机构。

我国助学贷款政策从 1999 年试运行开始，至今已有 20 多年的历史。发放金额已由 1999 年的 0.05 亿元增至 2020 年的 378 亿元，累计发放助学贷款 3 000

多亿元，帮助学生共 1 500 多万名。

（1）申请人

被认定为家庭经济困难的普通高校新生和在校生可以申请。可申请贷款的学生包括全日制普通本科高校、高等职业学校和高等专科学校、会计学院等院校的本专科学生、研究生、预科生和第二学士学生。

（2）贷款额度与期限

2020 年 8 月之后，国家助学贷款的贷款额度为全日制本专科学生每人每学年最高不超过 8 000 元，全日制研究生每人每年不超过 12 000 元的标准，贷款用途涵盖学生学费及住宿费。

毕业工作以后，学生才开始分期偿还贷款。最长学生还款期限已延长至借款学生剩余学制加 15 年，最长不超过 22 年。也就是说学生需要在毕业后 15 年以内还完所有债务。

（3）贷款利率

2020 年以前的国家助学贷款利率按照中国人民银行规定的同档次贷款利率执行。2020 年 1 月 1 日起，新签订合同的国家助学贷款利率按照同期同档次贷款市场报价利率减 30 个基点执行。但借款学生无须提供担保或抵押，且借款学生在读期间无须支付利息，利息全部由财政补贴。

为帮助家庭经济困难毕业生缓解就业压力，国家出台政策免除了 2022 年内应偿还的国家助学贷款利息，贷款学生不用申请，承办银行会直接办理。如果已经偿还了 2022 年利息，可以免除。

（4）如何申请国家助学贷款

目前学生可通过高校或生源地两种途径申请贷款。表 10.6 展示了这两者的主要区别。

表 10.6 生源地助学贷款与高校助学贷款

项目	生源地助学贷款	高校助学贷款
申请方式	网上申请并打印表格材料，向县资助中心提交借款申请	学生前往高校资助中心或院系现场办理申请手续
借款人	学生本人及其父母（监护人）	学生本人
贷款审批	县资助中心	高校
办理时间	入学前	入学后

2. 什么是个人创业担保贷款

个人创业担保贷款是一项支持复工复产和创业就业的政策性贷款。图10.3为中国农业银行的个人创业担保贷款产品。

图10.3　中国农业银行的个人创业担保贷款

资料来源：中国农业银行官网。

（1）申请人

符合国家创业担保贷款扶持政策的再就业和创业群体都可以申请贷款，如城镇登记失业人员、就业困难人员（含残疾人）、高校毕业生、网络商户、自主创业人员等。

（2）贷款额度和期限

贷款最高可申请20万元。如果符合条件的个人是合伙创业的，可根据合伙创业人数适当提高贷款额度，但是最高不超过符合条件个人贷款总额度的10%。贷款期限最长为3年。

（3）贷款利率

贷款利率根据不同区域分为三档，分别是贷款利率小于或等于LPR+250BP、小于或等于LPR+150BP、小于或等于LPR+50BP。最终的贷款利率由当地的经办银行根据借款人和借款企业的经营状况、信用情况等与借款人和借款企业协商确定。

自2021年1月1日起，新发放的个人和小微企业创业担保贷款利息，LPR-150BP以下部分，由借款人和借款企业承担，剩余部分财政给予贴息。

3. 什么是脱贫人口小额信贷

脱贫人口小额信贷是为了满足脱贫人口小额信贷需求，支持脱贫人口生产发展，巩固拓展脱贫攻坚成果的政策性贷款。

贷款对象是有贷款意愿、技能素质和一定还款能力的建档立卡脱贫人口。对符合贷款条件的建档立卡贫困户，提供 5 万元以下、期限 3 年以内的信用贷款。贷款用途必须是生产经营，不能用来建房子、还债等。

扶贫小额贷款的手续相对简单，个人无须向贷款机构提供担保抵押。它的成本较低，政府鼓励金融机构参照贷款市场报价利率，合理确定贷款利率水平，同时地方财政会给予贴息。此外，贷款人的所在县会建立风险补偿金，补偿小额贷款发生的坏账损失。

二、住房贷款

1. 什么是住房贷款

根据中国人民银行于 2017 年颁布的最新修改的《个人住房贷款管理办法》，住房贷款是指"贷款人向借款人发放的用于购买自用普通住房的贷款。贷款人发放个人住房贷款时，借款人必须提供担保。借款人到期不能偿还贷款本息的，贷款人有权依法处理其抵押物或质物，或由保证人承担偿还本息的连带责任"。

住房贷款是借款人以房屋作为抵押向贷款机构申请用来购买自住住房的贷款，因此住房贷款又可以称为住房抵押贷款或者住房按揭贷款。住房贷款是中长期贷款的一种。

住房贷款的资金来源主要来自商业银行和住房公积金管理中心。人们申请贷款，就是向银行或住房公积金管理中心借钱。

2. 什么是商业性个人住房贷款

商业性个人住房贷款由商业银行提供。一手房、二手房都可以申请住房商业贷款。截至 2020 年，全国的个人住房贷款余额为 34.44 万亿元。其中，中国建设银行占比最高，是我国拥有最大规模个人住房贷款的银行，在 2020 年个人住房贷款余额为 5.83 万亿元，占全国贷款余额的 16.92%。

申请贷款时，可以通过银行官网获取初步的信息。一般而言，银行会在产品页面上列举贷款产品的具体说明。图10.4展示了中国农业银行提供一手房贷款和二手房贷款。点击进入可以看到详细的产品信息，如借款需要什么条件、贷款期限和贷款额度是多少、办理的流程等。

图10.4　中国农业银行个人住房贷款

资料来源：中国农业银行官网。

不过，各地的银行会根据当地的情况对于房贷有一些自主性的规定，在申请办理贷款时，建议先咨询本地银行获取更具体的产品信息以及申请要求。

3.商业性个人住房贷款的额度、利率、期限

（1）贷款额度

商业性个人住房贷款最高额度不得超过房价的70%—80%。实际申请到的贷款金额同样也是需要结合贷款年限、还款能力以及当地具体政策等因素综合计算。

（2）贷款利率

我国个人住房贷款利率以 2019 年 10 月 8 日为界，之前与之后的利率挂钩对象不同。在 2019 年 10 月 8 日以前，商业性个人住房贷款利率是与贷款基准利率挂钩，即：贷款基准利率 ×（1+浮动比例）。

在 2019 年 10 月 8 日之后，商业性个人住房贷款利率与 LPR 挂钩，根据 LPR 的变动而变化。贷款利率是基于 LPR 加点浮动确定。其中首套住房贷款利率⩾LPR，二套住房贷款利率⩾LPR+60BP。

加点幅度不仅和房子是第几套住房有关，还和贷款申请人所在城市银行的规定有关。因为各地区发展存在差异，各地在 LPR 基础上加点的幅度也不一样。

贷款利率的加点幅度一经确定后，就不再修改，只需要按合同约定的周期，更新 LPR，重新计算。例如，合同约定利率重新定价周期为 1 年的话，那么每 1 年都需要根据最新公布的 LPR 来重新计算。

假设我们在 2022 年 1 月 20 日申请办理首套住房商业贷款，当时 5 年期以上 LPR 为 4.60%，签订的贷款合同利率为 4.60%，合同约定利率重新计算周期为 1 年。那么到 2023 年 1 月 20 日，5 年期以上 LPR 下降到 4.30%，房贷利率也随之更新为 4.30%。如果在 2023 年 1 月 20 日，5 年期以上 LPR 上涨到了 5%，那么房贷的利率则是 5%。

（3）贷款期限

贷款的期限最长不超过 30 年。具体的期限受所抵押的住房房龄和贷款申请人的年龄决定。

案例　贷款利率转换

对于 2019 年 10 月以前的商业性个人住房贷款，可以在 2020 年 3 月 1 日—2020 年 8 月 31 日选择是否转为基于 LPR 的浮动利率。

例如，在 2009 年 1 月，苏小轼办理了一笔 20 年期的商业性个人住房贷款，合同约定利率是在 5 年期以上贷款基准利率上浮 10%，合同中约定利率重新定价周期为 1 年。到 2019 年 12 月，合同的贷款利率是 4.9%×（1+10%）=5.39%。

2020 年 3 月 1 日—2020 年 8 月 31 日，苏小轼有权利选择贷款利率是否转为基于 LPR 的浮动利率。

（1）选择不转。按合同当下的执行利率 5.39%，转换为固定利率，贷款合同剩余期限的利率都按 5.39% 执行。

（2）选择转变。合同的贷款利率是由2019年12月公布的5年期以上LPR加上加点幅度确定。贷款利率为4.8%+0.59%=5.39%，贷款合同剩余期限的利率按LPR+0.59%执行。其中，4.8%是2019年12月公布的5年期以上LPR利率；0.59%是加点幅度，是选择前合同的贷款利率5.39%与2019年12月发布的5年期以上LPR 4.8%之差（5.39%-4.8%=0.59%）。

未来的贷款利率则是在每一年约定的利率重新定价日，根据当下的5年期以上LPR利率，加上固定幅度的0.59%确定，即LPR+0.59%。

4. 什么是住房公积金贷款

住房公积金贷款是政策性贷款，由住房公积金管理中心提供。只有参与住房公积金制度且连续缴存6个月以上的借款人才有资格申请。住房公积金贷款一般由住房公积金管理中心委托银行发放。2020年全国发放个人住房公积金贷款13 360.04亿元，个人住房公积金贷款余额62 313.53亿元。

申请人可以到当地的住房公积金管理中心的贷款部门、个人网上业务平台和接受各地公积金管理中心委托的银行提交贷款申请。住房公积金贷款申请细节每个城市都有所不同，为了节省时间，最好在办理手续前直接联系地方相关机构确定要求。

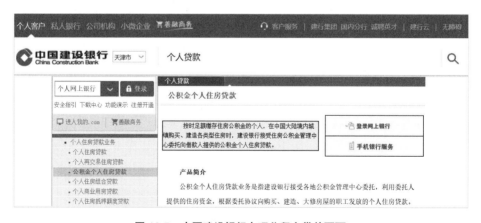

图10.5　中国建设银行办理公积金贷款页面

资料来源：中国建设银行官网。

图 10.6 北京住房公积金管理中心业务服务

资料来源:北京住房公积金管理中心官网。

5. 住房公积金贷款的额度、利率、期限

(1) 贷款额度

公积金贷款额度是根据还贷能力、贷款比例、住房公积金账户余额和贷款最高限额四个条件计算得出。

不同城市的住房公积金贷款最高额度有所不同,购买房屋的套数也影响贷款额度。2020 年,在北京购买第一套住房最高可贷 120 万元,购买二套住房政策规定最高可贷 60 万元。如果借款人是户籍所在区域外迁购买首套房,贷款金额可以上浮 10 万—20 万元,例如户籍在东城购买顺义房子,可以上浮 20 万元。在上海,首套最高贷款 60 万元（个人）或者 120 万元（两人以上），二套最高 50 万元（个人）或者 100 万元（两人以上）。在广州，个人申请和两人以上申请贷款的额度分别为 60 万元和 100 万元。在成都，个人申请和两人以上申请贷款的额度分别为 40 万元和 70 万元。

（2）贷款利率

由于住房公积金贷款属政策性贷款，贷款利率比商业贷款要低。2022 年第三季度末，住房公积金贷款利率标准如表 10.7。

表 10.7 公积金贷款利率

贷款期限	首套年利率（%）	二套年利率（%）
5 年以下（含 5 年）	2.6	3.025
5 年以上	3.1	3.575

资料来源：中国人民银行。

（3）贷款期限

住房公积金贷款期限根据借款申请人的年龄、购置房产的剩余使用年限，以及规定的最高贷款期限等因素来确定。根据这 3 个因素得出的贷款期限中，最小值为我们可申请到的贷款期限。

不同地区确定贷款期限的细则不同。有的城市最高贷款期限是 30 年，有的地方期限要短一些。各地的公积金官网会披露当地规定细则，可以登录官网确认信息。

6. 住房贷款的首付比例

住房贷款的首付比例通常为住房交易价格的 20%—30%。不过，由于地方差异，各省市购房政策会有所不同，首付比例也存在差异。购置的房屋是首套还是二套、购买房屋所在城市是否实行限购政策都会影响首付比例。

例如，北京市在 2016 年规定居民购买首套普通自住房的首付比例不低于 35%，首套非普通自住房的首付不低于 40%；广州市规定无房无贷者购买首套住房首付比例不低于 30%；深圳市则规定个人首套仍然按照 30% 的首付比例计算（如表 10.8）。

表 10.8 不同城市情况下住房首付比例

项目	不限购城市	限购城市
一套首付比例	原则上最低首付款比例为25%，各地可向下浮动5个百分点	大部分首付比例为30%，北京、上海是35%
二套首付比例	最低首付款比例不低于30%	大部分限购城市的二套首付比例是50%—80%，例如北京、南京、苏州等城市执行二套房首付80%；厦门、广州、海口、深圳等城市执行二套房首付70%；天津、成都、杭州、济南、郑州等城市执行二套房首付60%。也有一部分限购城市的二套首付比例相对较低，执行的比例是30%—40%，例如长春、沈阳、大连、哈尔滨、乌鲁木齐等城市执行的是二套房首付30%；昆明、南宁、青岛、重庆、西安、福州、石家庄、珠海、无锡、宁波、太原、合肥、佛山、东莞等城市执行的是二套房首付40%

7. 选择住房公积金贷款还是商业性个人住房贷款

从贷款额度看，住房商业贷款的额度要高于公积金贷款。以广州为例，购买价格为200万元的住房，需要首付60万元，贷款140万元，单纯通过公积金贷款无法满足需求，因为广州公积金贷款两人以上最高只能申请100万元额度。

从贷款利率看，公积金贷款利率要低于商业贷款利率。5年期的公积金贷款利率是3.1%，对比2022年第三季度的5年期LPR为4.3%。

从审批手续看，公积金贷款相较于商业贷款复杂一些，审批时间更长。

相较于商业性个人住房贷款，公积金贷款有成本低的优势，但存在贷款额度不高、手续较为复杂的缺点。建议优先公积金贷款，当公积金贷款额度不够时，选择组合贷款，即同时申请公积金贷款和商业贷款。这样既能享受公积金的低利率，又能解决额度不够的问题。银行基本都提供个人住房组合贷款产品。

8. 什么是住房储蓄贷款

除商业性个人住房贷款和公积金住房贷款之外，还有另一种个人住房融资方式——住房储蓄贷款。这类贷款主要用于购买住房、装修，还可以用于置换其他银行的住房按揭贷款。它可以和商业性个人住房贷款以及公积金贷款结合使用。

住房储蓄产品不同于其他住房贷款，它是一款存贷结合的产品。运作流程一般是个人先存款，达到配贷条件后，可以选择是否申请贷款。如果申请贷款，申请的贷款额度会根据存款额度决定。

住房储蓄产品的优点是贷款利率为固定利率，相较于一般的商业性个人住房贷款利率要低。不足之处是它的贷款期限比一般商业性个人住房贷款要短；贷款的额度与存款额直接挂钩，如果存款额少，那么贷款的额度也少。

案例　住房储蓄贷款产品

2004年2月，中德住房储蓄银行于天津成立，由中国建设银行和德国施威比豪尔住房储蓄银行共同投资建立，主营住房储蓄业务。智融（定期）是中德银行住房储蓄产品中的一款整存整取定期型住房储蓄产品。积分是智融（定期）这款产品转换存款额度与贷款额度之间的纽带。

购买智融（定期）产品存入的钱可以获取积分，积分可以在父母、配偶、子女之间转让，父母存钱获取的积分可以转让给下一代使用。积分主要用于兑换贷款的额度。不过申请兑换贷款额度仍需要达到一定的积分标准，具体要求可见产品官网信息。

以下为智融（定期）产品存款基本信息：
◎ 存款期限：3个月/6个月/1年/2年
◎ 存款利率：1.1%/1.3%/1.5%/2.1%
◎ 累积积分：基础积分＋到期积分

以下为智融（定期）产品贷款基本信息：
◎ 贷款额度：根据存款金额确定
◎ 贷款期限：2年/4年/6年/8年/10年
◎ 贷款利率：3.3%/3.9%/4.5%

以本书中的一家人为例。假如苏小轼购买了100万元的2年期智融（定期），存款期利率为2.1%。两年后，苏小轼可获得的利息为4.2万元（100万元×2.1%×2），可获得1 544万个积分。积分可兑换10年期利率4.5%的贷款额度为29万元，或2年期利率4.5%的贷款额度184万元，或2年期利率3.3%的贷款额度9万元。

同样的积分，在相同贷款期限下，利率越低，兑换的贷款额度越低；在相同利率下，期限越长，兑换的贷款额度越低。目前该产品仅适用于天津、重庆、大连、济南地区。

三、汽车贷款

1. 什么是汽车贷款

汽车贷款又称为汽车按揭,是指消费者向银行或汽车金融公司等贷款机构申请,用以购买汽车的特用贷款项目。汽车贷款通常需要以消费者所购车辆作为抵押。本节描述的内容均为个人自用汽车贷款,非个人商用汽车贷款。

申请汽车消费贷款的消费者必须是贷款机构所在地常住居民、具有完全民事行为能力。并且,消费者须具有稳定的职业与良好的信用,以保证该借款人拥有偿还贷款本息的能力。

汽车贷款的主要运营机构为汽车金融公司以及商业银行。因此,汽车贷款可以分为商业银行汽车贷款与汽车金融公司贷款两种。图10.7与10.8分别展示了中信银行与大众汽车金融公司的汽车贷款界面。

2. 汽车贷款的贷款额度、利率、期限

(1) 贷款额度和期限

通常情况下,汽车贷款的贷款金额最高不超过所购汽车售价的80%。不过,对于自用新能源汽车贷款金额有一定的优惠政策,最高为购车价格的85%。

贷款期限一般不超过5年。

(2) 贷款利率

银行个人自用汽车贷款的利率一般按照银行的贷款利率规定执行。例如,中国工商银行明确规定个人自用汽车贷款利率不得低于相应期限LPR。2022年第三季度末,1年期LPR是3.65%,5年期以上是4.30%。

图10.7 中信银行个人汽车贷款

资料来源:中信银行官网。

图 10.8　大众金融官网截图

资料来源：大众汽车金融官网。

汽车金融公司的贷款产品多种多样。如表 10.9 所示，不同汽车金融公司的贷款产品的利率不一样，同一家汽车金融公司下面不同的车型对应的贷款利率也有所不同。此外，汽车金融公司官网上披露的贷款利率，不一定是使用贷款购车时承担的全部成本，可能还会收取一定的手续费或者要求购买相关的配饰或者保险。贷款的真实成本仍需去线下授权经销商进行最终确定。

表 10.9　大众金融和奔驰金融部分汽车贷款的利率统计

汽车金融公司	车型	贷款利率（%）		
		12 个月	24 个月	36 个月
大众金融	朗逸 1.5L 自动 舒适版	0	3.17	5.21
	途观 L2021 款 330TSI 越享版国六	0	0	4.06
奔驰金融	A 180 L 轿车	2.99	3.99	4.99
	GLA 200 四门轿跑车	—	6.99	6.99

资料来源：大众金融官网，查询时间为 2021 年 12 月 1 日；奔驰金融官网，查询时间为 2021 年 12 月 6 日。

3.汽车贷款的首付比例

银行个人汽车贷款首付比例不低于20%，汽车金融公司会根据不同的车型以及贷款的类型决定首付的比例。如表10.10所示，同为大众金融的不同车型，贷款比例也有所不同。

表10.10 大众金融首付比例表

车型	首付比例（%）		
	标准信贷	弹性信贷	阶梯贷
朗逸1.5L自动 舒适版	20—80	50—80	40—80
途观L2021款330TSI越享版	20—80	50—80	70—80

资料来源：大众金融官网，查询时间为2021年12月1日。

案例　大众Polo汽车金融

以大众金融Polo Plus，1.5L自动全屏乐享版的标准信贷产品为例。2021年该车的价格为10.99万元。

◎ 贷款额度：最高8.79万元，不超过所购汽车价格的80%。

◎ 贷款期限：1年/2年/3年/4年/5年。

◎ 贷款利率：官网公布的标准利率为13.18%，但一般都会有优惠，最终利率需要与当地经销商确定。表10.11为Polo Plus不同贷款期限的贷款利率。

表10.11　Polo Plus的贷款利率表

贷款期限	1年期	2年期	3年期	4年期	5年期
年利率	0	2.03%	4.42%	5.65%	未公布

资料来源：大众汽车金融官网，查询时间为2021年10月14日。

◎ 还款方式：等额本息。以贷款2年为例，每月固定还款金额为2 050.72元。

除了标准信贷以外，大众汽车金融公司还提供弹性信贷贷款产品，主要是针对尾款有多元化的设置：阶梯贷款，还款额可以阶梯递增或者递减；组合贷款，车辆以外的附加产品也可以贷款；还有针对二手车的零售信贷等。

图 10.9　Polo Plus 贷款方案截图

资料来源：大众汽车金融公司官网。

四、其他担保类贷款

生活中担保类贷款除了常见的住房贷款、汽车贷款以外，还有典当行贷款、个人权利质押贷款等。其中，个人权利质押贷款包括以保单、存单、股票、定期储蓄存单、凭证式国债等为质押物的贷款。

1. 什么是典当行贷款

典当行贷款是典当行为个人提供的短期资金贷款，需要借款人以物品资产作为抵押或者质押。典当行接受的典当物品包括房产、汽车、民用物品（贵金属、奢侈品、珠宝等）和股票等。

虽然物品不发生产权转让，但根据物品的类别不同，使用权会发生转移。假设用一款钻石项链作为典当物申请贷款，则需要将项链交给典当行保管，等到偿还完贷款才可以取回项链。在贷款期间，出典人无法使用这款钻石项链，也就是前文说的物品使用权发生了转移。但假设用房产作为典当物，则无须移交房产的使用权，在贷款期间，依然可以在该房子中生活。

典当行贷款期限不能超过 6 个月，不适用于长期贷款需求。融资的成本包括利息和综合费用两部分。利息是由 6 个月法定贷款利率决定，动产月综合费率不超过 4.2%，房地产不超过 2.7%，财产权利不超过 2.4%。

案例　华夏典当行黄金质押贷款

华夏典当行于 1993 年在北京注册成立，主要经营动产、财产权利质押典当业务，房地产抵押典当业务，限额内绝当物品的变卖，以及批准的其他典当业务。

2021 年 10 月，华夏典当行提供的黄金质押贷款产品基本信息如下。

◎ 贷款额度：黄金典当按 321 元／克放贷，当日（2021 年 10 月 11 日）周六福金店黄金价格为 474 元／克，质押率大约 67.7%。

◎ 贷款期限：最短 1 个月，最长 6 个月。

◎ 月息费：贷款金额的 0—4.5%。

◎ 还款方式：按月还息费，到期还本金。

图 10.10　华夏典当行截图

资料来源：华夏典当行官网。

2. 什么是保单质押贷款

保单质押贷款是投保人以具有现金价值的保单作为质押物从贷款机构获得的一笔短期贷款。一般来说，具有储蓄功能的养老保险、投资分红型保险及年金保险等人寿保险合同具有现金价值，可以用来质押。财险公司的保险合同通常不能进行保单质押，例如医疗保险、意外伤害保险合同等。

在获得贷款后，投保人若不能按时还款，保险合同效力会被终止。目前，保险公司、银行等可以办理保单质押业务。

我国尚未出台明确的相关规定对保单质押进行监管。但在2020年4月，银保监会出台了关于《人身保险公司保单质押贷款管理办法（征求意见稿）》，向社会公开征求意见。在意见稿中，有以下内容对保单质押贷款进行规定。

保单需要持有超过一年以上，且保险犹豫期已满，保险合同也处于有效期内，才能办理质押业务。保险质押贷款不能用于房地产和股票投机，不得用于购买非法金融产品或参与非法集资，也不得用于未上市股权投资。

保单质押贷款金额不得高于申请贷款时保单现金价值的80%，保单质押贷款的期限不超过1年。保单利率参照贷款市场平均利率，不得低于相应保险产品的预定利率。万能保险保单质押贷款利率不得低于贷款办理时的实际结算利率。

案例 广发银行——保单质押贷款

广发银行针对终身寿险、非年金类生存保险、两全寿险等三大类险种提供保单质押贷款业务。贷款申请人必须是保单投保人，如果是以死亡为保险金给付条件的保险合同，申请贷款时，还需要被保险人的同意。产品的基本信息如下。

◎ 贷款额度：不超过用于质押的保险合同现金价值的90%。现金价值是指办理解除保险合同时，根据保险合同约定，保险公司应给付给投保人的金额。

◎ 贷款期限：最长3年。

◎ 贷款利率：在人行公布的贷款基准利率基础上，按照广发银行现行利率浮动比例执行。

◎ 还款方式：等额本金、等额本息、一次还本分期付息等。

图 10.11 广发银行保单质押贷款产品

资料来源：广发银行官网。

五、非担保类贷款

非担保贷款也被称为信用贷款，是指借款人不需要提供抵押品或者第三方担保，根据借款人信誉发放的贷款。一般而言，信用贷款多是消费类贷款。通常非担保贷款的贷款资金会直接汇入商户账户，但有部分非担保贷款产品的资金会直接转入借款人的账户，这部分贷款产品称之为现金类贷款。

根据非担保类贷款的贷款额度是否可以循环使用，将其分为循环类贷款和非循环类贷款。

1. 什么是循环类贷款

循环类贷款又可称为循环信用，是指借款人被授信的贷款额度可以循环使用，贷款额度被透支消费后，可透支的额度会相应减少，还款后，贷款额度又会相应恢复。生活中常见的循环类贷款有信用卡、花呗、白条等。

（1）贷款额度与期限

循环类贷款是贷款机构根据我们的信用资质水平给予一定的授信额度，在额度范围内，可以进行赊账消费，到还款日进行还款。个人的信用水平好、收入高，授信额度会更高，反之授信额度则低。通过保持良好的信用记录，可以提升贷款额度，例如按时偿还贷款。

由于是循环贷款，没有固定的贷款期限。在规定的额度内，随借随还，循环使用。例如，贷款额度为 5 000 元，消费了 1 000 元，贷款额度变成了 4 000 元，但是只要还上 1 000 元，贷款额度立刻又变回了 5 000 元。

（2）贷款利率

通常而言，循环类贷款会为借款人提供免息期。在免息期内，不需要支付贷款利息，不同的产品有不同的免息期，例如信用卡一般为 20—50 天，不同银行之间也不同。

循环类贷款通常支持最低还款和分期还款等方式，一般而言，我们把使用最低还款方式承担的贷款利率称为循环利率。以花呗为例，选择最低还款需要以年利率 18.25% 支付贷款利息。

（3）还款方式

一般而言，还款方式包括全额还款、最低额还款、分期还款。

案例　招商银行信用卡

招商银行发行并在市场中流通使用的信用卡已超过 1 亿张。2021 年信用卡交易金额达到 4.76 万亿元。招商银行信用卡的品类众多，针对不同用户人群提供专属的信用卡，如针对当年毕业以及次年毕业学生的 FIRST 毕业生信用卡、针对年轻人的 Young 卡。招商银行还与不同的公司联名设计信用卡，如今日头条联名信用卡、京东 Plus 联名卡、bilibili 联名信用卡。此外，还有不同主题卡，如 12 星座卡、王者荣耀主题卡等。

招行信用卡贷款基本信息如下。

◎ 贷款额度：根据申请人信用卡水平确定固定额度，持卡人根据需求可以申请临时额度。

◎ 贷款期限：循环借贷。

◎ 贷款利率：根据还款方式不同，利率不同。(1) 免息期内还款，零利率。

目前招行提供的免息还款期最长为50天。（2）使用最低还款额还款，年化利率上限为18.25%，下限为12.775%。（3）使用分期还款，根据申请人信用水平有差异，利率在0—18.25%。

◎ 还款方式：全额还款、最低额还款、分期还款等。

掌上生活是招行信用卡配套使用的手机端App，提供分期、还款、提额等等金融服务。掌上商城可线上购物，部分产品可免息；饭票功能可领取不同饭店的优惠券。此外还可以进行积分管理，信用卡消费可累积积分，积分按单笔消费入账金额计算，可兑换视频会员、家用厨具、3C等不同的产品。

图10.12 招商银行信用卡产品截图

资料来源：招商银行官网。

案例 花呗

花呗是蚂蚁消费金融公司的消费信贷产品，基本信息如下。

◎ 贷款额度：根据申请人的风险评估授予信用额度，会不定期调整额度，或者授予临时额度。

◎ 贷款期限：无固定期限，可以随借随还。

◎ 贷款利率：根据还款方式不同，利率不同。（1）免息期内还款，零利率。

目前花呗最短免息期是10天，最长免息期是41天。免息期长短取决于确认收货的时间，这是由于花呗的还款日固定为每月10号所致。即在月初确认收货，可享受最长期限；月末确认收货，则为最短期限。（2）使用最低还款额还款，利率为18.25%。（3）使用分期还款，根据分期不同类型以及分期期数，利率在1年期LPR的基础上下浮动一定基点。截至2022年1月，分期利率在13.57%—15.86%。

◎ 还款方式：全额还款、最低额还款、分期还款等。

花呗有账单助手功能，可以设置每月理想账单金额和消费闹钟，根据账单的进度提醒我们消费进度，用以预防过度负债。

图 10.13 花呗

资料来源：支付宝 App。

2. 什么是非循环类贷款

非循环类贷款是指借款人获得的贷款额度只能提取一次，贷款额度不会随着还本付息而恢复，贷款归还之后不可以再提款使用的贷款。平时生活中常见的消费类贷款，如分期购物贷款、家装类贷款、医疗美容贷款、教育培训分期贷款等都是非循环类贷款。

分期购物贷款主要是指消费者在电子商务渠道（含线上的电子商品销售渠道以及线下的实体商品销售渠道）购买各类商品后，采用分期偿还贷款的一种消费贷款产品。

目前这类贷款的产品类型包含电商平台旗下自有的贷款产品，如苏宁易购的分期购；银行自建线上商城平台的分期购物，如招行的掌上 App 商城分期购物；银行与商户合作开展的分期购物贷款（如图 10.14）。

图 10.14　苹果官网的分期购物

资料来源：苹果官网。

分期购物贷款的资金主要来自与各大电商合作的小额贷款公司或消费金融公司或银行。贷款额度就是商品的金额。分期购物贷款一般都为短期贷款。目前大量的分期购物贷款在一定分期数内提供免息服务，一是为了促销，二是为了获取更多的流量客户。

教育培训贷款，即贷款目的为支付教育以及辅导培训费用的贷款产品。消费金融公司、银行、小额贷款公司等均有提供类似的贷款产品。例如，"学易贷"个人教育贷款是在建设银行现行个人消费类贷款产品项下，面向有出国留学、高端在职教育等教育融资需求的个人客户提供的专项用途贷款产品。贷款期限是"学习时间 +1 年"，贷款利率按照建设银行的贷款利率规定执行。图 10.15 为北银消费金融公司的教育 e 付，也是为有教育培训需求的客户提供的贷款产品。

家装类消费贷款，即个人住房装修贷款，是指消费金融公司、银行或者其他金融机构向消费者推出的以家庭装修为目的的消费贷款。建设银行"家装贷"就是专为装修融资服务的一款个人贷款产品。贷款期限最长不超过 5 年。贷款利率按照建设银行的贷款利率规定执行。

图 10.15 北银消费金融公司的教育 e 付

3. 什么是现金类贷款

现金类贷款是指贷款机构直接将贷款资金转至消费者指定的银行卡或账户的消费类贷款产品。生活中常见的产品有信用卡取现、现金分期、借呗、金条、有钱花等。

案例 浦发银行现金分期

浦发银行提供的现金分期产品，是一款信用卡现金信贷业务。申请现金分期的资金会直接进入持卡人本人在浦发银行的借记卡人民币结算账户。其产品的基本信息如下。

◎ 贷款额度：最低为 1 000 元，最高不超过 5 万元。

◎ 贷款期限：可分为 3/6/12/15/18/24 个月，最长为 2 年。

◎ 贷款利率：0—18.25%，具体根据持卡人的资信水平、分期期数、还款方式确定，表 10.12 为浦发银行官网披露的现金分期利率表，实际年化利率还是以持卡人申请业务时以告知的利率为准。

◎ 还款方式：等额本息或者本金按选定周期还，利息再申请分期，按期偿还。

表 10.12 浦发银行现金分期利率表

分期期数	标准年化利率（单利）（%）				
	分期收取	一次性收取	每3个月还本，每月还息	每6个月还本，每月还息	每12个月还本，每月还息
3 期	17.74	17.83	16.72	—	
6 期	17.79	17.94	17.23	16.96	—
12 期	17.22	17.63	17.65	17.57	18.15
15 期	17.41	—	—	—	
18 期	17.26	—	—	—	
24 期	17.28		17.98	18.12	

案例　借呗

借呗是与蚂蚁智信的合作贷款机构（包括商业银行、消费金融公司、信托公司等），为个人提供消费贷款。贷款资金会发放至借款人指定的收款账户。其产品基本信息如下。

◎ 贷款额度：根据申请人的风险评估授予信用额度，会不定期调整额度。

◎ 贷款期限：3/6/9/12 个月。

◎ 贷款利率：利率根据账户和个人信用情况综合得出。每个人的贷款利率不一样，具体利率在借呗的页面上会显示。此外，贷款利息按天计息。

◎ 还款方式：等额本息。随时可以还款，提前还款不收手续费。

图 10.16　借呗

六、民间借贷

1.什么是民间借贷

根据《关于审理民间借贷案件适用法律若干问题的规定》，民间借贷是指自然人、法人和非法人组织之间进行资金融通的行为。通俗地说，民间借贷不是从贷款机构获得的融资，而是从个人或者组织获取的融资。例如，我们从亲朋好友处借来的钱，就是属于民间借贷。

民间借贷相对其他的贷款，具有形式灵活、手续简单便捷的优势。相对而言，借款的门槛低，只要借贷双方达成协定就可以获得资金。利率也一般是由借贷双方协商约定，没有固定的利息标准。

但是民间借贷目前没有明确的监管机构。相对于贷款机构，民间借贷风险更高。民间借贷机构鱼龙混杂，存在非法高利贷的可能性。如果通过民间借贷融资，我们一定要注意保护好自己的权益。

2.怎么理解民间借贷利率的24%—36%

2015年，中华人民共和国最高人民法院（简称最高院）对于民间借贷利率做如下要求。

（1）贷款利率在24%以内，是属于合法贷款利率，受到法律的保护，法院支持出借人向借款人要求支付利息。

（2）贷款利率高于36%，超出的利息，法院支持借款人要求出借人返还利率。

（3）贷款利率处于24%—36%，是自然债务，法院既不支持借款人也不支持出借人。

但上述规定已在2020年修订，不再适用。现在民间借贷利率适用4倍LPR原则。

3.怎么理解民间借贷利率4倍LPR原则

2020年，最高院修订了民间借贷利率司法保护上限，利率最高保护上限从之前的24%修改为1年期LPR的4倍。以2021年3月22日LPR的1年期产品3.85%来计算，民间借贷利率的司法保护上限为15.4%，较过去的24%和36%有大幅下降。

第三节　如何做好负债管理

如果有充足的资金支持家庭的开支运转，则没有必要承担负债。但如果为了实现家庭的生活必要目标，如购置房屋等，通过贷款可以更好地改善生活，增添幸福感，那么我们就应该去正确地使用贷款。

首先，我们要估算出自己能够承担的贷款金额。其次，要合理地选择贷款产品，尽可能地使用贷款政策带来的优惠，并时刻警惕防止过度使用贷款。最后，贷款后谨记按时还贷。

一、如何避免过度负债

1. 可负担的负债

负债和赊账都不是坏事，需要的是适度和节制。我们要根据自身的财务情况计算出可负担的负债额。这个数额可以通过公式（3-5），即负债收入比率计算得出。

一般来说，债务收入比为40%是一个临界值，低于40%属于尚能承受的债务范围。也就是说，收入是1万元情况下，合理的用于偿还贷款的金额为4 000元（10 000×40%）。假设按5.4%的利率，贷款期限为3年，每月还款4 000元，倒推可算出，可负担的负债总金额大约是14万元。若贷款时间为5年，可负债约21万元；贷款时间为10年，可负债约37万元；贷款时间为30年，可负债约72万元。银行的网上贷款计算器，可以帮助我们快速计算出数额。

由于住房在我国有着重要的地位，我国银保监会对于住房抵押贷款占收入的比例另有明确的规定，比例高于前文中的40%。银保监会规定，贷款机构使用50/55的原则来评估申请住房抵押贷款申请人，即每月住房抵押贷款还款额不高于每月收入的50%，每月偿债总支出不高于每月收入的55%。针对住房贷款，符合这样条件的借款人，他的债务才处于较为安全的状态。

2. 过度负债

过度负债是指当期应偿负债金额已经超过了自己当期收入。随着数字普惠金融的发展，消费信用类贷款的申请变得更加容易，过度负债的现象更容易发生。一笔唾手可得的贷款资金放在人们面前，尤其是年轻人，很难抵挡住它的诱惑。2019年，《中国青年报》发表了一篇文章《"月光族"变"月欠族"，过度消费造就年轻"负翁"》。文中谈到，大量的年轻人选择"月光消费"甚至是"超前消费""过度消费"，一二线城市的部分年轻白领已经受困于负债问题，"月光族"成了"月欠族"。

过度负债带来的危害是多方面的。首先，会导致整个家庭财务状况无法正常运转，陷入危机，出现资不抵债问题。其次，除了资金上出现问题外，背负高额负债对人们的精神健康会产生负面影响。英国的调查报告明确阐述，一旦人们陷入长期负债，负债的压力会增加心理和生理负担。

贷款适度是拥有家庭财富幸福，保持身心健康的一个重要基础。理性消费、控制信用贷款是帮助避免过度负债最有效的方法。

一是消费要依托于收入。没有收入来源，不要提前消费；有收入来源，量力消费。要拒绝攀比的消费观，克制消费欲望，保持理性健康的消费观。

二是负债消费一定要控制。对于占用资金较大的消费品，例如汽车，可以通过适当的负债减轻当下的付款压力，发挥贷款的积极作用，但是负债金额一定要控制，控制在家庭能承受的范围以内。

控制是家庭理财过程中的关键点。如何实现控制？在第三章中介绍了制定现实的理财目标，制作和执行理财规划。我们在每次申请贷款前，需要确定这笔要申请的贷款是否与之前制定的理财目标以及预算规划相一致。如果与理财目标一致，则申请贷款；如果与理财目标不一致，则不申请贷款。这样就可以有效地帮助我们控制贷款，保持合理负债，避免过度负债。

二、如何选择贷款

首先，要尽可能地选择成本低的贷款。符合政策性贷款要求条件的，尽可能申请政策性贷款。政策性贷款是国家有相关政策支持，贷款成本对比其他贷款相对会低。我们作为借款人的贷款压力要更小。例如，住房公积金贷款、助学贷款等。

其次，要谨慎选择使用消费性贷款。消费性贷款的利率不低，有很多短期消费贷款是在为当下那些享受性、冲动性的消费行为买单。尤其是年轻人，因一时的非理性消费，背上还贷的压力，并不是生活中的最优选择。

再次，可以选择生产性贷款。生产性贷款是为了生产经营，预期未来会带来收入，这些收入可以用来偿还贷款。例如为创业而贷款，创业者可以积极主动去银行申请创业相关的商业贷款。国家鼓励双创，银行也推出了一些新模式助力创新创业，如"贷款+外部直接投资"或"贷款+远期权益"等模式。

最后，首次申请房贷需谨慎。我国目前实行首套房认房认贷模式。每个地方对于首套房的认定不一样，有的地方严，有的地方松。但在房价高的城市，一般对于首套房的认定都较为严格。以上海为例，首套房必须同时满足以下两个条件：一是在上海市名下无房；二是在家庭名下在全国范围内无商业性住房贷款记录和公积金住房贷款记录（不管是否已还清）。因为购买首套房在住房贷款利率上有优惠政策，所以不要随意申请住房贷款，尤其在大城市生活。一旦失去首套房的购置资格，需要承担更多的贷款成本。

拓展阅读 不同场景下的贷款

一对新婚夫妻想要购置一套100万元的房产，目前拥有存款30万元，尚不足以支付房产的全部金额。传统观念认为，房子是家的重要载体，能给人归属感和安全感，因此房子对于新婚夫妻过上幸福的生活是一个必需品。通过公积金住房贷款或者商业住房贷款，可以让夫妻提前住上属于自己的房产，有稳定的居住场所，这是必要的贷款。

李某是一个积极上进的女孩，凭借自己的不懈努力，高考以优异的成绩考上了重点大学，但因为出生在一个贫困的山区，家庭的收入不足以支付她上学的费用。李某通过申请国家助学贷款，解决资金困境，顺利入学接受教育。这也是必要的贷款。

张某月收入1万元，想买一辆价格约32万元的奔驰C级，首付6万多元，剩余部分分3年还清，每月需要偿还金额6 000多元。虽然张某的收入可以承受住这样的贷款，但是这一笔贷款让他的可支配收入从1万元下降至4 000元，还需要支付住房开支以及生活必要的吃穿等，生活的质量会大幅下降，还可能会影响储蓄计划。这样的贷款就不是必要的贷款，没有真正改善借款人的生活。张某虽然开上了一辆高价格的好车，但是生活过得拮据、经济紧张，当下也无法储存积蓄，未来还可能影响养老规划。

> 施某由于之前负债金额过高，现在面临还款困难。他想从乙平台上借一笔钱来偿还甲平台的负债。这也是一笔绝对不应贷的贷款。虽然施某需要还款，但他采取"拆东墙补西墙"的方式，"以贷养贷"来延续借款，只会形成恶性循环，无法从根本上解决问题，最终只会导致债务越滚越多，陷入债务危机。

三、如何做好负债管理

第一，对贷款有正确的认识。本章总结了三点关于贷款的必要认识：一是没有免费的贷款。一旦办理了贷款，就需要承担使用贷款的成本。二是在未来一段时期要持续还款。除非保证每个月都有稳定的收入，而且在必要开支以外，还有富余的部分可以用于还贷款，否则建议谨慎使用贷款。三是贷款金额要根据自身的财务状况确定。负债的金额不能超过自身可承受的范围，要避免过度负债而导致的无法偿还问题。

第二，有必要才贷款。不是特别需要的情况下，不贷款。如何评估自己是否真的有必要贷款？此时，只需要回答一个最重要的问题——贷款去干什么？如果通过使用贷款，可以提升我们的金融幸福、生活幸福，此时可以选择贷款。前文中不同场景下的贷款案例可以帮助理解什么样的贷款才具备必要性。

第三，充分了解贷款成本，选择低成本贷款产品。贷款合同里会有贷款的利率、期限等信息，我们要仔细阅读合同内容确定贷款的成本为多少。一定要在了解贷款的各方面信息后，再签订合同，谨防上当受骗。要选择低成本贷款产品，不同的贷款机构的利率不同，收费标准也不一样，要对比多家贷款产品，选择贷款成本最低的一款，降低我们作为借款人的贷款压力。此外，可以充分利用信用卡免息期，降低贷款成本。

第四，按期足额偿还贷款。未能足额还贷导致的贷款逾期不仅会导致个人征信出现不良记录，影响个人信用，还可能会影响我们再次和贷款机构发生业务往来，严重逾期下，可能会被借款方起诉。

如果出现逾期，应立刻联系贷款机构。发生逾期后，贷款机构不是立刻上报征信系统，每家上报时间不一样。此时，要尽快联系贷款机构了解上征信的时间，尽量在上报征信系统前完成还款。如果逾期已经上报征信系统，5年后不良记录也可以消除。信用卡出现逾期不要逃避，在还清欠款后，继续使用24个月，维持良好还款行为，新的记录会冲销掉之前的逾期记录。如果逾期后，采取逃避处理，这个记录则会永久性地保存。

如果已经无法按期足额还款，也要积极面对，不要逃避，主动与贷款机构协商沟通解决方案。不论是延长贷款期限，还是减少每期还款额或变更为先息后本还款方式，都是可行的解决方法。

第五篇
风险管理

第十一章

社会保险管理

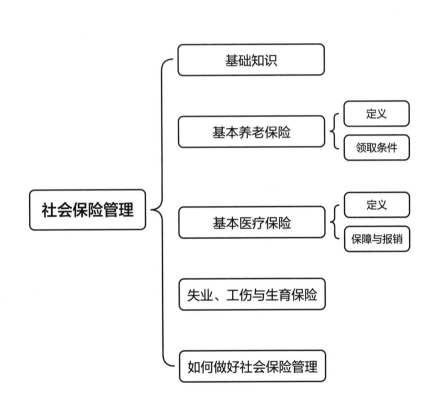

第一节 基础知识

一、什么是社会保险

社会保险，简称社保，是指国家通过法律强制实施，为劳动者在年老、疾病、生育、失业以及遭受职业伤害的情况下，提供必要的物质帮助的制度。它是社会保障制度的核心内容。人们常说的"五险一金"中的"五险"就是指社会保险，它又分为养老保险、医疗保险、失业保险、工伤保险与生育保险。

缴纳社会保险、获得社保保障具有法律依据。2010年，我国颁布了《中华人民共和国社会保险法》(以下简称《社保法》)，这是一部保障民生、改善人民生活的法律。

2018年《社保法》再次修正，它更好地维护了我国公民参与社会保险的合法权益，使得我国公民可以共享改革发展的成果，同时促进了和谐社会的不断进步。

社会保险并不是免费的，它需要个人缴纳一定费用。其中，养老保险、医疗保险和失业保险由个人和工作单位一同缴纳；而工伤保险与生育保险则由工作单位单独缴纳，个人并不需要出钱。

如果持续缴纳社保，在需要用到社保时，就可以享受相对应的养老金、医疗保险等待遇。同时，政府会从政府财政给予相应的补贴。作为受益人，只有在尽到缴费义务并符合相应的法定条件下，才能享受相应的社会保险待遇。

社会保险是国家给予个人最基本的生活保障制度，是社会保障体系中的重要组成部分。社会保险可以保障人们日常生活中养老、医疗、失业等最基础的需求。

以王小弗女士10月份的工资条为例。她是北京城镇居民，因此按照北京市社保标准缴纳社会保险。假设她目前每个月收入1万元，且没有任何专项附加抵扣，那么她的工资条应如表11.1所示。

表11.1 王小弗女士的工资条

工资标准（元）	养老保险（元）	医疗保险（元）	失业保险（元）	住房公积金（元）	应发金额（元）
10 000	800	203	50	1 200	7 747

从表中可以看出，王小弗女士的工资标准为每月1万元，其中需要个人缴纳的是"三险一金"：养老保险、医疗保险、失业保险及住房公积金。在缴纳完三险一金以后，她的税前收入为7 747元。

二、为什么要交社保

我国人力资源和社会保障部曾发布公开课《社保缴纳很重要》。初入社会的年轻人在收到第一个月工资时，可能会感觉拿到手的钱少了很多。这是由于扣除了个人所得税与五险一金，得到的是税后工资。或许对此有一些疑问：为什么社保会扣除这么多？我为什么要缴纳社保？

首先，缴纳社会保险是每一个人的责任与义务。参加社会保险是最基本的合法权益。社会保险作为一项最基本的社会福利，可以起到对冲生活中最基本风险的作用。

其次，如果不缴纳社会保险，就无法得到相应的保障。比如在患病就医时，无法使用医保报销，生育时无法获得相应的生育保险待遇，在工作时受伤，也得不到工伤保险的保障。

最后，对于在一线城市奋斗的年轻人而言，连续缴纳一定时间的社保是买房、摇车牌号、办理居住证的基本条件。以北京市为例，非京籍外来务工人员只有在连续缴纳满60个月的社保后，才具备购买房产的资格。

第二节　社会保险

一、基本养老保险

1. 什么是基本养老保险

基本养老保险是社会保险中的重要险种之一。个人与单位共同缴纳一定的参保费用，到达退休年龄后，社保经办机构会向个人支付相应的养老金，为退休后的养老生活提供基础保障。基本养老保险分为职工养老保险与城乡居民养老保险。其中，城乡居民养老保险由城镇居民养老保险和"新农保"整合形成。

如果与用人单位有雇佣关系，个人必须强制参加职工养老保险。职工养老保险每月的参保费用由个人以及用人单位共同承担。

表 11.2　职工养老保险缴费比例

养老保险	缴纳比例（%）
个人	8
用人单位	16

职工养老保险个人与单位缴纳的比例有所不同。其中个人缴纳职工养老保险的比例是本人上一年的月平均工资的 8%，而用人单位缴纳职工养老保险的比例为 16%。增加虽然有固定比例，但是每个人缴纳养老保险的费用并不相同，通常参照固定的缴费基数，按照一定的比例参保。以北京为例，2021 年北京市基本养老保险的缴费基数下限为 5 360 元，缴费基数上限为 28 221 元。

16—60 岁（女性为 16—55 岁）的灵活就业人士，缴纳灵活就业人士养老保险，享受与职工养老保险同等待遇。但灵活就业人士缴纳的养老保险比例不同。以北京为例，灵活就业人士的缴费基数为上一年本地职工的月平均工资，可以选择的档位从基数的 60% 至 300% 不等，缴费比例为 20%。根据社保局规定，北京市 2021 年基本养老保险的缴费基数下限为 5 360 元，上限为 28 221 元，那么按照 20% 的比例缴费，灵活就业人士每月最低需缴纳 1 072 元的基本养老保险。

前文中，王小弗女士月收入1万元，参保职工养老保险，那么她每个月缴纳的养老保险金额与单位缴纳的养老保险金额如表11.3。

表11.3 王小弗女士养老保险的每月缴纳金额

养老保险	缴纳金额（元）
王小弗	800
用人单位	1 600

而无用人单位的个体工商户、非全日制从业人员以及其他的灵活就业人员，只要年满16岁且没有参加职工养老保险的居民（以下统称为劳动年龄内无就业居民），都可以在户籍所在地参加基本养老保险，参保费用由个人承担。也就是说，如果自由职业者、无收入人群不想缴纳灵活人士养老保险，也可以选择自己单独缴纳城乡居民养老保险。

城乡居民养老保险每年按照固定额度每年缴费，而且通常拥有不同档位供参保居民选择。以北京为例，2021年北京城乡居民养老保险最低可选择年缴费1 000元，最高可选择年缴费9 000元。如果已年满60岁却没有缴费满15年，则无法满足养老金的领取条件。根据各地政策不同，有些地区允许一次性补缴城乡居民养老保险，但最多只能补缴15年。

城乡居民养老保险与职工养老保险存在一定差异。职工养老保险整体缴费金额更高，退休后领到的养老金也会更高；而城乡居民养老保险门槛低，通常缴费金额较少，退休后领到的养老金相对也较低。

总的来说，需要缴纳养老保险的人可分为三类：在职职工、灵活就业人士，以及劳动年龄内没有缴纳灵活就业人士养老保险的无就业居民。表11.4可以帮助理解各类人群缴纳基本养老保险的信息（以北京为例）。

表11.4 2021年北京市各类人群基本养老保险缴纳明细

参保人员	参保险种	缴费方式	缴费比例	缴费下限	缴费上限
在职职工	职工养老保险	单位与个人共同按比例缴费	用人单位缴纳16%，个人缴纳8%	1 286.4元/月	6 773元/月
灵活就业	职工养老保险	个人按比例缴费	个人缴纳20%	1 072元/月	5 644.2元/月
无就业	城乡居民养老保险	个人每年定额缴费	分档位自由选择，定额缴费	1 000元/年	9 000元/年

2. 基本养老保险领取条件

基本养老保险是养老第一支柱。依据《社保法》的相关规定:"参加基本养老的个人,达到法定退休年龄时累计缴纳满十五年的,按月领取基本养老金。"

领取基本养老保险必须同时满足两个条件:缴纳至少 15 年的养老保险;达到法定退休年龄。现行退休年龄是男性 60 周岁、女干部 55 周岁、女工人 50 周岁。

但如果在达到法定退休年龄时,缴费不足 15 年,可以选择两种方式领取养老金:一是继续缴费至满 15 年,按月领取基本养老金;二是如果是职工养老保险,可以转入城乡居民养老保险,按照国务院规定享受相应的养老保险待遇。

由于基本养老保险采取的是多缴多得、长缴多得的原则,所以平时缴纳的越多、缴纳的时间越长,在退休后可以领取的基本养老金就越多。

3. 退休后可以领多少养老金

由于缴费基数、缴费期限不同,每个人的养老金也不同。个人可以通过官方平台——国家社会保险公共服务平台测算退休后的养老金。可以直接上网搜索"国家社会保险公共服务平台",然后点击"待遇测算",输入目前的参保信息、缴费年限等数据之后,可以得到未来退休时预计的养老金收入。除养老金可以测算以外,失业金也可以通过这个途径一并测算。

图 11.1　国家社会保险公共服务平台

二、基本医疗保险

1. 什么是基本医疗保险

基本医疗保险是指为了补偿个人因疾病而造成经济损失的一种社会保障制度。基本医疗保险是最基本的医疗保障。当被保险人因就诊产生医疗费用后，基本医疗保险会对医疗费用进行一定的补偿，降低被保险人因治疗疾病带来的经济风险。我国基本医疗保险包括职工医疗保险及城乡居民医疗保险。其中，城乡居民医疗保险由城镇居民医保和"新农合"整合形成。

职工医疗保险对于在职职工来说，与基本养老保险相同，也是必须参保的。它由个人与用人单位共同缴纳参保费用。基本医疗保险的参保费用在全国各地有所不同，缴纳一个月即可生效。例如在北京，根据2021年的规定，以个人上一年的月平均工资的2%+3元缴纳参保费用，而用人单位需要按照职工月工资的9.8%缴纳参保费用。

表11.5　2021年北京职工医疗保险缴费比例

医疗保险	缴纳比例
个人	2%+3元
用人单位	9.8%

前文中王小弗女士缴纳的医保金额如表11.6所示。

表11.6　王小弗女士缴纳医保金额

医疗保险	缴纳金额
王小弗	203元/月
用人单位	980元/月

王小弗女士的月工资为1万元，根据个人缴纳2%+3元、单位缴纳9.8%来计算，她个人需要缴纳203元，而单位需要缴纳980元的医疗保险费。

灵活就业人士社保参与缴纳灵活就业人士医保，与职工医疗保险享受同等待遇。但灵活就业的基本医疗保险需要个人缴纳6个月以上才可以正常使用。各地政策不同，缴费比例也不一致。以北京为例，灵活就业人士的基本医疗保险对照职工养老保险提供的固定基数，按照固定基数的7%缴费。

在上海，个人缴纳的职工医保的参保费用为月工资的2%，而用人单位需要按照月工资 10% 缴纳参保费用。在成都，个人每月的参保费用为月工资的 2%，用人单位每月需要缴纳个人月工资的 8.3% 作为参保费用。

对于参加职工医保的个人，当达到法定退休年龄且累计缴费达到国家规定年限时，退休后就可以不再缴纳基本医疗保险的参保费用，并且可以按照国家规定享受相应的待遇。而对于未满足国家规定年限的，可继续缴费至国家规定年限。

对于基本医疗保险，我们需要注意两点：第一，终身基本医疗保险的国家规定年限与基本养老保险（15 年）不同，北京规定基本医疗保险需要男缴满 25 年、女缴满 20 年才可以享受终身医疗保险待遇（各地规定年限均有不同）；第二，注意不要断缴基本医疗保险，因为医保断缴的第二个月起就无法享受基本医疗保险的保障了。

而城乡居民医疗保险与基本养老保险相同，老人、小孩、无用人单位的个体工商户、非全日制从业人员以及其他的灵活就业人员，只要是年满 16 周岁且没有参加职工医疗保险的居民，都可以在户籍所在地参加城乡居民医疗保险，参保费用由个人承担。城乡居民医保与职工医保不同，通常它拥有固定缴费金额，缴费频率为每年缴纳一次。

对于弱势群体，包括享受最低生活保障、丧失劳动力的残疾人，低收入家庭中 60 岁以上的老人和未成年人的个人缴纳部分，政府会给予相应的补贴。城乡医保也需要注意两点：一是城乡居民医保没有退休后免缴费的制度，如果希望享受医保待遇，老年人也需要每年缴费；二是不要断缴城乡医保，因为断缴的当年无法享受医保待遇。

表 11.7 对比了不同情况的个人参保基本医疗保险的具体信息。以 2021 年北京市基本医疗保险为例，不同的人群缴费标准、缴费方式等都有所区别。

表 11.7　2021 年北京市基本医疗保险缴纳明细

参保人员	参保险种	缴费方式	缴费比例	缴费下限	缴费上限
在职职工	职工医疗保险	单位与个人共同按比例缴费	用人单位缴纳 9.8%，个人缴纳 2%+3 元	635.48 元 / 月	3 332.08 元 / 月
灵活就业			个人缴纳 7%	375.2 元 / 月	1 975.5 元 / 月
无就业	城乡居民医疗保险	个人缴纳	每年定额	定额 580 元 / 年	
老人				定额 340 元 / 年	
学生与儿童				定额 325 元 / 年	

2. 基本医疗保险的报销范围、报销比例

基本医疗保险的报销范围涵盖门诊、急诊及住院的医疗费用，定点零售药店的买药费用，医保统筹基金起付标准以下的医疗费用。可以说在门诊、急诊、住院的费用，以及定点零售药店的费用均可以报销，但有规定限额，部分城市还有自付费标准。超出规定限额的部分，医保无法报销，如果每年看病没有达到起付标准，医保也不会报销。此外，基本医疗保险的报销比例依据当地政府的规定为准。一般定点就医的等级越低，报销比例越高。

以北京为例，基本医疗保险分为职工医疗保险与城乡居民医疗保险。其中职工医疗保险的参保人员在满足1 800元自付费标准后方可申请报销。参保人员在本市社区卫生服务机构就诊报销比例为90%，非社区卫生服务机构就诊报销比例为70%。与此同时，截至2021年末，北京市规定门诊的报销限额为2万元，住院的报销限额为50万元，超出该规定限额的费用医保也无法报销。从门诊与住院两部分看，具体比例可以通过表11.8和表11.9来理解。

表11.8　2021年北京职工医疗保险门诊报销比例

参保人员		起付线（元）	报销比例（%）		最高限额（万元）
			社区医院	非社区医院	
在职		1 800	90	70	2
退休	70岁以下	1 300		85	
	70岁以上			90	

表11.9　2021年北京职工医疗保险住院报销比例

参保人员	起付线	报销级别	一级医院（%）	二级医院（%）	三级医院（%）
在职人员	本年度第一次住院为1 300元，第二次及以后每次650元	1 300—3万元	90	87	85
		3万—4万元	95	92	90
		4万—10万元	97	97	95
		10万—50万元	大额医疗费用互助资金支付85%		
退休人员		1 300—3万元	97	96.1	95.5
		3万—4万元	98.5	97.6	97
		4万—10万元	99.1	99.1	98.5
		10万—50万元	大额医疗费用互助资金支付90%		

而上海，在职参保人员在满足1 500元自付费标准，退休人员在满足700元（非2000年12月31日以前退休），300元（2000年12月31日以前退休）的自付费标准后即可申请报销。不同年龄段的门诊报销比例如表11.10所示。

表11.10　2021年上海职工医疗保险门诊报销比例

参保人员	一级医院（%）	二级医院（%）	三级医院（%）
44岁以下	65	60	50
44岁至退休	75	70	60
1956年前出生，2001年前参加工作，在职人员	75	70	70
1956年前出生，2001年前参加工作，2001年后退休，69岁以下人员	80	75	70
1956年前出生，2001年前参加工作，2001年后退休，70岁以上人员	85	80	75
2000年12月31日以前退休人员	90	85	80

具体的医保报销比例请查询所在地的医保局网站。各地情况各有不同，有些城市甚至没有自付费标准，从每年第一次看诊起就可以申请报销。

城乡居民医疗保险的情况有所不同。以北京为例，北京城乡居民医疗保险2022年的缴费标准如表11.11。

表11.11　北京城乡居民医疗保险2022年缴费标准

缴费人群	缴费金额（元/年）
老年人	340
学生及儿童	325
劳动年龄内居民	580

城乡居民医保每年的缴费标准都可能发生变化，要以实际缴费要求为准。但从表11.11可以看出，与职工医疗保险按比率缴费不同，城乡居民医疗保险是定额缴费。除此以外，城乡居民医疗保险的起付线和报销比例也有所区别（如表11.12）。

表 11.12　2021 年北京城乡居民医疗保险起付线及报销比例

类别 参保人	医院级别	门诊 城乡居民	住院 城乡老年人、城乡劳动年龄内居民	住院 学生儿童
起付线	一级医院	100 元	300 元	150 元
起付线	二级医院	550 元	800 元	400 元
起付线	三级医院	550 元	1300 元	650 元
报销比例	一级医院	55%	80%	80%
报销比例	二级医院	50%	78%	78%
报销比例	三级医院	50%	75%—78%	75%—78%
封顶线		4 500 元	25 万元	25 万元

与职工医疗保险相比，虽然城乡居民医疗保险缴费金额更低，但报销比例也相对较低。此外，职工医疗保险在缴费一定年限之后，退休后仍然可以享受医疗保险；而城乡居民医疗保险不能断缴，否则无法享受城乡居民医保待遇。

三、失业保险

1. 什么是失业保险

失业保险，是国家立法强制实现，由个人与用人单位共同缴纳费用，国家进行财政补贴等多种渠道建立的失业保险基金。目的是为了向那些因短暂失业、中断生活来源的人们提供最基本的物质帮助。在此期间，失业人员可以通过技术培训、职业介绍等多种方式寻找新的工作。

简而言之，当人们因为某些原因失去工作后，如果满足失业保险领取条件，就可以在一段时间内领取一定的失业保险金。

失业保险的参保费用同样需要个人与用人单位一同负担。个人与用人单位的交纳比例在不同地区不一样，双方的缴纳比例均在月收入的 1% 以下。2016 年相关规定说明，失业保险总费率在该基础上可以阶段性降至 1%—1.5%，个人费率不超过 0.5%。北京市 2021 年 7 月—2022 年 6 月，失业保险的交纳比例是个人按照上一年月均工资的 0.5% 缴纳（农村户籍不用缴纳），用人单位按照个人月工资的 0.5% 缴纳。在上海，个人与用人单位的失业保险缴纳比例也均为上一年月均工资的 0.5%。

北京城镇户籍的王小弗女士月收入为 1 万元，那么她每个月与用人单位一起需要缴纳的失业保险金额如表 11.13。

表 11.13　北京 2021 年 7 月至 2022 年 6 月失业保险按比例缴纳金额

失业保险	缴纳金额（元 / 月）
王小弗	50
用人单位	50

当满足以下三个条件时，即可以向相关部门申请领取事业保险金。

一是个人与用人单位履行缴费义务满一年；二是个人的就业状态非个人意愿中断的；三是已办理失业登记并且有求职要求。

2. 失业保险金领取的最长期限

失业保险金领取的最长期限与缴纳的时间相关。如果个人与用人单位连续缴纳失业保险满 1 年不足 5 年的，失业保险金最长领取期限为 12 个月；满 5 年不足 10 年的，失业保险金最长领取 18 个月；累计缴费时间 10 年以上的，失业保险金领取期限最长为 24 个月；重新就业后再次失业的，缴费时间重新计算（如表 11.14）。

表 11.14　失业保险最长领取期限

失业保险缴纳时间	最长领取期限
不足 5 年	12 个月
5 年至 10 年	18 个月
10 年以上	24 个月

通常失业金最多可以领两年，但是不同的城市有不同的规定。以上海为例，如果有特殊情况可以延长领取时间。

3. 失业保险金可以领多少

失业保险金应按照低于当地最低工资、高于当地居民的最低生活保证保障的标准领取。这个标准由各省、自治区、直辖市人民政府确定。失业保险金领取额度与缴费年限以及领取时间长短相关。不同城市领取差异较大。

例如北京，2021 年 9 月 10 日更新的标准为：失业人员每月失业保险金最多可领取 2 143 元，领取时间不超过 24 个月。且从领取的第 13 个月起，失业保险金月发放标准一律按 2 034 元发放（如表 11.15）。

表 11.15　2021 年北京失业保险金领取标准

失业保险缴费年限	第一年失业保险金领取金额（元）
满 1 年不足 5 年	2 034
满 5 年不足 10 年	2 061
满 10 年不足 15 年	2 088
满 15 年不足 20 年	2 115
满 20 年	2 143

在上海，失业保险金领取的额度与失业时间长度相关。2021 年 7 月 1 日至 2023 年 6 月 30 日，上海失业保险金领取标准规定：失业人员第 1—12 个月每月可领取 1 975 元，第 13—24 个月，每月可领取 1 580 元。一般情况下，一次核定的领取时间不能超过 24 个月，如有延长领取的情况出现，每个月失业保险金的领取标准为 1 330 元（如表 11.16）。

表 11.16　上海 2021 下半年至 2023 上半年失业保险金领取标准

领取时间	领取金额（元）
第 1—12 个月	1 975
第 13—24 个月	1 580
延长领取	1 330

四、工伤保险与生育保险

1. 什么是工伤保险

工伤保险是指个人在工作或在其他特殊情况下，遭受到意外伤害或职业病等，导致暂时或永久的丧失了劳动力或身故时，个人或继承人从相应机构获得物质补偿的一种社会保障机制。换句话说，工伤保险就是当人们在工作过程中或前往工作的路程中，因为意外或工作环境导致受伤患病而获得赔偿的一种保险。

工伤保险的参保费用由用人单位缴纳。个人不需要支付工伤保险的参保费用。单位缴纳的比例根据工作性质会有所不同，从 0.2% 至 1.9% 有八个档位可选。

依据《工伤保险条例》，工伤保险的覆盖范围包括：一是在工作时间和工作场所内，因工作原因受到事故伤害的；二是工作时间前后在工作场所内，从事与工作有关的预备性或者收尾性工作受到事故伤害的；三是在工作时间和工作场所内，因履行工作职责受到暴力等意外伤害的；四是因职业病导致的；五是在外出工作期间因工作原因受到伤害或下落不明的；六是上下班途中因非本人主要因素导致的交通事故；七是其他法律法规认定的情形。以上情况均可以申请工伤保险赔付。

有些特殊情况也在工伤保障的范围内。比如在满足处于工作时间与在工作岗位两个条件下，突发疾病死亡或突发疾病48小时内抢救无效的；参与抢险救灾等维护国家利益与公益活动，并因此受伤的，以及在军队中服役，因战、因公负伤致残的，或取得伤残军人证，到用人单位后旧伤复发的，这些情况均等同于工伤。

当出现上文所提及的情况时，就可以向有关机构申请理赔。理赔时首先要在劳动鉴定机构处进行工伤认定。工伤鉴定分为一级至十级。用人单位在接到劳动鉴定结论后的十五日内，即可为受伤职工办理工伤保险核准手续。

工伤赔偿的赔付标准依据《工伤保险条例》与参保人所在城市的相关政策，以及参保人的伤残等级执行。

2. 什么是生育保险

生育保险是指在女性职工因怀孕、分娩而暂时中断劳动时，由国家为其提供医疗服务、生育津贴以及产假的一种社会保障制度。

生育保险主要是为了向怀孕的女性提供各种保障与津贴，以保证女性在生育无法工作时的基本收入与相关的医疗保障。生育保险是强制参保的，参保费用由用人单位缴纳，个人不需要交纳任何生育保险的参保费用。各地规定的生育保险缴纳比例不同，2021年在北京和上海，单位按照个人工资0.8%的比例缴纳；在广州，单位需要缴纳0.85%；在深圳，单位缴纳生育保险的比例为0.45%。

生育保险主要包含了生育津贴与生育医疗待遇。各地政策不同，生育津贴与生育医疗待遇也存在差异。在生育保险条例中规定，女性职工的生育津贴为该用人单位上年度职工月平均工资除以30天乘以假期天数。其中正常产假为98天；难产、剖宫产等情况增加15天；多胞胎生育，每增加一个婴儿增加

15天。

生育医疗待遇包含生育医疗费、一次性分娩营养补助费以及一次性补贴。其中生育医疗费是当女性职工确认就医身份后的医疗费用，由当地政府机构与医院定额结算。异地分娩的，医疗费用低于定额标准的按实际费用报销，高于定额标准的按定额标准报销。

此外，《生育保险条例》中规定，无论女性职工的妊娠结果如何，均可以按照生育保险的规定获得相应的补偿。也就是说，如果在生产过程中不幸出现孩子夭折等情况，仍然可以获得相应的补偿。

第三节　如何做好社会保险管理

通过本章的学习，我们对于社会保险已经有了基本的认识。不论是在职职工、灵活就业人士还是老人、小孩，社保都会在每个人的生活中发挥重要的作用。接下来谈谈大家都需要拥有的管理意识，以及不同人群如何做好社会保险管理。

第一，社会保险很重要。不管是在职职工、灵活就业人士还是老人、小孩，都应缴纳社会保险。基本养老保险、基本医疗保险等各项社保在每个人的生活中都会发挥很大作用。

第二，社保需要连续缴纳，不要断缴。断缴的当月，基本医疗保险将无法使用；如果在一二线城市有买车买房的需求，那么一旦断缴，之前累积缴存的时间将直接清零，重新开始计算。

对于职工来说，在找工作时，一定要选择缴纳社保的正规公司。社保制度规范的企业，会严格按照《社保法》规定的比例按时、按量地缴纳社保；而社保制度不规范的企业少缴社保、缓缴社保甚至不缴纳社保，会严重损害我们养老、医疗等各方面的社保权益。

对于灵活就业人士来说，缴纳社保同样重要。缴纳社保时也需要缴纳二险：基本养老保险和基本医疗保险。可以拨打"12333"全国人力资源社会保障服务热线，咨询当地的开户机构以及缴费渠道、缴费比例等相关情况。通常来说，各地自雇人士缴纳社保都有固定基数，也有上限与下限之分，可以根据个人情况选择不同的缴纳比例。

灵活就业人士缴纳的社保，其中养老保险、医疗保险的待遇大致等同于职工养老保险、职工医疗保险。虽然年满16周岁以后，灵活就业的居民可以自由选择参与缴费更少的城乡居民养老保险与城乡居民医疗保险，但就基本养老保险与基本医疗保险而言，职工养老保险与城乡居民养老保险在领取时金额有一定差距，且职工医疗保险的报销比例也高于城乡居民医疗保险。在可以缴纳灵活人士社保，参与职工养老保险、职工医疗保险的条件下，尽量选择缴纳灵活人士社保。

对于老人、小孩以及劳动年龄内无就业的居民来说，社保缴纳同样需要重视。如果老人没有职工医疗保险，那么一定要参与每年定额缴费的城乡居民医疗保险；如果老人退休前没有缴纳职工养老保险，也没有缴纳足够年限的城乡居民养老保险，最好尽量补缴城乡养老保险，为晚年生活增添一份保障。对于孩子来说，父母一定要为孩子缴纳城乡居民医疗保险，可以报销孩子一定比例的就医、治疗费用，政府也会参与补贴。

对于劳动年龄内无就业的居民来说，如果条件不允许我们缴纳灵活就业人士社保，那么城乡居民养老保险和城乡居民医疗保险是每年一定要缴纳的基础社保。这两项社会保险可以确保养老、医疗两个重要方面的基本保障，满足个人养老、医疗最基础的需求。

第十二章

商业保险管理

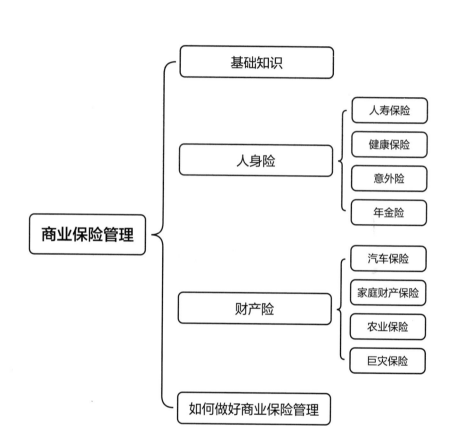

生活并不是一帆风顺的。除去工作、房贷等压力之外，还存在着未知的风险。如果想保持金融幸福的状态，就需要根据自己的需求，提前防范可能无法承受的风险。

短期可以应对意外支出，是金融幸福的表现；而长期可以保证健康的财务状况也是金融幸福的重要保证。保险是一件可以实现金融幸福的有效工具。短期的意外支出，例如汽车剐蹭、生病住院等，可以用汽车保险、医疗保险来弥补损失；而长期来看，为了保证持续、健康的财务状况，规避重大风险，寿险、重疾险、家庭财产保险也可以发挥重要作用。根据自己的需求，选择适合的保险，更能感受到金融幸福。

本章节将会对保险进行初步介绍。从保险的基本要素到各类保险产品，例如人身险、健康险等。通过阅读本章，将会了解什么是保险，有哪些保险产品，以及各类保险产品的特点。我们可以结合自己的需求，谨慎购买保险产品。

保险保障的是我们不愿承受的、可能遭遇的损失。作为管理家庭风险的一项方案，购买保险是为了对冲家庭可能遇到的风险，让家庭生活尽量不受风险的影响。通过对本章的学习，我们可以学会如何用保险保护自己与家庭。

第一节　基础知识

一、什么是保险

《中华人民共和国保险法》规定，保险是指投保人根据合同约定，向保险人支付保险费，保险人对于合同约定的可能发生的事故因其发生所造成的财产损失承担赔偿保险金责任，或者当被保险人死亡、伤残、疾病或者达到合同约定的年龄、期限等条件时承担给付保险金责任的商业保险行为。

投保对象有很多种，例如人身健康、安全或财产（汽车、房产、珠宝等）。保险会在被保险人遭遇生活中的危机时扮演重要角色。它以较小的日常保费支出来覆盖低概率、高风险的大额支出，是对冲意外事故损失的一种金融工具。保险的意义在于，出现事故、疾病或意外伤亡时，保护自己和家庭免于陷入经济危机的窘境。

二、保险分为哪几种

个人或家庭可能遭受的风险来自两部分：人身和财产。按照保险对象的不同，保险主要分为保人的人身险，以及保物的财产险。

人身险主要包括人寿保险、健康保险、意外险、年金保险四部分。它们的保障对象虽然都是人，但保障的内容各有不同。人寿保险强调被保险人生存或死亡的风险；健康保险包括商业医疗保险以及重疾险，主要保障被保险人的健康，在罹患重大疾病时可发挥重要作用；意外险是一种特殊的险种——这类保险从财产保险公司与人寿保险公司都可以购买，且不同的意外险时效不同、保障范围不同，价格上也有很大差异；年金保险保障的则是人们未来的生活。

财产险的种类很多，例如家庭财产保险、机动车辆保险、农业保险等。在我国，机动车辆保险是财产与责任保险中占比最大的险种，与人们的日常生活更加息息相关。本书将主要介绍生活中常见的财产保险，例如汽车保险、家庭财产保险，以及一些新型保险。

三、为什么买保险

经济条件很好的单身企业家秦小观，和身为作家、上有老下有小的苏小轼，谁更需要买保险？

秦小观身为经商的单身汉，经济条件较宽裕，喜爱攀岩、冲浪、滑雪等极限运动。而苏小轼身为作家，每天的工作都是在家完成的，爱好下棋和钓鱼。

看起来，在这两个人中，经常参与极限运动的秦小观似乎受伤或出意外的概率更高；而苏小轼作为一位作家，每天在家办公，人身安全系数与财产安全系数似乎都很高，好像并不需要保障。

但事实上，他们两个人中更需要购买保险的是苏小轼，而不是秦小观。秦小观虽然经常参加各种极限运动，但他本人经商，家底丰厚，有足够的资产来承担各种损失，所以他无须担心可能发生的财产损失。而且他无人需要抚养，也无人需要赡养，不必担忧自己出了意外丧失工作能力，难以负担家庭生活。相反，苏小轼虽然每天在家办公，生活在和平安逸的环境中，但他上有老下有小，妻子王小弗的收入也无法负担家庭的全部开销。一旦他出现意外，整个家庭将会遭遇极大的经济危机。因此，相比较于秦小观，苏小轼更需要购买一些保险，特别是人寿与健康保险，来保障他的家庭不会因为他出事故或患重病而出现财务危机。

保险是理财规划的重要部分，理财规划中配置的保险产品应该能对冲家庭潜在的巨大风险。我们不希望承担的、无法承担的风险都可以用保险来保障。它的重要作用是维持我们目前的财富水平，当家庭遭遇重创时，保护我们自己和家庭免受可能的重大经济损失。

四、从什么渠道买保险

保险销售的渠道有很多。在生活中遇到的保险销售人员，去银行办理业务时被推荐保险产品，甚至在互联网上可以直接购买保险……大多数人可以通过以下三种渠道购买保险。

第一种，银行代销保险。在银行办理业务时，人们有时会被银行推荐保险服务。我国很多商业银行具有代销保险产品的资质。现在可以在银行柜台、银行官方手机 App 上通过银行购买保险产品。

第二种，代理人销售保险。在生活中是否遇到过朋友、亲戚或陌生人推荐保险？他们可能具备保险代理人资质，对销售的保险产品非常了解。保险代理人也是保险公司销售保险的一个重要渠道。通常来说，保费较高的重疾险、寿险等产品会由保险代理人代为销售。

第三种，互联网保险。随着互联网的蓬勃发展，不少年轻人开始选择直接在网上购买保险。互联网保险可以分为两类：一类是通过第三方平台（例如支付宝、微信等）购买保险产品，这些平台一般具有保险代理经纪的牌照；另一类则是通过保险公司官方网站直接购买。

五、保费、保额与投保条件

保费也就是保险费，是人们向保险公司投保时，交付给保险公司的金额。根据保险产品的不同，保费的付款方式包括一次性缴付、按月缴付、按季度缴付、按年缴付。

而保额即保险金额，通常是指人们购买完保险、签订好保险合同后，保险公司在被保险人出险后赔付的最高限额。例如，当购买财产险后发生财产损失，保险公司给付的最大金额就是保额。需要注意的是，保额指的是可能赔付的最高金额，并不一定是保险公司实际赔付的金额。

保费与保额密切相关。保费与保额的大小、保险期限的长短成正比。一般情况下，缴纳的保费越多，保额就会越高；保险期限越长，所需要缴纳的保费也会更多。

在投保之前，首先要知道自己是否可以购买保险。购买保险，尤其是人寿与健康保险具有一定的资质要求，包括年龄要求、健康要求等。以下总结了购买各类保险的要求。

第一，年龄要求。不同的保险产品通常针对不同年龄层的投保对象。通常来说，18岁以下的未成年人可以购买专为他们设计的未成年人保险，与成人保险彻底区别开。但在成年以后，投保时间越早，保费越低；投保年龄越大，保费越高。60岁以后，很多人寿与健康保险均不接受投保。

第二，健康要求。保险公司通常要对被保险人的健康状况进行严格的筛查，要求被保险人进行健康告知。是否有高血压、心脏病或家族病史，均在保险公司的检查范围内。例如，在投保医疗险以前就已患有胆结石的投保人，他们投保后进行胆结石手术是得不到赔付的。

第三，职业要求。保险公司将工种分为六类，其中市场上大部分产品针对的被保险对象均为一至四类工种，而针对五、六类工种的保险产品保费相当高昂。

六、工作性质与保险

保险保障的是风险，不同的职业有不同的风险。保险业根据工作的危险情况将工种或职业大致分为六类。

一类职业通常是最安全、风险最低的职业，例如大部分内勤人员：办公室职员、程序员、编辑等。

二类职业的安全系数也相对较高，但有时可能会出外勤，例如家政人员、出纳、医务人员等。

三类职业则是进行体力劳动的人员，可能涉及一些技术性的操作，例如出租车司机、维修人员等。

四类职业是大部分时间需要外出工作，存在一定风险的职业，例如快递员、外卖骑手、审计员等。

五类职业的危险系数相对较高，比如建筑工人、长途货车司机、采矿工人等。

六类职业可以说是危险性最高的职业，高空作业人员、消防员、军人等均属于此类。

截至2021年，官方并没有出台明确的条例来区分各类职业。各家保险公司的职业划分大体上是一致的，但也可能存在差异。同时，由于时代发展，目前许多新兴职业并没有囊括在职业分类中。有些职业会被一些保险公司归为四类职业，但在另一些公司则会被归为五类职业，而四、五类职业的保单价格具有很大差异。此外，一类、二类职业相对风险较低，保险公司在承保这两类职业的人身险时通常会给予一定费率上的优惠，核保也会更加简单便捷。

七、保单、免赔额与保费豁免

保单指的是人们在与保险公司签订合同时的书面证明。也就是说，保单是证明人们购买了保险的证据，如果需要出险，那么保单就是索赔的重要证据。但现在随着电子保单逐渐流行，我们也可以通过电子保单向保险公司进行索赔。保单通常涵盖以下五个方面。

一是声明事项，即被保险人名称、保险标的的名称及其存放地点或所处状态、保险金额、保险期限、保险费等；二是保险事项，即保险公司需要承担的责任；三是除外事项，即保险公司在何种情况下并不承担责任；四是条件事项，例如保单的转让、取消等条款；五是其他事项。

免赔额是指保险公司和被保险人约定，被保险人自行承担损失，保险公司不负责赔偿的损失额度。免赔额条款经常在财产保险、健康保险中广泛运用。免赔额的设立，有助于降低理赔率，降低保险公司的成本，进而降低保费。

保费豁免是指被保险人购买了一份保险后，在规定的缴费期限内却因为突发状况（比如去世、重病等）无法支付保险费，那么被保险人可以不再缴纳后续保费，保险合同仍然生效。保费豁免最早出现在少儿险中，当作为投保人的家长遭遇不幸或丧失工作能力时，没有经济收入的孩子的保单仍然生效，这也是保险公司保单人性化的一部分。目前我们可以看到市面上不止儿童保险，很多养老险等产品也会提供此项服务，但触发这项服务的概率较低，消费者在购买保险时不必将保费豁免作为购买保险的重要考虑因素。

八、保险空白期、等待期、犹豫期和宽限期

缴纳保费后，到收到正式保单的这段时期，是保险空白期。但如果现在在网上直接投保，即刻收到保单，也就几乎不存在保险空白期。

保险公司在保险空白期不承担保险责任。比如投保了意外险，已经交了保费，并在收到保单之前发生了事故，这种情况保险公司是不会赔付的。

保险等待期通常指的是在签订保单后的一段时间内，保单仍然没有生效的一段时期。保险公司为防止骗保的情况发生，通常都会进行一段时间的等待期限制。一般来说，医疗险会有30天左右的等待期，而重疾险和寿险的等待期则为90天至180天左右。但财险大部分没有等待期，一般是24小时内就会生效。如果被保险人在等待期内出险，那么保险公司是不对此进行赔付的。

在商场购物时，很多商品是可以退换的；在网上购物时，大多数商品都有七天无理由退换等条款，这是对消费者权益的一种保护。如果购买了保险并后悔了，可以退换吗？

保险犹豫期就是可以退换保险产品的时期。在收到保单后的10—30天，如果对于保单有异议，或想退保，保险公司需要无条件地提供退保服务。

保费的缴纳分为一次性缴纳，以及多次缴纳。如果投保的保险产品需要多次缴纳，但人们在后续缴费期没有及时缴费，保险也不会立刻失效，通常保险公司会给 60 天的宽限期。在宽限期内，即使忘记缴费，保险合同也不会立刻失效。只要在该期限内完成了缴费，保险合同仍会继续生效。

九、消费型保险与分红型保险

在选择保险产品时，经常可以听到很多说法：可以取出钱的险种、每年分红的险种、能赚钱的保险等等。按照是否返还保费，可以将保险主要分为消费型保险与分红型保险。

消费型保险是按照缴纳定量保费，保险公司按照保单规定的时间承保，到期后不会返还保费的一种保险类型。也就是说，个人交了保费之后，如果到期也没有发生赔付，那么保费就像普通消费品一样，并不会返还。传统寿险是典型的消费型保险。它与其他类型保险相比，通常在价格上相对较低，且保额较高，比较适合预算有限，但有较高保险需求的家庭。由于消费型保险付给保险公司的保费不会返还，有些消费者会觉得付的钱打了水漂。

分红型保险是指人们缴纳的全部或部分保费会被保险公司进行再投资，从而产生利润，再对客户进行分红的保险形式。与消费型保险相比，分红型保险通常保费比较高昂，但它的全部保费大都可以在保险期结束后全部返还（或在保险公司的规定日期返还），对于消费者也具有一定的诱惑力。

十、万能保险与投资连结保险

除分红型保险以外，还有另外两种带有投资性质的保险。它们也具有返还保费的特性，但与分红型保险却不尽相同。这两种保险分别为万能保险与投资连结保险。

万能保险产品，又名混合型保险，混合了消费型保险与分红型保险的特质。购买此类产品，部分保费会产生分红并在保险期限结束后返还；而剩余部分保费则作为消费型保费，不会返还。然而万能寿险有保障不够全面、收益较低的问题。

投资连结保险，又名投连险、变额寿险，是一种目前市面上较为少见的险种，它将客户的保险账户与投资产品连结起来，是一种具有投资性质的保险产品。与其他保险产品相比，它的保障功能相对弱化，投资功能相对更强。

十一、给付型保险与报销型保险

就支付保险金的方式而言，保险分为给付型保险与报销型保险。给付型保险通常只需要病例诊断书，即可一次性支付全额保险金；而报销型保险需要自行垫付费用，在拿到收据以后凭借收据进行保险金的报销。

以人寿与健康保险为例，医药费的报销方式可以在保单上查到。从赔付流程来看，报销型保险由于需要收据等资料才可以赔付，在遇到大病时，对自己或家庭的现金流会产生较大影响；给付型的优点是确诊即给付，无须被保险人自行垫付，对自己或家庭的现金流影响不大。

从理赔服务来看，报销型的理赔需要诊断书、社保的报销凭证和发票等资料，而给付型则只需要诊断书。个人在购买保险时，要根据自己及家庭的财务状况，仔细确认保单的赔付部分流程，以确保在理赔时可以得到妥善的赔付。

第二节　人身险

一、人身险——保人的保险

1. 什么是人身险

作家列夫·托尔斯泰说过："幸福的家庭都一样，不幸的家庭各有各的不幸。"车祸、意外、罹患重病……不幸的原因多种多样，很多原因都与人有关。作为家庭的主体——人，应该怎样避免风险，保全自己与家庭的幸福？

在保险产品中，保"人"的保险统称为人身保险（简称人身险）。人身险包括人寿保险、健康保险、商业养老保险、年金保险、意外险等，保障人们的生死、医疗与重大疾病以及养老问题。我需要哪种保险？这些保险具体是怎样的？接下来我们将通过了解这些保险来找到问题的答案。

2. 投保人、被保险人与保单受益人

在购买人身险之前，我们要对一些保险基础名词进行了解。与保险公司签订合同，并支付保费的人就是投保人。简而言之，购买保险的人就是投保人。在人身险中，健康保险、商业医疗保险等产品是可以为他人购买的；而人寿保险是只能为自己购买的险种，只能自己做投保人。

购买保险时，可以为自己投保，也可以为其他人投保。在为自己投保时，自己就是被保险人；如果为他人投保，那么被投保的那个人就是被保险人。

如果被保险人需要被赔付，那么保险公司支付保险金的对象就是保单受益人。简单来说，最后保险公司给钱的对象就是保单受益人。保单受益人通常是由被保险人或者投保人指定的。如果不存在指定的保单受益人，那么根据情况不同，会有两种赔偿方式：对于被保险人死亡所产生的身故保险金，保险公司的赔付将会由法定继承人获得；而对于被保险人生存的生存保险金，通常是由被保险人本人获得保险公司的赔付。

我们时常可以看到关于保单受益人纷争的新闻。如果受益人填写不明确，那么后期理赔时出现纷争的可能性很大。为了自己和家人，应该谨慎填写保单受益人，并在需要变更保单受益人时及时联系保险公司，对保单受益人进行变更。

二、人寿保险

1. 什么是人寿保险

人到中年，上有老下有小，作为家庭经济的顶梁柱，如果发生意外，老人与孩子又该如何生活？以被保险人的生存或死亡作为保险标的的保险产品就是人寿保险。人寿保险不同于其他的保险，它解决的是人们的"身后事"。

假设苏小轼意识到自己作为家庭重要经济来源，如果自己发生意外，三个孩子的学费等各项开支都要为此遭受巨大的影响。所以，他为自己购买了一份保额为100万元的人寿保险，保险受益人是他的妻子王小弗。如果他突发意外去世或严重伤残，保险公司就会及时赔付王小弗100万元，使得他的家庭不会遭受经济上的重创，可以继续支付孩子的学费、房贷等开销。

2. 我应该购买人寿保险吗

"谁也不能保证明天和意外哪一个先到来。"2019年，某互联网大厂工程师猝死的消息曾经在朋友圈刷屏。36岁的他，是一个二胎爸爸，其8岁和3岁的孩子由妻子居家照顾。上有年迈的老母亲需要赡养，下有两个孩子需要陪伴和教育。他是家里唯一的顶梁柱，但在出现意外之后，家庭主要收入彻底消失，房贷、车贷还没有还完，老人的赡养费、孩子的教育费也没有准备好。

人寿保险是一项纯利他性的保险产品。从感情角度看，人寿保险不是为了自己买的，而是为了家庭买的。它本身就是一种爱的延续，在被保险人发生意外之后，保全他的家庭，帮助他尽责；从金融角度看，被保险人与保险公司的利益是一致的，两方都不希望被保险人出事。既然与保险公司没有利益冲突，也就不存在我们第二章学习到的逆向选择问题。此外，人寿保险是一项必须本人购买的保险产品，也避免了由他人购买带来的道德风险。

衡量是否投保人寿保险，需要考虑的因素就是如果这位家庭成员发生意外，是否会带来经济负担。对于子女年龄较小的家庭而言，人寿保险是非常重要的保障；对于有老人，或者有家庭成员需要赡养的家庭，人寿保险也很重要；而如果我们孑然一身，那么就没有购买人寿保险的必要了。当然，如果积累了充裕的赡养费用、教育费用等，可以让父母、妻子、孩子都没有后顾之忧，那么购买人寿保险的需求就没有那么强烈。

是否拥有孩子以及需要经济支持的亲人，也是购买人寿保险需要考虑的关键因素。以本书中的家庭为例，更需要购买人寿保险的是苏小轼以及他的妻子王小弗，而不是他们的孩子，更不是苏小轼的父亲苏老洵。相反，秦小观是个单身汉，父母也不需要他的经济支持，他购买人寿保险的需求要小于苏小轼和王小弗。

3. 人寿保险的分类

2012年，银保监会发布了《中国保监会关于合理购买人身保险产品的公告》（简称《公告》），这份《公告》对人寿保险进行了明确的分类。目前市场上的人寿保险可大体分为三类：定期寿险、终身寿险、两全寿险。每种人寿保险都有其不同的特点。表12.1简要概括了三种人寿保险的目标、保险范围以及保险期限。

表12.1　三种寿险的不同特点

寿险名称	目标	保险范围	保险期限
定期寿险	保险	死亡、残疾、严重伤残等	固定期限
终身寿险	保险与储蓄		终身
两全寿险			固定期限

从表12.1可以看出，人寿保险具有不同的种类，那么哪种类型的寿险更适合自己呢？接下来通过不同种类寿险的介绍，可以自己进行判断。

4. 什么是定期寿险

定期寿险是指在一定期限内，被保险人死亡、残疾或严重伤残，保险公司为保单受益人提供保险金赔付的保险产品，可以说是寿险产品里最简单的类型。年限从1年至10年、50年不等，目前市场上的定期寿险产品大都可以保障到70岁。保费一般可以月付、季付、半年付或年付，过期不退，属于消费型保险产品。

此外，为了防止道德风险，我国对于儿童定期寿险的保险金有比较严格的要求。根据银保监会规定，针对被保险人为儿童的寿险产品，保额规定为：被保险人不满10周岁的，保额不得超过20万元；被保险人已满10周岁但未满18周岁的，保额不得超过50万元。

与其他类型的寿险产品相比，定期寿险的保险属性更强，它的保费也相对低廉。如果需要用最少的保费保全最高的额度，定期寿险一定是最优选择。对于收入不高的年轻人来说，定期寿险会比较受欢迎。但同时，定期寿险的最大问题是它只能提供临时性的保险产品。如果保单失效，且被保险人不满足续保条件的话，那么定期寿险可能就不适用了。所以，在投保定期寿险时要注意"可续保"以及"可转换"条款，方便继续投保或者将定期寿险转换为其他寿险产品。此外也要注意，随着年龄的增长，定期寿险的保费也会随之增长。

案例　华贵大麦定期寿险

以华贵人寿保险公司的定期寿险产品"华贵大麦2021定期寿险"为例。从产品名称就可以看出，该产品是定期寿险产品。根据选择，保险期限可以保障最低10年，最高至70岁。定期寿险与终身寿险、两全寿险相比，虽然保障期限较短暂，但它的保费也相对低廉，并且该款产品保证续保，每年缴纳的保费金额也是不变的。

从图 12.1 可以看到，标注深色框的是一些投保条件。该定期寿险产品的投保年龄为 18 至 60 岁。根据性别、年龄、工作类型、保额、保险期限、缴费类型、缴费年限的不同，保费价格也会不一样。

图 12.1　华贵大麦 2021 定期寿险

如果一名 30 岁健康男性选择保障至 60 岁，并选择了 80 万保额，每年缴纳一次保费，缴费期限为 30 年，那么每年需要缴纳 872 元。如果被保险人去世，保单上的受益人可以获得 80 万元的保险金，且寿险保险金无须缴税。用每年 872 元的保费撬动了高达 80 万的保额，该款定期寿险产品非常适合家庭中经济的"顶梁柱"。

5. 什么是终身寿险

终身寿险是一种不定期的死亡保险。在购买终身寿险产品以后，不论被保险人何时死亡，保险公司均会赔付保险金。表 12.1 明确了终身寿险的最大特点，就是保险覆盖一生。终身寿险有连续缴费、限期缴费、一次性缴费三种不同的缴费方式，人们可以在购买时做出最适合自己的选择。

终身寿险的最大优点就是它的遗产属性。不管被保险人活了多久，只要被保险人购买终身寿险就会形成遗产。实际上，被保险人活的越久，去世后获得的保险金就会越高。而连续缴费、限期缴费、一次性缴费三种不同的缴费模式，让人们可以根据自己的经济情况出发，灵活安排缴费金额及缴费时间，获得更加个性化的寿险产品。

与定期寿险产品相比，终身寿险产品的缺点也很明显——它的保费相对高昂。此外，如果提取终身寿险的现金价值就会发现，它的投资回报率相对其他投资产品较低。所以，不应当将终身寿险视为一项投资产品。但如果希望得到死亡保障的同时获得适度的现金价值，那么终身寿险产品是一项不错的选择。

案例　瑞泰瑞玺终身寿险

图 12.2　瑞泰瑞玺终身寿险

瑞泰人寿发行的瑞泰瑞玺终身寿险可以与前文定期寿险案例中的产品进行对比。同样是这位30岁男性，同样选择80万保额、缴费期限30年，如果他购买了一份终身寿险，那么他每年需要缴费4.4万元，30年共缴纳保费132万元。与定期寿险的每年872元相比，终身寿险的保费价格非常高昂。

但是与定期寿险不同，终身寿险的财富传承属性很强。上文案例中的定期寿险保障期限到60岁，如果被保险人生存时间超过60岁，那么保险公司既不会赔偿保额，也不会返还已经支付的保费。但终身寿险产品却可以保证，被保险人去世后保单受益人一定可以获得规定保额的赔偿。

以这款瑞泰保险的终身寿险为例，年缴费4.4万元、缴费30年的情况下，一名1991年出生、身体健康的男性身故后，他指定的受益人可以拿到按照条款约定的保费。该款保险规定，等待期后出险，保险公司将会赔偿被保险人身故时累计所交保费的160%，或被保险人身故时合同的现金价值，取这两者之间的最大值。

6. 什么是两全保险

两全保险，又名两全寿险。前文中已知，人寿保险保障的不仅是人的死亡，对人的生存也有保障。但是，定期寿险与终身寿险保障范围仅限于被保险人的死亡；而两全保险不同，被保险人去世或者在合同期满时（通常为30年）仍然在世，保险公司都会支付保险金。两全寿险既保障"生"，又保障"死"，同时具有"保险"和"储蓄"两种性质，也叫"生死两全保险"。但与终身寿险不同，两全保险具有规定期限。

以泰康保险的泰康安享人生B款两全保险（分红型）为例，它的官网解释了这款两全保险的保障范围。

一是生存保险金：如果被保险人生存至本合同约定的生存保险金给付日且本合同仍然有效，将按保险金额乘以生存保险金给付比例后的数额向生存保险金受益人给付生存保险金。二是死亡保险金：被保险人因意外伤害导致身故，将向身故保险金受益人给付身故保险金，本合同终止。

也就是说，如果在合同期满之后被保险人还活着，那么保险公司将会发放生存保险金；如果被保险人在合同期限内意外去世，那么保险公司将会发放身故保险金。两者的金额不同。但与相同条件的定期寿险、终身寿险相比，两全保险的保费通常是最贵的。

案例　福多多两全保险

以中国太平保险发售的"福多多两全保险"为例。与前文定期寿险、终身寿险同样情况下的投保条件，实际上，该名男性需要在30年间累计缴费135万元，来获得80万元的保险额度。实际获得的保险金由表12.2所示。

看似它与前文终身寿险产品的价格相差不大，但作为"保生保死"的两全保险，它与终身寿险有很大的区别。终身寿险只有被保险人去世后，受益人才能拿到保险金，所以终身寿险具有更强的财富传承属性；而两全保险拥有明确的保险期限，被保险人在保障期限内去世，受益人将会得到身故保险金；保障期满被保险人仍然存活，则被保险人可以得到一笔生存保险金。

该款产品与终身寿险产品相比，赔偿金额也有很大区别。

图 12.3　福多多两全保险

从表12.2可以看出，该款两全保险产品与终身寿险不同，随着被保险人身故年龄的增长，所获得的保额反而在逐渐减少。与终身寿险相比，两全保险的保费更高，可是财富传承属性相对更弱。

但同时，在缴纳了高昂的保费之后，两全保险也有其优势。如果保障期满，被保险人仍然生存，那么将获得一笔生存保险金，可以为自己的养老提供更加充裕的经济支持。

表 12.2 福多多两全保险保险金额

保险金分类	年龄	给付金额
身故保险金	18—40 岁	保险金额的160%或保险合同现金价值，取两者中的最大值
	41—60 岁	保险金额的140%或保险合同现金价值，取两者中的最大值
	大于 61 岁	保险金额的120%或保险合同现金价值，取两者中的最大值
生存保险金	—	已交付保险金 + 基本保额

7. 什么样的人寿保险适合我

不同家庭的情况不同，需要保障的方向也不尽相同。如果正处于青年、中年时期，经济压力较大，作为家庭的"顶梁柱"更加看重身故保障，那么定期寿险可能更适合；如果很想在去世后为家人留一大笔遗产，目前经济上没有压力，那么终身寿险可能表现更优；如果考虑储蓄与保费返还，且经济上比较充裕，那么两全保险可能是一个合适的选择。

三、健康保险

1. 什么是健康保险

除了生与死之外，人生也随时面临着患重大疾病的风险，而健康也可以得到保险的保障。守护自己与家庭健康的保险不止一种。我国银保监会2019年发布的《健康保险管理办法》规定，健康保险是指由保险公司对被保险人因健康原因或者医疗行为的发生给付保险金的保险，主要包括医疗保险、疾病保险、失能收入损失保险、护理保险以及医疗意外保险等。

医疗保险，通常被认为是商业医疗保险，它是保险公司提供的，为被保险人的医疗、康复等提供保障的一种保险产品。如果我们平时没有缴纳五险一金，商业医疗保险会按照规定份额对医疗费用进行报销；如果我们缴纳了五险一金，那么此类医疗保险就是在社保报销以后，可以继续报销的医疗补充保险。

疾病保险指的是保险公司为特定疾病提供的保险产品。目前保险公司设计的重疾险就是典型的疾病保险产品。下文将对重疾险进行详细的介绍。

失能收入损失保险是当因为突发疾病或者意外致残失去了工作能力、收入减少时，为被保险人的康复阶段提供一定的经济保障。

护理保险通常是为日常生活存在障碍的被保险人准备的。他们通常需要他人进行护理与照顾。而为这种服务提供保障的保险产品就是护理保险。目前该类保险在我国尚处于探索阶段，在社会保险领域已存在一定的尝试，而在商业保险领域仍然非常稀少。

医疗意外保险虽然少见，但它也是意外险的一种。当病人在治疗中发生医疗损害，但并不能归咎于医院与护理人员时，这种保险会为病人提供保障。在我国，通常它会出现在意外险的保障范围内，可以得到意外险的赔付金。然而，也存在不保障医疗意外的意外险，因此在购买意外险时应当留意它的保障范围。

2. 什么是商业医疗保险

商业医疗保险是区别于社保中基本医疗保险的一种商业保险产品，是为被保险人的住院、医疗等情况提供保障的医疗保险。商业医疗保险通常是一种报销型保险，需要被保险人预先支付医疗费用，在治疗结束后收集收据及费用清单等材料，然后交由保险公司，按照一定比例进行报销。

在缴纳了社会保险的情况下，商业医疗保险通常作为一种补充险存在。商业医疗保险产品大都会在投保须知中声明，如果被保险人拥有社会保险，但未以社会保险身份就诊并结算的，保险公司的赔付比例为60%，而在其他情况下，该赔付比例为100%。

为防止"骗保"的情况发生，商业医疗保险一般都会设置30—180天的等待期。在投保时需要注意等待期的时间，等待期越短越好。在等待期内出险无法获得赔付。同时，商业医疗保险每年的免赔额都比较高，如果达不到免赔额，被保险人也无法获得赔付。

案例 尊享 e 生医疗险

图 12.4 为众安保险公司提供的尊享 e 生医疗险产品。可以看到它的宣传特点：住院零免赔、最高 60 岁可投保、赔付比例 100%、重疾绿色通道等。根据被保险人的年龄、性别、是否缴纳社保等条件，其价格也会有所不同。由图 12.4 可以看出，有社保的被保险人购买该产品的价格为 155 元起，没有社保的被保险人的价格为 229 元起。

图 12.4 尊享 e 生医疗险

资料来源：支付宝 App。

这款保险为消费型保险。每年投保之后，不会有保费或保额返还。同时这款保险为报销型保险，通常被保险人需要事先垫付医药费。但该款产品可以进行住院医疗费用垫付，这也是此产品的卖点之一。此外，虽然该款产品宣传保额高达几百万元，但由于它是报销型保险，只能将医药费用进行实数报销，并不能期望拿到几百万元的全额保险金。

最后，还需要关注商业医疗保险的续保问题。该款保险的保障时间为一年，不保证续保。如果想持续享受这款产品的保障，我们需要续保，也就是继续购买这款保险产品。但该款产品并不能保证被保险人一年后能继续购买该款产品，享受保障。保险期间届满，投保人需要重新申请投保，经过保险人同意，缴纳保费以后才能获得新的保险合同。如果保险公司停售了这款产品,或保险公司拒绝了被保险人的投保申请,那么被保险人就无法享受该款产品的保障了。

如果我们对商业医疗保险产品有长期需求,那么在购买时要注意续保条款。通常来说,续保6年以上,甚至可以续保20年的医疗保险更加值得购买。

3. 什么是惠民保

近两年,许多城市都推出了惠民保产品,它们的名字各不相同。普惠健康保、沪惠保、惠蓉保……此类产品通常具有当地医保局的背书,由多家知名保险公司共同参与保障,是一款具有普惠性质的商业补充医疗保险产品。截至2021年底,已有27个省份参与超过200个惠民保项目,参保总人数高达1.4亿,保费总收入已突破140亿元。

各地惠民保的价格、健康要求、报销比例、免赔额等条款不尽相同。但此类惠民保通常有较高的免赔额,通常在1万—3万。免赔额内的治疗费用无法报销,超过免赔额的费用一般按规定比例进行报销。我们可以结合自身的情况,按需购买惠民保产品。

案例 北京普惠健康保

以北京为例,2021年北京普惠健康保的价格为195元。它的保障额度为最高300万元,为全市医保参保人员提供基本医疗保险以外的额外保障,涵盖多种海内外的高价特效药品。通过微信、支付宝、京东或参保的保险公司均可购买。表12.3详细介绍了该款产品在2021年度的具体保障额度、报销比例、保障范围等信息。

表12.3 2021年北京普惠健康保详情介绍

项目	保障范围		
	医保内责任	医保外责任	特药责任
保障额度	100万元/年	100万元/年	100万元/年(国内特药50万元/年,国外特药50万元/年)
免赔额	城镇职工:3.95万元 城乡居民:3.04万元	健康人群:2万元 特定既往症人群:4万元	健康人群:2万元 特定既往症人群:4万元 区分国内外特效药

续表

项目	保障范围		
	医保内责任	医保外责任	特药责任
报销比例	扣除免赔额及大病保险报销部分 健康人群：80% 特定既往症人群：40%	健康人群：70% 特定既往症人群：35%	健康人群：60% 特定既往症人群：30%
报销范围	大病普通部住院及门诊医疗费用	大病普通部住院医疗费用	国内25种+国外75种，共一百种特药
增值服务	五次复查陪诊或上门护理服务		

这款北京普惠健康与普通的商业医疗保险不同，它拥有固定购买期限以及固定生效期限。例如，如果希望在2022年度获得保障，就需要在2021年7月26日—9月30日参保。2021年10月1日起，2022年度普惠健康保的参保通道就会关闭。

虽然投保时间较为严格，但是普惠健康保没有既往症要求，健康要求极为宽松。只要是北京基本医疗保险的参保人员均可投保，可以用这款保费不到200元的保险撬动300万的保额。虽然特定既往症人群的报销比例偏低，但是相对于一年195元的保费来说，仍然具有很高的性价比。如果认为自己很难负担生病的风险以及医疗费用，可以考虑在基本医疗保险以外继续投保惠民保险产品。

4. 什么是重疾险

电影《我不是药神》讲述了在白血病患者的请求下，男主人公从印度带回白血病特效药仿制版格列宁的故事。其中一句经典台词令人印象深刻："我卖药这么多年，发现这世上只有一种病，穷病。"高昂的药费是许多白血病患者家庭难以肩负的重担。虽然在影片的最后，格列宁被国家已纳入基础医疗保险的覆盖范围，但还存在着很多没有被纳入医保的重大疾病治疗用药。一旦患上重大疾病，对于个人以及家庭都是非常沉重的打击。患病期间不仅需要高昂的医药费，同时大概率会失去工作能力，也会影响到整个家庭的经济状况。

重疾险全称为重大疾病保险，是当被保险人罹患重大疾病（例如恶性肿瘤、脑出血、心肌梗死等）时，保险公司按照约定份额向被保险人支付保险金的保险产品。目前市面大多重疾险产品为给付型产品，即一旦生病，立刻进行赔付，因此投保人无须垫付治疗费用。

我国目前市场上的重疾险产品的保额通常在 10 万—50 万元,保险期限也分为短期(1 年左右)、长期(20—30 年,或保至 70 岁等)以及终身。重疾险的投保年龄最高为 60 岁,我们在投保时需要注意年龄限制。它也是一款随着年龄增长,保费会越来越高的保险产品。

重疾险分为消费型重疾险(既不返还保费也不返还保额)、返还保费、返还保额等多种形式。根据不同的保额、保险期限、保费保额返还形式,重疾险的保费差距非常大。如果有购买重疾险的需要,在购买此类产品时,一定要考虑到自己的经济状况以及保险需求。

案例 i 保终身重疾险

以阳光人寿保险的 i 保终身重大疾病保险为例(如图 12.5)。该款重疾险的保额 10 万元起,最高为 50 万元。一名 30 岁的健康男性如果想要获得终身的重疾险保障,在缴费 30 年、保险额度 30 万元的情况下需要每年缴纳约 5 172 元。同时,它是一款终身重疾险。在缴纳 30 年保费的情况下,可享受终身重疾险保障。但是 i 保终身重疾病险拥有 180 天的等待期,而大部分重疾险的等待期通常为 90 天。

图 12.5 i 保终身重疾险

资料来源:微信 App。

该款重疾险产品为消费型保险。但该保险产品为终身保障,包含身故责任,因此在被保险人死亡之后,也可获得赔付。由于重疾险保费相对高昂,部分保险公司也推出了可以返还保费、甚至返还保额的重疾险产品。但是相对地,这些产品的保费会更高。

与商业医疗保险相比,重疾险的保费相对高昂。但是与商业医疗保险不同,重疾险在出险后会直接赔付固定金额,而商业医疗保险只会报销一定比例的医疗支出。如果重疾险赔付的金额在就医后还有剩余,可以用于术后恢复、失去经济来源后的收入补偿等方面。

5. 特别险种

除涵盖多种重大疾病的重疾险以外,保险公司也推出了更多具有针对性的疾病保险,例如防癌险,以及一些女性特定疾病保险等。

这类特别险种虽然保障范围缩小很多,但有其独有的优势。以防癌险为例,与普通重疾险产品相比,防癌险不仅保费更加便宜,而且健康要求会相对宽松,同时年龄要求也会相对放宽,不少防癌险的购买年龄可以延伸至75岁,远远超出规定为60岁的重疾险、寿险最高购买年龄。因此,在适合的条件下,也可以适当考虑这类特殊险种,保障患病风险。

案例　中老年防癌险

图12.6为国泰产险联合蚂蚁保发行的癌症医疗险产品:中老年防癌险。这款保险的投保年龄为46—80周岁,是一款专门为中老年人设计的防癌保险。该款保险不保证续保,等待期为90天,连续投保则没有等待期。

该款产品为消费型保险,一年一保,到期后保费不会返还。此外,该款产品也是报销型保险,治疗产生的医药费将会按比例报销。这类保险虽然通常号称"百万医疗险""百万防癌险",但是按照治疗费用报销,并不会在出险后直接得到上百万元的现金赔偿。

从图12.6可以看出,此款癌症医疗险的健康要求比较宽松,曾罹患恶性肿瘤的患者在医疗理赔以后也可以重新申请投保。这类保险的价格与普通商业医疗保险相仿。对此类健康保险产品有需求,但是由于身体健康等原因无法购买商业健康保险的人群,更适合防癌险等特殊险种。

图 12.6 中老年防癌险

资料来源：支付宝 App。

四、意外险

在购买火车票、机票时，下单界面经常会看到一个特殊的选项：意外险。图 12.7 是使用"铁路 12306"手机 App 购买火车票时，会遇到的"铁路乘意险"选项。它保障的是我们在乘坐此次列车时的人身安全。在生活中，即使没有主动搜索意外险的信息，在购买机票、火车票时也会经常遇到它。

图 12.7 铁路 12306 App 意外险

资料来源：铁路 12306 App。

意外伤害险，简称意外险，保障的是被保险人因为意外伤害而造成的死亡、残疾或暂时失去劳动能力等情况。意外险赔付的伤害必须是意外事故所致。通常意外险具有保障期限短、价格相对较低、保额相对较高的特点。此外，意外险多为消费型保险，大都不具有返还条件。值得注意的是，大部分意外险不保障猝死，在投保时需要明确它的保障范围。

意外险对于被保险人的年龄、职业、健康状况等没有太多要求。出生28天至70岁通常均可投保，有些专门为老年人设计的意外险还可投保至79周岁。同款意外险针对不同的被保险人，投保的保费也没有区别。

通常保险公司将意外险分为航空、火车、自驾等交通意外险，旅游意外险，以及短期、长期综合意外险等。综合意外险通常保障范围较大，例如被高空坠物砸中、车祸等意外事故都属于综合意外险的保障范围；而交通意外险则通常只保障特定的一段时间，保障范围也相对较小。是否保障地震一类的天灾，也需要在投保时确认保单里有没有囊括。此外，潜水、滑雪、攀岩一类的极限运动通常不在意外险的保障范围内。如果希望获得这方面的保障，需要单独购买保障极限运动的意外险产品。

作为高杠杆的伤残保障，意外险是一类在有需要时值得投保的消费型保险。投入一定额的保费，可以保障一定期限内发生意外事故带来的经济损失。保额根据发生的事故不同，从几万元到几百万元不等。但我们要按需购买，仔细筛选合适的意外险产品，不要过度追求高保额。此外，在投保意外险时也应该仔细阅读保险条款，明确自己投保的意外险的保障范围。

案例 航空意外险

在众多意外险中，航空意外险的保额通常是最高的，有些保险公司甚至可以给出高达1 000万元的保额。此外，通过不同渠道购买航空意外险，同款保险产品的价格可能也不同。如果在起飞前临时在机场购买，其价格可能会比提前几天在官网购买的价格高。

图12.8展示的是平安保险的平安航空意外险（互联网版）。该款航意险的保额为50万—800万元，保险期限为1—365天，价格为0.2元起。而图12.9中同为平安保险的驾乘意外伤害保险（B款），我们可以看到它的保障期限为一年，但它的保额最高为100万元，保费却为68元起。汽车意外险与航空意外险相比，通常保额更低，而保费更高。

意外险强调"意外"属性。2002年5月7日，由北京飞往大连的CJ6136次航班在大连海域坠毁。此次航空事故中,有一名乘客购买了7家保险公司的航空意外险,保额高达140万元。经调查,该次空难事件被证实是这名乘客故意纵火所造成的。因此,此次空难事件中的该名乘客并没有得到任何一家保险公司的赔付。虽然他无法得到赔付,但此次空难的其他遇难者家庭是可以得到保险赔偿的,因为此次空难对于他们来说是意外事故。从该案例可以看出,即使是遭遇空难,但因为是这名乘客蓄意纵火导致,所以他也无法得到航空意外险的赔付。

图 12.8　平安航空意外险(互联网版)

资料来源:平安保险官网。

图 12.9　平安驾乘意外伤害保险(互联网版)

资料来源:平安保险官网。

五、年金保险

1. 什么是年金保险

年金保险与企业年金不同，是一种可以自己购买的、保险公司公开发售的保险产品。它是一种为未来生活准备的保险。在一次性或持续缴纳保费后，被保险人可以在一段时间后按月、季度或年领取保险金，直至去世或合同期满。

养老年金就是人们在年轻时为自己缴纳的一份"养老保险"。很多人会将它与寿险产品混淆，但实际上年金保险与人寿保险有很大的区别。年金保险以被保险人的生存作为保险标的，被保险人死亡意味着年金合同结束；而寿险则以被保险人的生存或死亡作为保险标的，赔付保险金。

年轻时经济条件比较宽松，可以在满足基本生活保障，以及进行一定的投资理财之余，考虑年金保险作为退休后的额外保障；而父母也可以利用年金保险为子女储存教育费用，在子女接受高等教育时按时领取，解决学费、生活费等问题。

案例 天天向上少儿年金保险

如果前文案例中这位30岁的健康男性拥有一位2岁的女儿，他打算为女儿储蓄一笔教育留学经费，选择了信美相互的天天向上少儿年金保险（如图12.10）。那么在缴纳5年、每年缴纳10万元的情况下，这份大学教育金的领取方式如表12.4所示。

图 12.10 天天向上少儿年金保险

表 12.4　天天向上少儿年金保险给付方式

保险金类别	给付方式
大学教育金	18—22 岁时，被保险人每年可领取 10 万元，共 4 次
期满保险金	被保险人 30 岁时可领取期满保险金 678 800 元
身故保险金	合同累计已交保费，或保险合同现金价值，两者中的最大值

由表 12.4 可以看出，这份教育金会在他女儿 18 岁、19 岁、20 岁、21 岁这 4 年，每年向她发放 10 万元的大学教育金；而等到他女儿 30 岁时，则会一次性给付 67 万余元的期满保险金，为其生活提供更多的经济支持。

这款产品的收益率可以用 IRR 来判断。在女儿 30 岁领取期满保险金后，该产品的 IRR 为 3.606%。如果目前经济状况较为充裕，或花钱大手大脚，需要进行被动储蓄，那么年金保险确实是一个途径，可以为自己或子女今后的生活提供更加坚实的保障。

2. 什么是商业养老保险

商业养老保险，也可以被称为退休金保险，它属于长期人身险，是以获取养老金为目的的年金保险特殊形式，是对社会养老保险的一种补充。

简单来说，购买了商业性养老保险的投保人，在交纳了一定金额的保费后，就可以在规定的年龄开始领取养老金了。因此，即便被保险人退休后收入水平会有所下降，但有了商业养老保险作保障，被保险人在退休后依然可以获得额外养老金，用以维持退休前的生活水平。

如果没有特殊条款规定，被保险人交纳商业养老保险费的时间间隔相等、交纳保费金额相等、计息频率和付款频率相等、整个交费期间的利率不变。

案例　易鑫福养老年金保险

以太平洋人寿保险的这款商业养老年金保险——太保易鑫福养老年金保险（互联网专属）为例（如图 12.11）。假设前文案例中这名 30 岁的健康男性购买了该款产品，选择缴费至 60 岁，每月交纳保费 1 000 元。那么他从 60 岁开始领取 20 年，每月可以领取 3 119 元，直至 80 岁。如果 80 岁后他仍然健在，每月仍可领取 623.8 元。考虑到受益人去世的可能性，这款产品的年金给付方式可以分为以下几种情况（如表 12.5）。

图 12.11 太保易鑫福养老年金保险（互联网专属）

图片来源：微信 App。

表 12.5 太保易鑫福养老年金保险给付方式

年龄区间	给付方式
60 岁以前去世	合同累计已交保费，或保险合同现金价值，取两者中的最大值
60—80 岁	每月领取 3 119 元
60—80 岁去世	一次性给付：保证给付期内应给付的养老金总额与已给付的养老金两者的差额
80 岁以后	每月领取 623.8 元
80 岁以后去世	无法领取更多年金，且没有身故赔偿金

与上文中的教育金年金保险产品类似，该款产品的收益也可以用 IRR 来判断。表 12.6 显示了被保险人在 80 岁、85 岁、90 岁、95 岁和 100 岁存活时的 IRR。

从 IRR 可以看出，太保易鑫福养老年金保险是一款活得越久、收益越高的年金产品。各家人寿保险公司几乎都推出了养老保险产品供消费者选择。如果担忧未来退休生活的经济状况，而此刻经济状况又较为充裕，那么购买商业养老保险是一个不错的选择。年金保险的金额会随着人们支付的保费增多而增多，不过也要量力而行。

表 12.6 太保易鑫福养老年金保险 IRR

被保险人年龄	IRR（%）
80 岁	2.90
85 岁	3.01
90 岁	3.16
95 岁	3.24
100 岁	3.31

3. 什么是税延型养老保险

每个人的收入都需要缴纳个人所得税。在第四章《纳税管理》中曾提到，税延型养老保险是一种节税的方式。如果购买此类养老保险产品，可以在税前缴纳保费，等到领取保险金时再缴纳个人所得税。从 2018 年开始，我国正式发行税延型养老保险产品。

截至 2021 年 4 月，已有 20 家保险公司发售税延型养老保险产品。目前发售的税延型产品主要分为三种：收益保底型、收益浮动型，以及收益确定型。收益保底型养老保险通常设有两个账户，被保险人可以获得保底收益与投资收益；与之相比，收益浮动型养老保险的被保险人拥有较高的投资收益，但也需要自行承担更高的投资风险；而收益确定型保单会提供固定收益，被保险人可以领取确定的保险金额。

目前，投保税延型保险每月最高可抵扣 1 000 元纳税额度。收入越高，每年延缓缴纳的税款就越多。例如，对于一位需要缴纳 10% 个税的纳税人来说，每年可以延缓缴纳 1 200 元的个税。这部分个税将会在退休后逐年收取。如果将目前推迟缴纳的个税按照 3.5% 的年利率投资增值，那么与退休后、可以领取养老保险时需要缴纳的税款相比，可以说获得了很大的税收优惠。

此外需要注意，购买税延型保险的这笔钱专款专用，在通常情况下是无法提前支取的，只有退休后才能逐年领取，具有一定强制储蓄的效果。这类保险产品也更加适合有节税需求、中高收入、强制储蓄需求的纳税人。

案例　太平洋个人税收递延型养老保险年金

以太平洋人寿保险公司发行的个人税收递延型养老保险年金 A 款（2018 版）为例。该款产品虽然发行于 2018 年，但目前仍然在售。它是一款收益确定的税延型养老保险产品，保证利率为年利率 3.5%，可以通过保险代理人购买。

中国保险行业协会可以查到该产品相关条款。作为一款税延型养老保险产品，凡是符合税延政策规定的 16 岁以上、未达到国家规定退休年龄的个人均可投保（如表 12.7）。

表 12.7　太平洋个人税收递延型养老保险年金 A 款（2018 版）

投保年龄	16 岁至退休前的纳税人
月缴保费	月工资 <16 667 元，缴纳最高月工资的 6%； 月工资 ≥16 667 元，最高缴纳 1 000 元
保障责任	领取养老金前身故，赔付账户价值的 105%
领取时间	法定退休年龄
领取年限	10 年 /20 年 /25 年 / 终身
额外费用	初始费用：1% 公司内转换：免费 公司外转换：0—3%
税延比例	7.5%

假设前文案例中这名 30 岁的男性每月缴纳 1 000 元保费，缴费 30 年，那么在他 60 岁退休时可以每年定额领取 3.5 万元左右的退休金，扣除固定税率 7.5% 以后，每年到手 3.2 万元左右。无论未来的经济情况如何，这名男性在退休后每年都可以获得 3.2 万元的经济收入。

如果个人收入纳税税率已达到 10% 及以上，花钱大手大脚，同时希望"强制储蓄"，那么税延型养老保险产品就是一个适合的选择。可以根据自己的实际情况，考虑是否需要购买此类产品。

4. 有了社保还需要购买商业养老保险吗

养老规划也是一种财务规划，目的是保证人们未来退休后，不会因为收入水平下降、医疗开支增加等各方面因素，而使自己的老年生活质量大幅度下降。

也许我们觉得自己正在缴纳社保，不怕退休以后没钱花。但是现在仍然存在部分企业，选择以最低社保基数为员工缴纳社会养老保险，而非以实际工资为基数去缴纳。在这种情况下，退休后能拿到的养老金也处于较低水平。社会基本养老保险具有"广覆盖、保基本"的特点，只能保障退休后的基础生活，如果想拥有高质量的退休生活，退休养老金可能会很难满足需求。因此，要提前做好财务规划和养老计划，考虑购买商业养老保险做补充。

5.如何挑选商业养老保险

第一，明确购买商业养老保险的目的。对于仅缴纳了社保的人群，或未缴纳社保的弹性就业、自由职业群体，需要在中年阶段提前做好养老规划，可以通过购买商业养老保险更好地储备养老金，参考适当的通货膨胀来选择合适的养老保险计划。这样做既能保障退休后的基本生活需求，维持退休前生活水平，又能尽量满足高质量的老年生活标准。

第二，根据养老需求确定所需保障水平。不同个体的养老保障需求有所不同。每个人可以根据自己的基本养老保险和其他补充养老情况，并结合已有储蓄、当前收入水平、预计养老支出需求来确定购买商业养老保险的保障水平。

如果收入或储蓄相对有限，且大部分资金用于支付生活必要开销，如房贷、衣食住行、子女教育等，可用来购买商业养老保险的资金相对较少，建议可以提前做好理财和养老规划，尽早储蓄，提升退休后领取养老金的额度。还可以根据个人不同的支付能力，选择分期缴费等相对灵活的缴纳方式，降低缴费压力。

第三节 财产险

除了保"人"的人身险之外，财产也可以通过投保来得到保障，免遭风险与损害。在个人与家庭的生活中，比较常见的财产保险产品有汽车保险、农业保险、房屋保险等。

虽然房屋、汽车等都属于财产，但根据它们不同的特质，对应的保险产品也各具特点。例如，在购买汽车时，需要强制购买交强险；房屋保险不保地震、海啸,但也有专门为各种自然灾害而设计的巨灾保险。下文将会介绍市场上常见的财产险种类,让我们在购买保险时可以明确自己的需求,避免"踩雷"。

一、汽车保险:交强险与商业险

汽车保险,即机动车辆保险,是指由保险公司提供的,对汽车意外造成的人身伤亡或财产损失进行赔偿的一种商业保险产品。也就是说,只要是意外造成的,汽车保险均可以理赔。当然,如果是蓄意造成的,那么保险公司将不会理赔。我国汽车保险主要分为交强险与汽车商业保险。

开车上路要担心的不仅是自己的汽车可能会被损坏,还需要担心可能承担的事故责任。哪怕自己开的车价格并不高,也有面临巨大经济损失的风险。

社交媒体中经常有人调侃,需要离"小动物"车标们远一点。这是由于豪车修理费很高。如果发生车祸,需要承担事故责任,即使购买了保险,由于保险额度有限,也需要自己支付额外的修理费,还会蒙受更大的经济损失。

1. 什么是交强险

交强险的全称是"机动车交通事故责任强制保险",它是一种强制性的保险。只要买车就必须购买交强险。如果开车发生交通事故,对他人造成了人身伤亡、财产损失等,在有限的额度内是由交强险赔偿。人们在开车上路时,不管多么谨慎小心,都存在发生意外事故的可能。交强险的存在可以帮助减少事故发生时的经济损失。它是一种自己购买,赔给别人的保险。

交强险的保费拥有国家规定的全国统一的标准,但是不同的汽车型号的交强险价格不同,主要影响因素是"汽车座位数"。普通五座轿车,第一年的保费通常为950元。

2020年9月19日起,《关于实施车险综合改革的指导意见》正式实施。交强险有责总责任限额从12.2万元提高到20万元。此处的20万元指的是一年的理赔额度。如果发生意外事故,一年以内、累计20万元以下的赔偿是可以得到保险公司的赔付的。为了防止道德风险,交强险的价格会根据汽车当年发生事故的情况,在下一年进行浮动调整。

2. 什么是汽车商业保险

汽车商业保险,又被称为机动车商业保险。机动车辆商业险是区别于必须投保的交强险的，自愿投保商业保险公司的汽车保险。虽然汽车商业保险为自愿投保，但是由于交强险的赔付额度较低，因此汽车商业保险通常也是买车时的必备选项。商业车险分为主险与附加险。主险由车损险、第三者责任险、车上人员责任险构成；附加险由绝对免赔率特约条款、车轮单独损失险、新增加设备损失险等险种构成。

受汽车价格、费率、出险频率等因素的影响，购买汽车保险的价格也有所不同。车损险是指自己开车，或者允许的驾驶人开车时，自己的车辆受损时给予赔付的保险。它是一种自己购买，为自己赔付的保险。但是，有些汽车损害，车损险是不会赔付的，例如地震造成的汽车损害等。

汽车商业保险的主险还包括机动车第三者责任险，即第三者责任险，是指自己开车，或者允许的驾驶人开车时，使他人车辆受损、他人受伤时给予赔付的保险。它是一种自己购买，为他人赔付的保险。第三者责任险其实就是用来弥补交强险保额的不足，在发生重大交通事故时给受害者更多的赔付。交强险的保额较低，无法足额赔付的情况经常发生，因此车主大都会选择购买第三者责任险。通常第三者责任险的保额为 10 万—1 000 万元不等，可以根据自己的情况购买不同额度的保险。

车上人员责任险是构成汽车商业保险的最后一个主险。它指的是自己开车，或者允许的驾驶人开车时，使汽车内的其他人伤亡，对其进行赔付的保险。它也是一种自己购买，为他人赔付的保险。车上人员责任险按照座位数赔付，一般每个座位的保额为 1 万—5 万元。值得注意的是，车上人员责任险不会对驾驶人的直系亲属进行赔付。因此，如果用车多为家庭用车，不会载太多朋友或陌生人，那么车上人员责任险就不是必需品。

3.汽车商业保险有哪些附加险种

2020 年 9 月 19 日，《关于实施车险综合改革的指导意见》开始施行。此项新规的实施，使汽车商业保险的保障范围更加全面，并对附件险种及条款进行了大幅改革。截至 2021 年底，汽车商业保险的附加险种、条款如下（如表 12.8）。

表 12.8 汽车商业保险附加险种

序号	汽车商业保险附加险种	含义
1	附加绝对免赔率特约条款	主险实际赔款＝主险计算出的赔款×（1－绝对免赔率）
2	附加车轮单独损失险	只将主险不保的、车轮发生的损失纳入保障
3	附加新增加设备损失险	当我们在车上加装音响、座椅加热等额外设备时，该项附加险可以将这些设备纳入保障
4	附加车身划痕损失险	将单独的划痕修补纳入保障
5	附加修理期间费用补偿险	车辆维修期间对于车主交通费用的补偿
6	附加发动机进水损坏除外特约条款	发动机进水导致的损毁问题不在保障范围内
7	附加车上货物责任险	将车上的货物损毁纳入保障
8	附加精神损害抚慰金责任险	将车祸受害人的精神损害抚慰金纳入保障
9	附加法定节假日限额翻倍险	节假日期间，第三者责任险的保额将翻一倍
10	附加医保外用药医疗费用责任险	对于车上人员或第三者的医药费用进行部分保障
11	附加机动车增值服务特约条款	对于道路救援、车辆安全检测、代驾服务、代送检服务的单独保障

对于家庭用车来说，不太需要车上货物责任险；对于节假日经常自驾游的人来说，附加法定节假日限额翻倍险就非常有用。根据每个人需求的不同，可以有针对性地选择最适合自己的附加险。

二、什么是家庭财产保险

对于很多人来说，住房就是最大的资产。虽然概率很低，但住房也有遭受损失的可能。而家庭财产保险（或叫房屋保险）可以保障住房的安全，是为住房投保的"意外险"。由于住房发生事故的概率较低，家庭财产保险的价格也相对低廉。

虽然火灾、爆炸、台风、暴雨等导致的住房损失均在家庭财产保险的保障范围内，但需要注意，海啸与地震造成的伤害并不受到保障，保险公司通常会提供专门针对地震、海啸等自然灾害的保险产品。

案例　平安家庭财产保险

以中国平安财险提供的平安家庭财产保险为例。根据不同的保障范围、不同的保额，这款保险的价格也会有所不同。图12.12中所选的保险产品为平安家庭财险，它的价格为30元起，保障期限为一年。一般家庭财产保险的保障范围会包括房屋及房屋装修、家用电器损坏、水管爆裂等；而附加险有盗窃、抢劫和金银首饰、钞票、债券保险以及第三者责任保险等。不同公司产品的保障范围可能会有差异。

图 12.12　平安家庭财产保险

资料来源：平安银行官网。

三、什么是农业保险

《农业保险条例》规定，农业保险是指保险机构根据农业保险合同，对被保险人在种植业、林业、畜牧业和渔业生产中因保险标的遭受约定的自然灾害、意外事故、疫病、疾病等保险事故所造成的财产损失，承担赔偿保险金责任的保险活动。农业保险与普通商业保险的性质不同，农业保险更具有政策性保险的性质，具有社会效益高、经济效益低的特点。农业保险的发展离不开国家的大力支持。

农业生产是拥有最大自然风险的行业。其主要活动大都紧密依赖于大自然的力量，也最容易受到自然界灾害的影响。干旱、地震、洪水、暴雨、暴风、火灾、虫灾等自然灾害一旦发生，很容易为农业生产带来巨大的经济损失。

在面临自然灾害时，政府救济只能补偿一部分的经济损失，但是对于农业再生产无法提供更多帮助。而农业保险不仅可以弥补各类灾害造成的经济损失，更能帮助灾后及时恢复农业再生产。

我国农业保险在发展的最初阶段曾有商业保险公司进行实验，但结果并不理想。2007年，国家财政拨款10亿元作为农业保险专项补贴资金，在地方财政的配合下，对部分区域部分种类的粮食作物保险予以补贴。这笔拨款迅速、有效地改变了我国农业保险的艰难境况，我国农业保险的腾飞正式开始。当年，我国农业保险就实现了51.8亿元的总保费收入。2020年，我国已经成为全球最大的农业保险市场。截至2022年6月，已承保占全国播种面积84%的主要农作物，品种已超210种。农业保险已成为助力我国"三农"工作的重要抓手，为我国乡村振兴工作提供了重要的支持与保障。

四、什么是巨灾保险

地震、台风、洪涝、海啸……这些无法预料的自然灾害也会造成意外伤害及财产损失。那么这种巨灾造成的损失保险公司如何赔付呢？

通常来说，对于巨灾中可能出现的人员伤亡，只要在购买的意外险的保险责任范围内，保险公司就会理赔。但对于巨灾中可能出现的财产损失，常规的财产意外险通常不保障地震、台风等巨灾损失，因此保险公司不会理赔。而巨灾保险就是为保障这类大型自然灾害造成的损失而专门设计的特殊险种。

大型自然灾害具有小概率、高损失的特点。从保险公司的角度来看，并不是理想的可保风险。同时，巨灾保险对于投保时长、流动性等问题均具有较高要求。所以，单从保险公司的角度推动巨灾保险的发展比较困难。全球巨灾保险的发展均需要各国政府的推动与支持。与前文的农业保险类似，我国巨灾保险也具有更强的政策性保险性质。

我国巨灾保险发展尚处于发展阶段。虽然仍存在供给不足的问题，但已取得了长足的进步。2016年，原保监会、财政部〔2016〕39号印发《建立城乡居民住宅地震巨灾保险制度实施方案》，对巨灾保险的实施原则、方案等进行了部署，进一步推动了我国巨灾保险的制度建设。银保监会的数据显示，截至2022年6月末，地震巨灾保险已累计赔款约9 636万元。

第四节　如何做好商业保险管理

通过本章的学习,我们对于各种类型的保险是什么、保什么已经有了初步认识。在选择购买保险时,除了要挑选适合自己情况的保险以外,还要遵循以下三点原则。

第一,需要的必须保。在悲剧来临以后才发现自己没有购买足够的保险,这是最令人遗憾的。只要觉得是可能无法承担的风险,就需要靠保险来防范。对普通大众来说,如果拥有汽车,那么汽车保险中的交强险、商业汽车保险是非常必要的。因为即使自己开车时严格遵守交通规范,也无法防范别人违规带来的风险。交强险作为强制投保的保险,并不能很好地覆盖我们在驾驶车辆时所遇到的摩擦事故,而汽车商业保险可以相对完整地防范可能遇到的风险。

如果拥有房产,房屋保险其实也是抵御房产受损的很好选择。虽然房屋受损的概率很低,但是一旦遭遇事故,受损所带来的经济损失对很多家庭来说是一笔不小的负担。目前购买房屋保险的价格非常便宜,从保险意义来说,花小钱保大钱,是一种适合购买的保险。

对于人身险,在前文中已经进行了分析。每个人在家庭中的身份不同,如果上有老下有小,作为家庭经济的顶梁柱,人寿保险在购买保险时就必须予以考虑;如果没有孩子,也没有他人在经济上依赖,那么就没必要购买人寿保险。在被保险人成年以后,人身险通常越早购买价格越低,越晚购买价格越高,60岁以上投保比较困难。因此,如果确定了保险需求,可以选择尽早购买保险。

第二,明确需求,购买适合自己的保险。一旦我们了解了对保险的需求,就可以开始了解各家公司的保险产品,进行对比和购买了。目前市场上重疾险、商业医疗险等险种较为多样,各家人寿保险公司均推出了此类产品。如果觉得自己存在患病、就医的风险,那么重疾险与商业医疗险都是可以考虑的险种。但如果已经拥有基本医疗保险,甚至也拥有补充医疗保险、普惠健康保,认为自己足以负担每年的医疗费用,那么商业医疗保险也不是必需的选择。

此外,还有很多财产保险也值得仔细筛选,按需求购买。例如,手机碎屏险，人们平均使用一部手机的时间约1—3年，贴好钢化膜、带好手机壳，其实手机屏碎的风险并不高；但如果自认为很容易"手滑"，手机碎屏险也很值得考虑。而像航空意外险，虽然我们可能每次出行都会购买，但在机场买、买机票的时候一起买不如在出行前几天通过官网等渠道购买。货比三家，可以挑选出性价比最高的保险。

第三，保险不是投资，理财型保险要慎重购买。在购买保险时，我们会发现现在保险的形式五花八门，看起来各有千秋。很多人为了保证自己购买保险的钱可以回本，或者钱生钱，觉得购买理财型保险是个一举两得的好办法。但实际上，理财型保险通常收益率较低。其中万能保险听起来仿佛既可以投资又可以保险，但其实它只有部分保费用于投资；投资连结保险似乎会有更高的收益，但实际上它的风险更高，保障性差，购买此类保险不如直接购买投资理财产品。

在海外，保险很多时候被作为避税的工具使用，这是因为很多国家征收了非常高额的遗产税。为了避税，他们通常会选择购买高额人寿保险并将儿女作为指定受益人。但我国目前并没有征收遗产税，因此很少出现用保险避税的情况。

通过对本章的学习，我们对于保险产生了初步的认识。作为理财规划的重要部分，购买适合自己与家庭的保险，对冲家庭潜在的风险，可以完善风险防范，提升金融幸福。

第十三章

金融诈骗防范

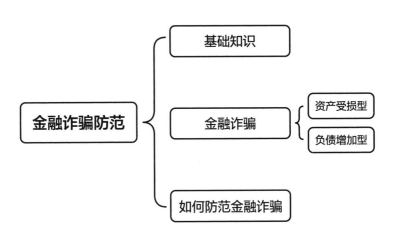

上一章我们探讨了如何通过保险的方式，帮助规避风险；这一章，我们将通过深入了解金融诈骗的常见套路，探讨如何做好金融诈骗防范，避免落入金融诈骗陷阱。事实上，近年来金融诈骗案发数量显著增加，诈骗手段不断迭代，且愈加隐蔽，即使是高级知识分子和金融从业人士，也不免陷入其中。

本章将分为三个部分介绍金融诈骗，即金融诈骗的发生原因、常见类型及其应对方式，并结合相关案例，共同探讨如何更好地辨识金融诈骗行为，以应对个人及家庭所面临的金融风险。

第一节　基础知识

一、什么是金融诈骗

金融诈骗是一种犯罪行为。根据《中华人民共和国刑法》（简称《刑法》）规定，金融诈骗罪是指以非法占有为目的，采用虚构事实或者隐瞒事实真相的方法，骗取公私财物的行为。2017年1月—2022年8月，全国法院审结破坏金融管理秩序罪、金融诈骗罪一审刑事案件达11.71万件。2020年遭遇手机金融诈骗的受害者人均损失11 345元，而当年全国居民人均工资性收入只有17 917元。金融诈骗不仅对个人财产造成了严重损失，也对金融管理秩序造成了严重破坏。

二、什么是个人金融信息

1. 个人金融信息

个人金融信息指的是，金融机构以及特定的非金融机构在为自然人提供金融服务、开展金融业务、销售金融产品，或接入央行征信系统等其他系统的过程中，获取、处理和保存的个人财产信息、账户信息、金融交易信息、借贷信息、鉴别信息、个人身份信息以及其他信息，可以反映个人金融信息主体情况，具体如下。

第一，财产信息。财产信息包括但不限于个人收入、纳税额、公积金缴存额、房屋等不动产持有情况、车辆持有情况等。

第二，账户信息。账户信息包括但不限于银行账户、开户行、卡片有效期、银行卡芯片信息、账户余额、保险账户、证券账户等个人支付账户信息。

第三，金融交易信息。金融交易信息包括但不限于交易记录、支付金额、支付凭证、证券成交量、持仓量、保单记录、理赔信息等个人与银行、证券、保险等金融机构或类金融机构发生业务关系时记录的交易信息。

第四，借贷信息。借贷信息包括但不限于信用卡发放和还款信息、贷款偿还信息、担保情况、授信情况等个人在金融机构或特定的非金融机构办理借贷业务产生的信息。

第五，鉴别信息。鉴别信息包括但不限于银行登录密码、查询密码、交易密码、银行卡密码、短信验证码、动态口令等用于验证个人是否有权访问或使用的信息。

第六，个人身份信息。个人身份信息包括个人基本信息和个人生物识别信息等，个人基本信息包括但不限于个人姓名、性别、年龄、国籍、民族、职业、收入、身份证号码及有效期、手机号、邮箱、住所或公司地址，以及在开展金融业务或提供金融产品时所获取的照片、音频、视频等信息；个人生物识别信息包括但不限于人脸、指纹、眼纹、声纹、字迹等生物特征数据。

第七，其他信息。其他信息是指对原始的个人金融信息进行处理、加工和分析所形成的特定信息，包括但不限于个人的消费习惯、投资意愿、支付意愿和其他衍生数据等信息。

2. 个人金融信息泄露的危害

当前，一些金融机构对个人金融信息的使用不够规范，存在一定的监管漏洞，部分金融机构未经个人授权，私自进行用户画像分析，有诱导消费和过度营销的倾向。网络黑客等不法分子甚至在市场上盗取或倒卖个人金融信息，由此获得非法收益。以上行为都侵犯了个人的隐私权、选择权和知情权，作为金融消费者，我们应当加强风险意识，避免泄露个人金融信息。个人金融信息有可能是从以下几个渠道泄漏。

一是金融机构不规范使用。在金融信息化发展过程中，一些金融机构对我们的个人金融信息存在不规范使用行为，有些金融机构没有得到个人授权就对个人进行"画像"分析，并会产生诱导消费和过度营销的行为倾向。

二是随意填写个人信息。当参与一些线上或线下填写调查问卷赠礼品、填写个人资料赢取抽奖机会、新人注册送礼品等活动时，切勿将自己重要的个人身份信息和金融信息泄露出去，也切勿将个人证件、金融账户转借他人使用。

三是连接来源不明的免费公共 WiFi，随意扫描二维码或点击未知网站链接。免费 WiFi、来历不明的二维码和非正规网站链接极有可能携带木马病毒，可能会盗取个人的银行卡号、金融账户密码、身份证号、手机号等个人信息。

四是在网络上晒个人信息。朋友圈发定位或者晒聊天记录截图很有可能会暴露自己的位置、手机号、微信号、登机牌等隐私信息，比如发布庆祝生日的朋友圈刚好暴露了自己的出生日期和年龄，无形中将自己的隐私泄露出去。

五是网络黑客通过攻击计算机系统来窃取个人金融信息，不法分子通过技术手段改造系统或设备用于获取个人金融信息，或者相关内部人员倒卖个人信息资料，这些都会导致个人金融信息泄露。

案例　金融机构违法泄露个人信息

某银行在未经脱口秀演员池某本人授权的情况下，将其个人账户近两年的收款明细提供给与其有经济纠纷的公司。2020 年 5 月，池某诉其涉嫌"侵犯公民个人信息罪"。银行在未经用户本人授权的情况下，向第三方提供个人银行账户交易明细，违背为客户保密的原则，侵害了消费者信息安全权。2021 年 3 月 19 日，银保监会以客户信息收集环节管理不规范等为由，宣布对该银行罚款 450 万元。

事实上，已经有多家银行内部员工因贩卖用户信息而触犯《刑法》中的侵犯公民个人信息罪，大部分包含身份证信息、银行账户信息被售卖，通过中介又传播到诈骗集团手中，最终造成存款用户的巨额财产损失。

三、金融诈骗会带来哪些危害

金融诈骗的手段愈加多样，更新换代速度快，新型诈骗花样层出不穷，严重危害了我们的生命财产安全。

纵观整个社会，金融诈骗不仅会扰乱金融秩序，破坏社会治安秩序，而且会严重阻碍社会经济的平稳有序发展。金融诈骗包括集资诈骗、借贷诈骗等，涉案金额巨大，动辄几百万元、几千万元，甚至是上亿元。

从个人的角度来说，金融诈骗严重侵害了被害人的合法权益。金融诈骗的受害者，绝大多数都是普通老百姓，并且覆盖了各年龄阶段。当受害者被背上巨额债务无力偿还，被威胁、恐吓、骚扰，或因落入诈骗者设计的圈套，遭遇财产损失，他们会面临巨大的心理压力，甚至会做出一些极端行为。

金融诈骗的存在会导致我们的幸福感和安全感骤降，一旦遭遇了金融诈骗，我们的生命财产安全可能会受到严重侵犯。

第二节　金融诈骗

人们之所以受到金融诈骗，大体来自以下两个原因。

第一，趋利心理。人人都有趋利心。可是一旦趋利心被骗子瞄准并"对症下药"，我们的财产就会面临危险。在个人期待和欲望亟须被满足的情况下，人们往往执念于达到目的，忽略了防范意识，骗子便乘虚而入。贪婪和趋利心作祟，导致我们放松警惕、轻信他人。为了眼前的虚假的利益，便遵从了诈骗者提出的要求，由此陷入了圈套。殊不知，获得我们的信任，往往只是骗局的第一步。一旦中了圈套，绝大多数人会越陷越深。

利用趋利心理蛊惑人心，进行诈骗的典型案例包括中奖、网上刷单、投资高收益、免担保/免息贷款等。诈骗者利用各种套路，先骗取当事人的信任，进而以免费获取高收益、低风险等噱头来宣传和蛊惑，之后伺机提出各种要求，例如要求转账、公证、签订各种违规合同/协议等，最终达到骗取财产的目的。

第二，避害心理。避害心理，人皆有之。骗子正是利用这一心理，编造各种突发危机事件，以此为噱头来扰乱被骗人的心智。例如，电信诈骗者会冒充公检法机关、医院、客服或其他特定机构工作人员，告知当事人银行卡涉嫌洗钱、信用卡被盗刷、亲人涉嫌违法犯罪、电话欠费、子女有难、亲友遭遇车祸等突发事件。然后，诈骗者便趁机声称可以"帮助"缓解危机，继而操纵被骗人，要求其提供个人银行账户、身份证等信息，或直接转账至指定账户。

一般情况下，如果当事人此前从未接到过此类电话、短信，加之社会经验不足，第一反应往往是紧张、焦虑、恐慌，不知所措，更来不及理性思考和判断。在应激反应情况下，由于受到紧张情绪的影响，当事人的判别、质疑能力下降，很容易病急乱投医。诈骗团伙正是抓住这一心理，利用当事人的焦虑情绪，假装"主动提供帮助"，促使当事人对之心存感激，紧张焦虑和感激之情混杂，致使当事人的辨别能力下降，一时难辨真假。这样一来，客观上就为诈骗人的行骗提供了可乘之机。这时，他们又编造各种理由，要求当事人将钱款汇款至"指定账户"或"安全账户"，以缓解所谓的危机事件，利用当事人的避害心理，达到骗取财产的目的。

案例　郭树清谈保本高收益不可信

中国银行保险监督管理委员会主席郭树清在"2018陆家嘴论坛"上提示广大人民群众防范金融风险："收益率超过6%就要打问号，超过8%就很危险。10%以上就要准备损失全部本金。"一旦发现承诺高回报的理财产品和投资公司，就要相互提醒，让各种金融诈骗和不断演化的庞氏骗局无所遁形。

郭树清曾提出："要普及金融知识，提高老百姓对金融风险识别的意识，防范金融欺诈，遇到'保本高收益'要举报，保本就不可能有高收益，这是欺诈，一定要向金融监管部门、地方金融办报告。"

一、资产受损型诈骗

1. 什么是非法集资

非法集资一般指机构或个人没有通过法定程序及相关部门的批准，即以非法手段，擅自利用各种手段从社会筹集大量资金，并承诺在一定期限内以现金、股票或其他方式向借款人还本付息或给付报酬，从而构成的犯罪行为。日常生活中，常见的集资诈骗行为通常以非法集资的形式出现，并以非法手段挤入合法资金市场，使个人财产受到损失。

在我国《刑法》中，非法集资不构成一个独立的罪名，通常根据具体犯罪情形，依照非法吸收公众存款罪和集资诈骗罪来论处。

表 13.1 非法吸存及非法集资的定义区分

项目	非法吸收公众存款	非法集资
概念	违反国家金融管理法规，吸收公众存款，扰乱金融秩序	以非法占有为目的实施诈骗，且集资数额较大的行为
主观意图	无占有意图	有占有意图
客观行为拆分	实施行为：扩大企业规模 资金用途：生产运营	实施行为：虚构事实、隐瞒真相 资金用途：个人挥霍等
项目	具体存在	通常不存在
案发后资金归还能力	有归还能力（积极筹措资金/归还部分资金）	无归还能力（已挥霍/未归还资金）
后果	扰乱金融秩序	社会不稳定

违反国家金融管理法律规定，向社会公众（包括单位和个人）吸收资金的行为，同时具备下列四个条件的，除刑法另有规定的以外，应当认定为《刑法》第一百七十六条规定的"非法吸收公众存款或者变相吸收公众存款"：

（一）未经有关部门依法批准或者借用合法经营的形式吸收资金；

（二）通过媒体、推介会、传单、手机短信等途径向社会公开宣传；

（三）承诺在一定期限内以货币、实物、股权等方式还本付息或者给付回报；

（四）向社会公众即社会不特定对象吸收资金。[1]

---

[1] 参见《最高人民法院关于审理非法集资刑事案件具体应用法律若干问题的解释》（法释〔2010〕18号）。

2. 非法集资有哪些形式

非法集资活动涉及范围广且表现形式多种多样。根据《最高人民法院关于审理非法集资刑事案件具体应用法律若干问题解释》，涉及金融诈骗的非法集资主要包括：

（一）不具有发行股票、债券的真实内容，以虚假转让股权、发售虚构债券等方式非法吸收资金的；

（二）不具有募集基金的真实内容，以假借境外基金、发售虚构基金等方式非法吸收资金的；

（三）不具有销售保险的真实内容，以假冒保险公司、伪造保险单据等方式非法吸收资金的；

（四）以投资入股的方式非法吸收资金的；

（五）以委托理财的方式非法吸收资金的；

（六）利用民间"会""社"等组织非法吸收资金的。[①]

案例　e租宝

e租宝是安徽钰诚集团全资子公司，全称为金易融（北京）网络科技有限公司。e租宝主打"高收益、低风险"投资模式，旗下主打的6款产品都是融资租赁债权转让，预期年化收益率在9.0%到14.2%之间不等，投资期限分为1天、1个月和12个月。

e租宝的交易规模自2014年7月上线后迅速挤入行业前列。根据零壹研究院数据中心统计，及网贷之家的数据统计结果，截至2015年11月底，e租宝累计成交量接近750亿元，总投资人数近91万人，待收总额703.97亿元。

事实上，e租宝是典型非法集资行为。未经相关部门批准，借助互联网向全国吸收存款属于向不特定公众吸收存款，发布虚假借款项目融资属于假借合法的经营形式集资，在各类媒体上为其理财产品做宣传属于以媒介、短信、推荐会等形式公开吸收存款。此外，e租宝理财产品销售过程中向投资者承诺保本保息属于通过私募、股权等其他手段承诺还本付息或者回报。这些都是非法集资的表现特征。2015年12月，e租宝因涉嫌犯罪被立案侦查。大部分集资款未用

---

① 参见最高人民法院关于审理非法集资刑事案件具体应用法律若干问题解释。

于生产经营、挥霍部分集资款、将部分集资款用于违法犯罪活动，造成集资款损失380亿余元。

案例　股权投资项目诈骗

2015—2018年，陶俊、李杰等人在北X市以投资旅游服务项目为由，召开众筹大会，组织路演，宣传投资该项目，并与投资人签订《合作协议书》，承诺协议到期后返还本金，同时，按照投资比例转让公司股权给投资人。事实上，这是典型的股权投资诈骗。协议到期后公司并未兑付投资人本金，也没有兑现股权转让承诺。案件涉及了230余名投资人，金融诈骗金额高达4 200万元。

面对股权投资，在投资前，我们一定要确认注入资金后能够获得什么，是股权还是其他？投资周期是多久？如果是获得股权，那么是否有正式的入股协议？股权分红是否有清晰的说明？是否将股份、分红等内容以正式、有法律效力的书面文件确定下来？切勿轻信他人的口头保障，只有规范到具有法律效力的文书上，我们的权益才能得到保障。

上述一类的项目投资诈骗，善于依托一些"空壳公司"给群众特别是中老年群体集中授课、煽动投资，并密集张贴海报或大肆宣传"高收益、低风险"投资理财，招揽生意。因此，面对投资我们要时刻保持清醒，增强法律意识、警惕风险，切勿贪图蝇头小利，舍本逐末，被一些骗子的花言巧语冲昏头脑。

案例　养老诈骗

江苏省的一家机构以"建设养老院、提供养老服务"等宣传为噱头，通过举办各类讲座、推介会，在社区发放广告单，宣称投资该养老机构的项目可以获得20%—30%的高额回报。此外还承诺，投资养老投资项目的老年人，如果同时办理养老机构会员卡，不仅可以享受入会折扣，并且将来可以在养老机构享用星级服务及上门医疗服务。

该项目最终导致百余名受骗者损失了近300万元，这些受骗者大部分是老年人，他们不仅没有享受到应有的养老服务，还损失了储蓄积累的养老金，心理健康更是受到了严重伤害。法院最终以集资诈骗罪，判处被告人五年有期徒刑，并处罚金。

二、负债增加型诈骗

1. 套路贷是什么

套路贷并非新的法律罪名,而是一系列犯罪行为的总称。套路贷是以非法占有为目的,假借民间借贷之名,诱使或迫使被害人签订"借贷"或变相签订"借贷""抵押""担保"等相关协议,通过虚增借贷金额、恶意制造违约、肆意认定违约、毁匿还款证据等方式形成虚假债权债务,并借助诉讼、仲裁、公证或采用暴力、威胁或其他手段非法占有被害人财物的违法犯罪活动。

套路贷的实质是披着民间借贷外衣行诈骗之实的骗局。套路贷已具备知识型犯罪的雏形,甚至有法律专业从业人员辅助作案人提供专业的法律指导,提升虚假诉讼的胜诉率,以获取高额犯罪所得。

2. 套路贷有哪些常见手段

第一,民间借贷的"壳",套路贷的"芯"。套路贷的犯罪嫌疑人往往会以网络借贷平台、小额贷款公司、投资公司(保健品等)、担保贷款公司、理财咨询公司等名义对外宣传,将所谓的"低息、无抵押、无担保、快速放款"等作为诱饵,以吸引借款人,并以平台要求或公司规定等名义,要求借款人提供身份证件或户口本、工作单位、手机通讯录等个人信息,并诱导借款人签订金额虚高的借款协议。此外,一些套路贷团伙还以借款人有违约记录或其他借口,以威胁、恐吓等手段迫使借款人签订金额虚高的借贷补充协议、委托协议等。

第二,造转账记录之形,行诈骗之实。借助上述套路成功签订借款协议后,犯罪嫌疑人依据虚高借贷协议,将资金转入借款人的账户,通过银行端记录下转账信息。之后,犯罪嫌疑人根据签订的附加条款和委托协议,采取各种手段将已转出的资金逐步收回。实际上,借款人并未取得与合同匹配的借款金额,却已背负债务。

第三,恶意制造违约或单方面认定违约。犯罪嫌疑人往往通过预设违约陷阱、伪造或制定歧义合同条款、恶意制造还款障碍等,使得借款人被迫违约,强行胁迫借款人偿还虚高、虚假债务。当借款人无法偿还其债务时,债主威逼利诱,恶语相加,甚至不乏威胁和恐吓。

第四,恶意垒高借款金额。当借款人无法偿还欠款时,犯罪嫌疑人会安排其所属公司或其他委托指定的公司,联系借款人的亲戚、朋友、同事等关联人员，为被害人偿还借款，并要求其签订比原借款合同金额更大的、虚高借贷协议或借款合同，以转单平账、以贷还贷等手段，达到持续垒高债务的目的。

3. 不同生命周期下的金融诈骗

表 13.2　不同生命周期下的金融诈骗

生命阶段	资产规模	负债规模	易受骗类型
青年（事业上升期）	小	中	贷款被骗
壮年（财富积累期）	大	大	贷款/投资诈骗
老年（退休养老期）	大	小	投资/贷款诈骗

青年时期易碰到借款被骗的金融诈骗。此时，经济能力十分有限，可能需要依靠父母、家庭。当遇到各种突发情况急需用钱，却又没有可抵押的资产，很容易落入借款被骗陷阱。这时，所谓"无息担保"、美容贷等信用贷款接踵而至。

壮年时期易碰到贷款诈骗和投资诈骗。在这个阶段，我们有了相对稳定的收入，也积累了一定资产。在这一阶段，更多考虑如何更好地理财、投资，以使得我们的财产实现保值和增值。骗子往往抓住这一机会，声称有高收益投资项目，转而行投资诈骗之实。此外，在这一阶段如果有临时性的资金困难，也可能会考虑抵押贷款。因此，也有概率会碰到贷款陷阱。虽然到了这一时期，我们拥有了一定的生活阅历，自认为有十足的辨别能力，不会轻易落入诈骗陷阱，但殊不知，骗子正是要抓住这个空子"狠狠下手"。

老年阶段易碰到投资。子女不在老人身边，诈骗团伙便主动上门关心和陪伴老年人，采用"攻心术"骗取其信任。骗子往往打着低风险、高收益和多投资、多回报的幌子便能轻松吸引老年人的眼球。再加上老年人群体本身金融知识匮乏，很容易便落入陷阱，导致老人积累多年的养老存款连同房子都被骗走。

案例　美容贷

爱美之心人皆有之。但是在个人经济能力有限的情况下，或者说在财务状况并不理想的情况下，负债购买奢侈品、整形美容的行为可取吗？一念之间，我们便可能落入套路贷团伙设好的圈套。

2018—2019 年，湖南一套路贷团伙，专门针对长沙市各夜场 KTV 上班的年轻女性推广"佳丽贷""夜场贷"等贷款业务，向年轻女性灌输"早买早享受""秒变贵妇"等扭曲理念，诱骗其进行贷款。合同规定日息为 1%—1.5%，同时也规定了多项违约惩罚附加条款。经过利滚利，债务已经远远超出了这些年轻女性的还款能力，甚至有不少年轻女性因无力偿还高额贷款，被非法滋扰、纠缠。更有甚者，被强迫在境内和境外，如缅甸等地进行卖淫还贷。

因此，当我们碰到此类所谓"早享受、早变美"等广告时，一定要三思，这很有可能是一种伪装的套路贷诈骗。早享受，听起来似乎是好事，但不计成本、一味地追求超出自己经济实力范围的享受是不可取的。天下没有免费的午餐，当我们看到一些看似"有利可图"的广告时，一定要三思，想清楚前因后果，同时也要提高警惕，避免落入犯罪分子布好的圈套。

案例 "无息担保"贷款

在浏览网页时，看到"大额贷款、无息担保"的字眼，用户往往会心动，忍不住一探究竟。诈骗团伙正是利用网民的这一心理，发布了"钓鱼"广告。

2017—2019 年，江苏一套路贷团伙在网站植入"无息担保"虚假广告弹窗，诱骗用户到虚假网络借贷平台申请免担保借款。借款人无须提供担保人或物，只需提供身份信息、工作单位、手机通讯录、通话记录等即可贷款，并且放贷时直接扣除 30% 的"砍头息"。当贷款到期，借款人无力偿还时，犯罪团伙利用借款人提供的通讯录信息，对其亲朋好友、同事等实施软暴力，用侮辱性言语发送短信，PS 裸照，持续拨打电话骚扰恐吓，以逼迫受害者交纳高额逾期费。

犯罪团伙打着"高额贷款、免担保"的虚假广告宣传语，行"砍头息""高利贷"之实，实施网络贷款诈骗。套路贷组织因利用网络平台大范围发布广告，通常影响范围较大，波及的用户也较多，诈骗金额动辄上亿元。

案例 以房养老被骗

2013—2018 年，北京一个套路贷团伙通过层级明确、人数众多、规模庞大的黑社会性质的"金融投资组织"，向老年人推销房屋抵押投资产品，有不少老年人中了投资圈套。诈骗团伙煽动老年人利用固定资产——房屋进行"免息贷",贷款投资保健产品、仙丹保健药等,以获得高收益。

通过一系列的"真实投资案例"宣传,获得老年人的信任后,诈骗团伙诱骗老年人到公证处,与不良公证员串通一气为老年人办理售房委托、抵押解押委托公证。与此同时,恶意制造违约事项,附加违约条款。基于对"投资业务员"和公证处这种官方机构的绝对信任,老年人便不假思索地在公证文书上签了字。殊不知,正是这一纸文书,最终成为其露宿街头的导火索。套路贷团伙正是利用公证的委托书对老人的房产出售,将非法所得占为己有。

此类套路贷很常见,其瞄准的对象多为有自有住房的老年人。他们利用老年人拥有固定资产,子女不在身边,信息获取能力差等特点,进行恶意诱导并实施诈骗。在此案中,被害人的直接经济损失高达1.78亿余元。

4. 校园贷有哪些种类

在急等用钱时,很多大学生第一时间便想到校园贷。殊不知,校园贷贷走的可能不仅仅是我们的青春,甚至可能毁掉一生。校园贷多以下面四种形式出现。

第一种,传销贷。主要指不法分子借助平台招募在校大学生作为校园代理并进行逐级敛财的行为。传销贷一般有三点特征:上交会费、发展下线、逐级提成。很多涉案大学生既是受害人,又是作案者,在不知情和利益驱使下,被不法分子利用。

第二种,刷单贷。利用大学生迫切赚钱的心理,以贷款购物刷单给予提成等名义进行诈骗。2016年,南京在校大生陈某某,看到校园贷平台广告——"刷单购手机返佣金,零压力,即可轻松赚钱"。受到诱惑驱使,陈同学分期下单购买手机后,平台方拒不返还佣金,订单中的手机也迟迟没有收到,平台随即消失。

第三种,裸条贷。主要指非法债主通过要挟借款人提供裸照或不雅视频作为抵押物的贷款。2017年,某在校大学生因卷入裸条贷,不堪心理和债务压力,最终选择了烧炭自杀。由于此类贷款稍有不慎就会对借款人造成严重的精神伤害和人格侮辱,受害者往往不堪其扰,容易采取极端行为。

第四种,培训贷。培训贷实为校园贷的新花样,专门坑骗涉世尚浅的大学生，面向大学生群体推广各类就业培训，通过培训费用分期付款的形式诱导大学生贷款。2017年广州一教育机构宣称培训费分期付即可享受优惠等，导致近300名大学生遭遇诓骗背上了巨额贷款。

案例　校园贷

2017年，在校大学生许某因卷入裸条贷，不堪还债压力和催债骚扰，最终烧炭自杀。许某初次接触校园贷是在2015年，为满足虚荣心，她贷款购买了苹果手机，贷款金额4 000元，但最终的还款金额为7 500元。第二次是贷款创业，但是由于经验不足也失败了。接二连三的失败导致许某的经济状况越来越差，尽管这次的欠款父母帮她偿还，但是她养成了依赖校园贷的习惯，最终越陷越深。

2017年底，存在侥幸心理的许某在贷款平台申请了裸条贷，做微商。但由于经营状况不理想，难以还债，导致雪球越滚越大。许某觉得自己不可能还得上了，于是注销了自己的手机卡、QQ号，将能换的联系方式全部换掉准备跑路。

但是她忘了自己在申请贷款的时候，向平台备份过手机里的个人通讯录。平台无法联系到她本人，便开始向通讯录中她的亲戚朋友群发各种催债短信。许某解释道，发信息的都是骗子，不必理睬。直到一个月后的一天，她的父亲收到不雅照片，她觉得自己再也迈不过这道坎了，于是以极端方式结束了自己年轻的生命。

根据我国的法律规定，以裸照为担保物的合同无效，当事人订立合同应当遵守法律、行政法规，尊重社会公德，不得扰乱社会经济秩序，损害社会公共利益。该事件中，出借人要求借款的女大学生以裸照作为抵押物的行为，因违反公序良俗而导致担保合同无效。

根据《中华人民共和国侵权责任法》的相关规定，如果借款人到期未还借款，放贷人把其裸照利用互联网等手段对外发布并进行传播，情节严重并满足涉案标准的，涉嫌传播淫秽物品罪；放贷人威胁到期未还款的借款人，将通过互联网等方式对外发布其裸照，强制讨要高额本息，完全符合以威胁或要挟的方法强行索要私人财物的要件，只要涉案金额达到法律规定的标准，则涉嫌敲诈勒索罪。

第三节　如何防范金融诈骗

一、如何提高反金融诈骗意识

第一，克制贪念。我们要谨慎识别，到底是天上掉下的馅饼，还是骗子设计的陷阱，贪图利益很可能会为我们带来更大的麻烦。梦想着一夜暴富，很可能在不经意间让我们一夜暴"负"。如有疑虑，我们可以多与家人、朋友、同事商量、探讨，如果遇到紧急情况，应及时拨打报警电话，或者向当事人确认、核实情况。加强防范，保护好个人财产安全，不要贪小失大。

第二，提高警惕。注意保护身份信息和个人隐私，不要随意向陌生人提供和自己及家人朋友相关的信息。身份证、银行卡、密码等个人信息不要存在手机里，遇到疑似询问身份信息的事件要保持高度警惕。

做到"三不"：不轻信来源不明的电话和短信，不给不法分子设计圈套的机会；不随意点开来历不明的手机链接，短信验证码不能轻易泄露给他人；不向陌生人汇款、转账，保证自己的银行账户资金安全。如公司的财务人员或经常有资金往来业务的人群，在汇钱、转账前，要再三核实对方的身份和银行账号，不给不法分子可乘之机。如果接到声称"公检法"的电话，不要惧怕恐吓。公检法办案不会通过电话向当事人确认信息，更不会提供任何所谓的"安全账户"，我们接到这类电话时可以将它标注为骚扰电话，当标记达到一定数量，系统会对其自动备注。

如果我们已遭遇了诈骗，应尽快报警，并妥存相关证据或配合警方提供详细的事发过程、骗子身份特征、银行账号、联系电话、汇款凭证或电子凭证截图等线索，以便公安机关开展侦查破案。要主动学习金融诈骗防范知识，以帮助我们更好地识别金融诈骗，避免落入诈骗陷阱。

> **案例 反电信诈骗"八个凡是"**
>
> 公安部国家反诈中心公布了反电信诈骗的工具口诀——"反电信诈骗'八个凡是'"。
> 一、凡是自称公检法要求汇款的都是诈骗。
> 二、凡是叫你汇款到"安全账户"的都是诈骗。
> 三、凡是通知中奖、领取补贴要你先交钱的都是诈骗。
> 四、凡是通知"家属"出事要先汇款的都是诈骗。
> 五、凡是索要个人和银行卡信息及短信验证码的都是诈骗。
> 六、凡是让你开通网银接受检查的都是诈骗。
> 七、凡是自称领导（老板）要求打款的都是诈骗。
> 八、凡是陌生网站（链接）要登记银行卡信息的都是诈骗。

二、如何保护个人金融信息

个人信息的泄露可能会严重影响到个人的生活以及生命财产安全。因此，我们应提高警惕，增强个人信息安全防护意识，守护好自己的财产安全。以下为涉及个人信息风险防范的要点。

第一，不要随意将自己的身份证件、护照、手机号码、银行卡、金融账户密码等个人信息透露或转借他人，在对方身份没有被核实前，不轻易向来源不明的个人账户转账。

第二，在参加线上注册或开通新账户、线上线下填写调查问卷、购物抽奖、玩测试小游戏等活动时，不要随意填写自己的身份信息、金融账户信息等个人资料。

第三，不要在日常生活中轻易向他人透露个人金融信息，也不要在网络上或社交软件中暴露自己的个人金融信息或个人财产情况，如暴露护照、身份证、机票、简历、定位等个人隐私信息。

第四，谨防冒充银行客服的电信诈骗行为。诈骗分子会模仿官方客服来电，盗取客户的银行卡号、信用卡号、有效期等个人金融信息。正常情况下，银行不会主动拨打电话或发送短信要求持卡人提供个人账户隐私信息，当接到银行电话或短信要求提供个人金融信息时，可以通过回拨卡片背面的银行客服电话或前往银行营业网点进行再次核实。

第五，切勿委托不熟悉的人或中介代办各类业务，不要把身份证、银行卡、护照等证件转借他人，尽量本人亲自办理金融业务，防止个人金融信息被盗用。当办理各类业务需要提供个人证件复印件时，应在复印件上注明"仅供XX年XX月办理XX业务使用"，以防复印件被移作他用。

第六，切勿随意丢弃对账单、凭条、签购单等带有个人金融信息的纸质材料，应及时撕碎或用碎纸机销毁写错作废的金融业务单据，以防不法分子查看、抄录、破译个人金融信息。

第七，切勿随意点击电脑或手机上的不明链接或非正规网站链接。不要扫描未知来源的二维码，谨慎连接公用WiFi或无密码WiFi，要在安全可靠的网络环境下进行线上支付，网上付款时不要随意点击卖方发来的付款链接，以防被木马病毒攻击。

第六篇
养老与传承

第十四章

养老规划

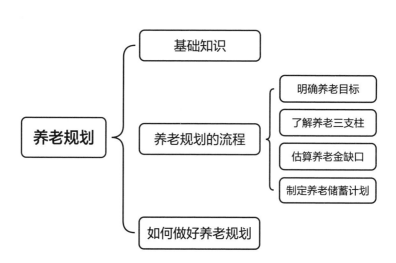

第一节　基础知识

　　有时候我们会问自己这样一个问题：人的一生有多长？而我们的人生，还剩下多少时光？岁月如梭，转瞬即逝。当我们从工作岗位退下，剩下的还有养老。关于养老这个话题，大多数年轻人会觉得还很遥远，尤其是刚刚参加工作的年轻人，总觉得以后再考虑也还来得及，回头再仔细研究也罢。

　　可是，事实真的如我们所想吗？

　　据2021年5月国家统计局公布的第七次全国人口普查数据显示，从人口的年龄构成上看，0—14岁人口为25 338万人，占总人口的17.95%；15—59岁人口为89 438万人，占63.35%；60岁及以上，也就是老龄人口为2.6亿人，占18.70%（其中，65岁及以上人口为1.9亿人，占13.50%）。与2010年相比，60岁及以上人口的比重上升了5.44个百分点。

　　从数据可以看出，人口老龄化趋势明显，未来的养老支出变大，而当前的养老金替代率相对较低，相对在职收入下降较大。

　　在此背景下，如何通过合理的养老规划，争取过上体面的养老生活？这或许是我们每个人都需要提前规划、认真思考的问题。

一、什么是养老

　　养老是每个人一生中都会面临的一个重要阶段。在我们以往的印象中，养老应该是一个很惬意的过程，甚至有些人将养老称为人生的第二个春天。我们或许会从忙碌的工作中得到解脱，有更多的时间去做年轻时想做却无暇去做的事情，抑或是去以往没有去过的地方旅行。但无论如何，在有钱的基础上才能享受惬意的养老生活。

养老是人生中的一个重大转变。结合家庭财富中的生命周期理论（详见本书第二章）不难发现，一旦从工作岗位退出，我们的收入结构、收入来源、生活方式等，都将发生巨大变化。选择什么方式养老，是我们现在就可以开始考虑的问题。接下来介绍两种养老方式——居家养老和社区养老。

居家养老主要是指以家庭为核心，为居住在家的老年人提供的养老服务。居家养老的形式主要有两种：一种是由经过专业培训的服务人员上门开展生活照料，解决日常生活困难，提供医疗支持及精神关爱；另一种则是由街道等建立老年人服务中心，为老年人提供日托服务，服务对象一般为无劳动能力、无生活来源、无赡养人或抚养人的城镇居民。

随着老年人口的不断增多，各地开始对养老模式进行积极探索，居家养老相关服务应运而生。例如，与居家养老服务适配的智慧养老（又称智能化养老），近年来备受人们关注。智慧养老运用智能化控制技术，为老年人提供养老服务。它以互联网、物联网为依托，研发面向老年人、养老社区的物联网系统、信息平台和硬件设备（如生命体征检测仪、智能防跌倒检测仪、睡眠/呼吸监测系统、离床提示仪等），为老年人提供更为实时、安全、便捷、高效、低成本的智能化、物联化、互联化的养老服务。

而社区养老不同于居家养老，主要依托社区，引入专业的养老机构提供全天候、全方位服务，涵盖家政服务、陪护等。社区提供养老服务机构，配有老年人购物中心、老年活动中心、老年婚姻介绍所、老人餐桌，以及老年人医疗保健机构等。

社区养老作为一种新型的养老模式，为老年人提供健康管理和精神方面的多元服务。社区养老为老年人提供医养结合服务，有助于老年人体验更加舒适、便捷的养老生活。

拓展阅读 我国主流的养老方式

当前我国的养老方式仍以儿女反哺式、居家式养老为主。在这种模式下，子女定期回家探望老人，老人则依靠退休金和储蓄支付日常开销。

> 虽然以家庭为主的反哺模式依旧是我国养老模式的主流,但近年来随着子女的婚配观念改变、购房压力增大,这种情况正逐渐发生变化。甚至出现"养儿无以防老""持续啃老"——老人需要分摊子女的生活开支、房贷、车贷等情况。
>
> 电视剧《都挺好》中,严格遵循着"养儿防老"这一思想的苏大强就是一个典型案例。苏大强一生养育了两个儿子和一个女儿,退休后的他一度寄希望于身在美国的大儿子能够给他一个体面的晚年。但没有想到的是,苏大强的到来,闹得两个儿子家鸡飞狗跳,一句"丽丽,我想喝手磨咖啡"更是将苏大强想象与现实的矛盾表现得淋漓尽致。
>
> 由此能够深刻体会到,将养老生活全部寄希望于儿女,存在着一定风险。尤其在多子女家庭,由谁来养老,如何养老等一连串的问题,稍不注意就会成为家庭矛盾的导火索。
>
> 在传统观念中,养儿防老一直是颐养天年的不二法则。但是,随着社会发展,这种养老方式的弊端逐渐凸显。尤其人口老龄化愈发严重,空巢率不断提高,使得传统的养老模式面临着多重挑战。据民政部的统计数据显示,我国城乡空巢家庭的比率超过50%,其中,部分大中城市更是高达70%,农村留守老人群体数量高达4 000万。随着人口老龄化程度不断加重,失去自理能力老人群体也逐渐逼近4 000万大关。

作为金融幸福中的重要一环,我们需要严肃对待养老这个问题,并尽早制定出符合自身需求的养老规划,保证积累充足的资金以支撑我们所期待的养老生活,实现真正的养老——迎接人生的第二春。

二、什么是养老规划

2022年,国务院印发《"十四五"国家老龄事业发展和养老服务体系规划》,明确我国养老事业的目标与任务。在国家大力发展养老产业、完善配套设施、健全养老制度的同时,我们个人也应该为未来的养老提前规划,让自己与家人可以安心养老。

站在个人的角度,养老规划是指我们为了未来的养老生活,提前进行规划准备、储蓄资金、进行投资的行为。我们的资产、负债需要规划,养老也同样需要提前准备、提前规划。

为了满足养老后的日常开支,我们需要有一定的资产储备,而不同的养老生活方式,支出水平也不尽相同。2014年李宏彬、施新政、吴斌珍教授研究发现,退休后我国居民家庭的非耐用品等的消费将会下降21%,家庭食品消费将下降13%,娱乐消费可能不会有显著影响。[①] 虽然由以上数据来看,非耐用品与食品消费的下降有可能说明生活水平有所降低,但事实上,这些消费水平的下降更多是由于与工作相关的支出大幅减少所致。

与之相反,养老群体对生活品质方面,表示出了较高的消费欲望。例如,身体机能的下降可能使得我们有意愿购买更多、质量更好的营养品、保健品;空闲时间增加,会促使我们在旅游出行、生活娱乐等方面呈现出较高的消费意愿。

综合以上因素考虑,如果我们能够提前针对养老生活做好明确的规划并提早准备,合理规划当前收入并配置足够的资产,开始养老后我们的生活水平将会保持不变,甚至可能更好。

三、为什么要养老规划

养老规划可以帮助我们更好地面对因预期寿命变长以及人口老龄化带来的养老支出增长压力,可以保障我们退休后过上安稳的养老生活,增强未来抗风险能力,是持续拥有金融幸福的重要依托。养老规划的原因主要有以下两点。

1. 预期寿命变长

随着科技的发展与医疗技术的革新,人们的平均寿命正在不断增长。寿命增长意味着养老所需要的支出也会同步增长,养老规划也因此变得更为重要。

依据国家统计局的官方数据显示,近年来我国居民的平均预期寿命增长迅速,1981—2020年平均预期寿命增长约10.1岁,由67.8岁增长至77.9岁。其中,男性的平均预期寿命增长约9.1岁,由66.3岁增长至75.4岁;女性的平均预期寿命增长约11.6岁,由69.3岁增长至80.9岁。根据卫健委的数据,2035年左右,

---

① 李宏彬,施新政,吴斌珍.中国居民退休前后的消费行为研究[J].经济学(季刊),2014(4):18.

60岁及以上老年人口将突破4亿人,在总人口中的占比将超过30%,我国将进入重度老龄化阶段。

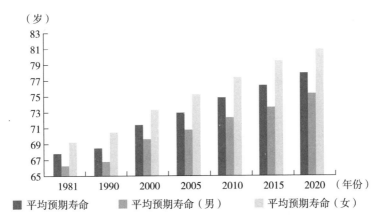

图14.1 我国居民平均预期寿命

资料来源:国家统计局。

人口老龄化意味着未来领取基本养老金的人越来越多,但未来缴纳基本养老保险的人越来越少。根据中国保险行业协会发布《中国养老金第三支柱研究报告》,到2030年,我国预计会有8万—10万亿元的养老金缺口,而且这个缺口会随着时间的推移进一步扩大。由此可见,个人养老规划势在必行。

2.增强抗风险能力,保障养老生活

退休后,我们的收入会有一个大幅的下降,领取的养老金将低于工作时的收入。而随着身体机能下降,医疗卫生消费支出将变大。如果没有养老规划,很容易造成生活水平急剧下降,甚至无法安度晚年。

近几年,一些国家开始出现了老后破产的极端情况。日本NHK电视台曾经录制了一期电视节目,名为《老后破产:名为"长寿"的噩梦》。这档节目从不同角度描述了日本老人在医疗、生活、居住等方面存在的问题:一旦面临老后破产,长寿将不再令人向往,反而给人带来无尽的痛苦与折磨。在这个节目中,有很多老人表示退休前并没有深思熟虑过如何养老,退休后只能依赖政府发放的养老金勉强度日。抗风险能力是指应对突发事件(包括重大事故、疾病等)的能力。年轻时,抗风险能力可能相对较强。但是,当退休准备养老时,抗风险能力将会明显下降。一是退休后绝大多数人的收入会有一定幅度的下降;二是随着年龄的增长，复利在资产中的增值效应会逐渐减少。

综上可见，在年老时一旦遭遇意外事件导致资产损失，我们既没有以往稳定的高收入来弥补损失，也不能利用时间价值来进行长期投资，几乎只能从家庭总资产中抽取部分资金来弥补相应的损失。因此，考虑到年老时抗风险能力的下降，年轻时就必须对未来做好规划，应对意外开支，防患于未然。在养老规划中，可充分考虑储蓄、保险等产品，这些都是应对意外开支、增强抗风险能力的有效方式。

案例　NBA球星的破产

在我们的印象中，球星都是年薪千万甚至上亿元的高收入人群。表面看来，体面的工资收入应该不会使得球员落得没钱养老的尴尬局面。事实上，破产的球星并不在少数，更有甚者欠债数亿元，流落街头。

例如，曾与保罗·皮尔斯（Paul Pierce）并称为"凯尔特人双子星"的安托万·沃克（Antoine Waker），职业生涯12年，总年薪超过1.08亿美元。有这样一笔巨额资产，看起来他的后半生应该是高枕无忧的。然而，他偏偏酷爱投机和赌博。2008年金融危机，让他投资的房地产血本无归。到了2010年，他在拉斯维加斯欠下了巨额赌债不得不变卖自己的总冠军戒指来抵债。

为了解决球员退役后养老问题，NBA其实在1965年建立了养老金制度，之后又不断修改。2011年NBA劳资谈判期间，球员工会和联盟达成协议，在新的劳资协议中专门增加一个条款，那就是：NBA将每一年收入的1%划出来，注入养老金资金池，用来维持养老金制度的运转。但球员若是迷失自我、挥霍无度，不在意养老规划，未来也只能是凄凉地度过晚年生活。

第二节　养老规划的流程

理财需要规划，储蓄需要规划，养老同样也需要规划。科学合理的规划可以事半功倍。我们可以将养老规划简单分为四步，分别是：第一步，确定养老的目标，预估需要的养老开支；第二步，了解养老三支柱，预估养老阶段的收入情况；第三步，计算养老规划中的资金缺口；第四步，将资金缺口折算到当下，制定具体的养老储蓄计划。

一、明确养老目标

养老的目标是指老了以后想过什么样的生活。养老目标可以是简单的自给自足，即当前的生活水平保持不变；也可以是适度提高生活水平、享受养老，例如去年轻时没有去过的地方旅行、发展爱好等。

面对这一阶段，可以问自己这样几个问题来明确养老目标：我们期望什么样的养老生活？想要达到这样的生活水平，成本大概需要多少？当前是否有慢性疾病，假若年老时因病导致医疗开支增高，该如何应对？会不会出现难以应对的情况？

我们可以将养老的目标分成主要目标和次要目标。主要目标就是要确保实现的，例如在开始养老后，保持生活水平整体稳定不变。次要目标则是需要努力才能够实现的，比如买一个海边的大房子，每天享受阳光、沙滩等。

明确养老的目标是为了估算出维持这样的生活水平大概需要多少资金。一般情况下，可以从日常生活开支（生活成本）、娱乐支出、购买目标支出等方面入手，把所有能想到的支出累加，估算出养老后大致的支出水平。

例如，我们可以将养老前的生活支出乘以一个固定比例，得出养老后大致的生活成本，再加上计划利用养老时间来做的一些事情，如每年一两次的旅行等预算支出，由此预估每年可能需要的养老开支。虽然预估的结果不一定完全准确，但我们可以通过制定的目标大致估算出养老后的支出情况。

二、了解养老三支柱

在明确养老目标、预估养老的支出以后，需要估算一下养老后的收入水平，那就需要了解退休后养老金的主要来源：养老三支柱。养老三支柱是指基本养老保险（第一支柱）、企业年金或职业年金（第二支柱）和个人自愿开展的各类养老储蓄（第三支柱）。

表 14.1 养老三支柱

项目	第一支柱：基本养老保险	第二支柱：补充养老保险	第三支柱：个人养老储蓄
具体内容	职工基本养老保险 城乡居民基本养老保险	企业/职业年金	个人储蓄/投资 商业养老保险/个人养老金等
保障目标	基础生活保障	基本生活品质	提升生活水平
缴费方式	强制缴纳/个人自愿	单位自主决定	个人自愿
税优政策	税前列支	税前列支	部分产品可延迟缴个税

养老第一支柱是由职工养老保险与城乡居民养老保险共同构成的公共养老金，由政府主导实施为退休人员提供基本的养老保障。养老第一支柱又被称为公共支柱，采用现收现付制，由同一时期的工作人口缴纳养老保费来支付给退休人口的养老金（第十一章中对基本养老保险有详细阐述）。

养老第二支柱是以企业年金（职业年金）构成的补充养老保险，由企业（机关事业单位）和个人共同缴纳。企业年金是指企业在职工参加职工基本养老保险的基础上建立的补充养老保险制度，政府会给予企业相应的税收优惠。职业年金与企业年金类似，是政府机关和事业单位在员工参加职工基本养老保险的基础上建立的补充养老保险制度。

养老第三支柱主要指个人养老储蓄，个人利用金融手段增加养老保障供给。这一部分是基于个人意愿和完全积累制的个人养老储蓄计划，按照个人意愿，自愿缴纳。国家通常会给予一定税收优惠，例如，购买税延型商业养老保险、参加个人养老金等。购买税延养老保险产品的投保人，可以在税前列支费，待退休后领取保险金时再缴纳个人所得税，投保税延型保险一年最高可抵扣 12 000 元纳税额度。个人养老金与之类似，参加人每年最高可缴纳个人养老金 12 000 元，也可以在税前列支，待退休取出时再缴税。

一般情况下，将养老金三支柱的收入相加后，可以基本估算出养老后每个月以及每年的收入。

拓展阅读 养老金替代率

养老金替代率是指养老金收入占退休前收入的百分比。例如，退休前平均薪资是 10 000 元，退休后拿到的养老金是 5 000 元，养老金替代率就是 50%。养老金替代率是衡量我们开始养老后生活水平差异的基本指标。国际上标准要

> 求养老金替代率不能低于55%。若是低于55%，生活水平就会严重下降。因此，在进行养老规划时，可将养老金替代率作为一个辅助参考指标。
>
> 有研究认为，第一支柱的养老金替代率其实仅为40%多。随着人口老龄化的趋势加大，基本养老金支付压力将进一步加大。也就是说，想通过依靠第一支柱来覆盖未来的养老支出，不具有可行性。建立第二支柱年金制度的企业比例很少。在2019年底，该比例不足1%，绝大多数的企业职工及退休人员没有企业年金。因此，对我们而言，未来的养老支出将更多依靠第三支柱个人养老储蓄。

三、计算养老金缺口

养老金总支出与养老金总收入的现值差额，就是养老金的缺口。计算这个缺口，可以更加清晰地了解需要补充多少资金才能达成自己的养老目标。

养老金缺口有两种计算方法，一种是忽略通货膨胀前提下简单的预估法。公式如下：

养老金缺口 =（预期寿命 – 开始养老年龄）×（年度养老支出 – 年度养老金收入）– 预估储蓄 　　　　　　　　　　　　　（14–1）

还有一种较为科学的计算方式，即考虑时间价值的前提下，将开始养老后历年的养老支出与养老金收入折现至开始养老的年龄，从而得出在养老时面临的养老金缺口。

此外，网络上有很多计算器可以帮助我们计算养老后每月可以获得多少养老金。例如建设银行养老金计算器、博时基金年金计算器等。

四、制定养老储蓄计划

计算出了养老金缺口后，就可以针对这个缺口制定养老储蓄计划。养老储蓄计划通常采取分期的方式进行，即多年多次进行储蓄或投资。

假设我们计算出的养老资金缺口为50万元，那么需要思考如何在退休时或者在退休之前通过储蓄或投资获得这50万元，以避免资金不足造成养老水平下降。如表14.2所示，在储蓄利率为2.75%的基础上，假设我们的当前年龄是30岁，那么每年需要储蓄1.09万元，才可在60岁退休时获得50万元的养老金。

以此类推，当前年龄为 40 岁，则每年需储蓄 1.91 万元；当前年龄为 50 岁，则每年需储蓄 4.41 万元。

表 14.2 养老储蓄示例

储蓄利率 2.75%，资金缺口 50 万元	
年龄	每年储蓄金额
30 岁	1.09 万元
40 岁	1.91 万元
50 岁	4.41 万元

养老储蓄规划开始得越早，养老压力就会越小。相应地，规划越早，越有助于实现自己的养老目标，过上体面的养老生活。

如果我们选择以较低风险的投资来进行养老规划，可以说投资越早，收益越大；投入金额越高，收益也越多。假设分别在 30 岁、40 岁、50 岁不同的年龄开始规划养老，那么在投资收益率分别为 3% 与 5% 的情况下，家庭每年储蓄 3 万元与每年储蓄 5 万元的结果如表 14.3 所示。

表 14.3 养老规划储蓄测算表

筹备初始年龄	退休金累积额度（假设 60 岁退休、忽略通货膨胀等因素）					
	每年储蓄 2 万元			每年储蓄 5 万元		
	年化收益率			年化收益率		
	4%	6%	8%	4%	6%	8%
20 岁	190.0 万元	309.5 万元	518.1 万元	475.1 万元	773.8 万元	1 295.3 万元
30 岁	112.2 万元	158.1 万元	226.6 万元	280.4 万元	395.3 万元	566.4 万元
40 岁	59.6 万元	73.6 万元	91.5 万元	148.9 万元	183.9 万元	228.8 万元
50 岁	24.0 万元	26.3 万元	29.0 万元	60.0 万元	65.9 万元	72.4 万元

第三节 如何做好养老规划

首先，要对养老储蓄有正确的认识。人们对于未来常常会缺少规划，认为早买早享受，宁愿消费一时爽，也不愿意为未知的将来多准备一点积蓄，尤其是在养老规划方面。年轻时总是尽情消费，忽略储蓄，但又期盼着年老后能有足够的养老金，支撑我们过上富足的生活。这样就会导致养老规划开始得太晚、投资又太少。在第一支柱和第二支柱养老金逐渐变得不足以支撑养老生活的现状下，个人增加第三支柱的养老储蓄十分有必要。

其次，要尽可能明确自己的养老目标。明确养老后想过怎样的生活（例如，满足基本生活保障，或是在此基础上每年定期度假、旅行等），能够更准确地评估自己大约需要储备多少资金，才足以支撑起我们所期待的养老生活。

再次，要尽早开始制定养老规划。在之前的内容中，我们对复利的概念已有所了解。资产增值的速率与时间成正比。养老规划开始得太晚就会造成我们的资产在短时间内难以享受到复利带来的好处。养老规划开始得越晚，退休养老时可以动用的资产就越少。在养老规划中，我们要选择长期投资，越早开始，收益越高。

最后，要平衡用来消费和养老的金额比例。养老规划的投入需要我们在消费与投资（储蓄）之间的平衡。如果年轻的时候在养老规划上投入得太少，那么就会导致资产的基数过小。那么即便投资期限比较长，也可能无法覆盖全部的养老金缺口。

第十五章

财富传承管理

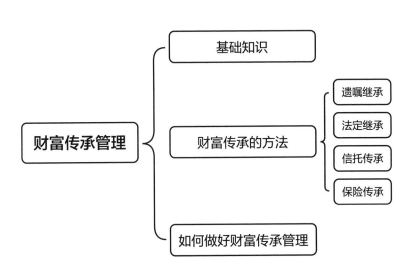

人生路漫漫，不论是身强力壮、年富力强的青壮年时期，还是英雄迟暮、美人白头的晚年时期，财富管理都是帮助人们更好过完这一生的重要工具，是不可忽视的重要内容。前面的章节中主要讨论了如何树立正确的投资观念，掌握一些必要的金融知识，尽早着手进行财务规划，并将家庭资产管理贯穿始终。除此之外，还需要了解如何将自己辛苦积攒起来的资产通过科学合理的方法传承给自己想给的人，从而让这些资产在百年之后还能为他们创造幸福。

　　财富传承也会在很大程度上影响一个家庭的金融幸福感。如果逝者的遗产能够持续创造价值，那么这些遗产的接受者就有了更为坚实的财富基石。在这一章中，我们将着重讨论财富传承管理的基础知识，包括财富如何传承、如何避免财富传承过程中的纠纷等。通过阅读这一章，相信各位读者会对财富传承管理的内容有一个更全面的认识。

第一节　基础知识

一、什么是财富传承

　　财富传承是指资产的持有人基于其意愿，或是出于降低债务、税务筹划，或变更财产所有权的目的，通过法律方法与金融工具等，将财富传承至指定继承人的一个过程。

　　简单来说，财富传承就是当人们年老时，通过合法合理的方式，将奋斗一生的成果，以最低的成本留给指定的人或者机构。这个人可以是与逝者有血缘关系的人，也可以是逝者认为值得接受遗产的其他人或者机构。

这里引入一个概念：遗产。遗产是人们故去后遗留的所有个人财产，以及其他可被继承的财产权益。它可以划分为积极遗产与消极遗产两大种类。积极遗产是指逝者在生前个人合法持有的财物与权益，而消极遗产是指逝者生前所欠下的个人债务。

遗产必须符合死亡时遗留、个人所有、合法持有三个特征。遗产包括逝者生前的存款、生活用品、家畜、房屋、宅基地上的树木、文物、图书资料、个人持有的生产资料（如汽车、厂房、机器设备等）、著作权、专利权中的财产权利以及金融资产等。

> **拓展阅读** **我国遗产税现状**
>
> 遗产税也被称为死亡税，指的是对死者遗留下来的财产收税。美国、日本等国家已经开始征收遗产税，但我国目前尚未开始征收。
>
> 遗产税一直是一个热点话题。早在1994年的新税制改革中，遗产税就被列为国家有可能征收的税种之一。后在1996年的《中华人民共和国国民经济和社会发展"九五"计划和2010年远景目标纲要》中也提出"逐步开征遗产和赠予税、利息所得税和社会保障税"。
>
> 目前遗产税在我国尚未落地，社会上对我国是否会征收遗产税存在较大的争议，但是它作为解决居民收入不平等问题的工具，未来很可能会征收。

二、为什么要进行财富传承

财富传承的根本在于为后代留下资产，而非给子孙留下无尽的麻烦。在人们的印象中，可能认为财富传承只需要一份遗嘱就可以实现，而现实往往事与愿违。

财富传承是一个复杂的过程。不同遗嘱的法律效应，不同亲属的继承关系等，都可以造成财富传承出现不同的结果。我们之所以要进行财富传承，是因为现如今个人财富累计速度加快，财产种类增多。合理的管理财富传承可以避免遗产分配纠纷，同时还能防止败家子挥霍家产。

随着经济的发展，人们的个人财富积累速度也在逐渐加快。在改革开放之前，人们的个人财富较少，种类单一，财富传承也相对简单。而现在，个人财富不仅数量增多，种类也变得越来越复杂。对于普通人而言，除了房产外，还有存款、股票、基金、债券、汽车、收藏品等财产。高净值家庭还会拥有名贵字画、古董等奇珍异宝。对于这些财产的传承，我们无疑需要提前规划与管理。

财富传承可以有效地帮助人们避免遗产分配纠纷。在我国，受传统文化影响，大多数人认为提前订立遗嘱是一种不吉利的事情，因而拒绝订立遗嘱。但是这样就导致一旦发生突发情况，不同的继承人之间可能会因为财产的分配问题发生纠纷。尤其是在非独生子女的家庭，财富传承更有可能引起不小的纠纷。如在多子女的大家庭里，界定到底哪个子女尽到了日常赡养老人的义务是很困难的。

三、为什么会有遗产纠纷

在我国香港与澳门地区，发生过多起豪门遗产纠纷案件。2020年澳门赌王何鸿燊去世，在其尚未去世前，他近700亿元的家产就引发了不小的争产风波，而这还是在何鸿燊已经安排完后事的前提下发生的。即使是在普通家庭中，也有不少因遗产发生纠纷的情况。例如老人离世，房产留给了保姆；哥哥姐姐照顾父母，房产却留给了小儿子……生活中涉及遗产纠纷的案件数不胜数。为了避免此类的纠纷产生，可以提前做好遗产规划，将财产分配给我们指定的继承人。

父母往往为子女操碎了心，即使积攒了一笔财富，但始终无法保证子女的未来发展。子女有可能事业有成，为上一辈的财富锦上添花；也有可能好逸恶劳，不仅没有创造财富，反而一步步蚕食上一辈留下来的财产。

为了杜绝此类情况的发生，我们可以采用合理的财富传承管理，以信托、保险等方案，帮助子孙后代有固定的收入。财富传承可以保证后代在生活、教育等方面稳步前行，免去败家子挥霍家产的担忧。

四、我国的财富传承现状

财富传承的需求历来有之。随着经济的发展，居民个人财富的不断积累，财富传承变得越来越重要。尤其是在高净值人群不断增多的情况下，财富传承极易造成家庭纠纷。要知道，财富传承传下去的不仅是财富，债务也同样可以传承。

依据招商银行与贝恩咨询联合发布的《中国私人财富报告2019》中的数据，2018年可投资资产超过1 000万以上的高净值人群已超过197万人，全国可投资资产规模约190万亿元。人们在不断积累财富的同时，对于财富的保障与传承也越发重视。

对于高净值人群来说，他们已经将财富传承由意愿变为行动。虽然我国不像许多国家一样征收高额遗产税，但依据该报告中的数据，约53%的高净值人群已经做出了相应的财富传承规划。

五、财富传承的流程

财富传承的具体流程可以划分为三步。第一，预估需要传承财富的价值；第二，确定财富传承的目标；第三，选择财富传承的方法。

财富传承的第一步，是知道自己有多少财富可以传承。一般的家庭通常以房产为主。除了房产外，存款、股票、基金、收藏品等，均可以算作财产进行传承。我们可以对所拥有的财产进行估值。

需要注意的是，要区分个人财产与家庭财产。一般情况下家庭拥有的财产属于夫妻双方，如果以个人的名义进行估值，那么只能评估属于自己的那一部分。

财富传承的第二步，是确定财富传承的具体目标，需要确定的是为什么要进行财富传承。有规划的财富传承最大的优点，就是可以依照每个人的意愿选择财富的继承人。一般情况下，在这个阶段需要确定三个问题：为什么要传承？传承给谁？传承多少？

财富传承的最后一步，就是选择合适的财富传承方法。在我国，普通家庭的财富传承方法主要是遗嘱继承与法定继承。遗嘱继承主要是依据已故之人的遗嘱进行财产分配，而法定继承则是在没有遗嘱的前提下，依据《中华人民共和国民法典》中的继承顺序对已故之人的财产进行分配。对于高净值家庭，财富传承方法还包括信托传承与第十二章《商业保险管理》提到的年金保险。

第二节　财富传承的方法

一、遗嘱继承

1. 什么是遗嘱继承

遗嘱是指人们在故去前,在法律允许的范围内,按照规定的方式对其遗产或其他事物做出安排的一份证明。简单来说,遗嘱就是人们在生前,对自己身故后的财产合法划分的一种处理方式。当先人归西后,其亲人会依据他在生前订立的遗嘱分配财产。要注意,并不是任何一张纸都可以作为遗嘱的。依据我国的法律规定,遗嘱继承需要满足逝者已经死亡,并且遗嘱是逝者生前合法订立的这两个条件。

2. 遗嘱继承有哪些形式

《中华人民共和国民法典》规定遗嘱的形式共有六种,分别是公证遗嘱、自书遗嘱、代书遗嘱、录音录像遗嘱、打印遗嘱以及口头遗嘱。其中代书遗嘱、录音录像遗嘱、打印遗嘱和口头遗嘱需要有两个以上的见证人在场见证。此外,口头遗嘱仅在不能以其他形式设立遗嘱的危急情况下才能使用。在危急情况消除后,如果设立人能以书面或者录音、录像的形式重新设立遗嘱,那么之前所立的口头遗嘱无效。

3. 什么情况下遗嘱有效

设立遗嘱是一种法律行为,其核心就是依照法律规定分配已故之人的财产与权益。所以想要遗嘱生效,设立人在设立遗嘱时必须具备行为能力,遗嘱必须是设立人的真实意愿,且遗嘱内容合理合法。如果遗嘱是在设立人无民事行为能力、受胁迫或欺诈的情况下设立的,则没有法律效应。同时,如果遗嘱是伪造的或者被篡改过的,同样不具备法律效应。

二、法定继承

1. 什么是法定继承

在《中华人民共和国民法典》中,法定继承是除遗嘱继承外的另一种继承制度。法定继承也可以被称为无遗嘱继承，是指当人们在没有遗嘱的前提下死亡后，依照《中华人民共和国民法典》中规定的继承顺序与遗产分配原则来继承财产的一种方法。

换言之，当已故之人没有遗嘱时，继承人依照法定顺序合法分配逝者财产的行为就是法定继承。也就是说，逝者不能以自己的意志决定谁应该继承哪些遗产，遗产会依据法定继承人的范围以及顺位进行分配。

当然，在我国遗嘱继承是优先于法定继承的，简单来说，如果已故之人对所拥有的财产立有遗嘱，且该遗嘱是合法有效的，则必须按照遗嘱继承。

2. 法定继承的顺序

法定继承人一般是依照血缘关系和婚姻关系作为参考。在《中华人民共和国民法典》中，继承人仅限于逝者的近亲。具体包括逝者的配偶、子女、父母、兄弟姐妹等血亲，以及祖父母、外祖父母，还包括尽主要赡养义务的丧偶儿媳，或对岳父、岳母尽主要赡养义务的丧偶女婿。

法定继承中的第一顺序为逝者的配偶、子女和父母，第二顺序为兄弟姐妹、祖父母和外祖父母。民法典规定当继承开始后，只有在没有第一继承人的前提下，第二继承人才能继承逝者的遗产。

就法定继承的比例而言，在法定继承中，如果为同一批次的继承人，继承财产的比例份额一般应该是相同的。但是如果继承人缺乏劳动能力又生活特别困难，或对逝者尽了主要赡养义务，或与逝者长期生活在一起，或有条件赡养逝者却未尽到义务……在这些特殊情况出现时，不同继承人之间的继承份额可以存在相应差别。

进一步来说，法定继承中还有代位继承与转继承这两种模式。其中，代位继承是指逝者的子女先于逝者死亡时，由逝者已逝子女的直系血亲代替继承逝者遗产的一种方法。例如，甲的爸爸早年间去世，甲的爷爷抚养甲长大。在爷爷去世后，甲与爷爷其他的子女（也就是甲的叔叔和姑姑）拥有同样的继承权，因为甲是逝者（爷爷）已逝子女的直系血亲。简单来说，如果甲的爸爸先于爷爷去世，那么在爷爷去世后，甲有权利继承爷爷的遗产，这就是代位继承。

转继承也可以称为连续继承，是指继承人在被继承人死亡后，在实际接受遗产前去世，那他未继承的遗产将被其法定继承人继承。我们用上文的例子继续说明。如果爷爷先去世了，在分配爷爷遗产的过程中甲的爸爸也去世了，那么甲有权利继承遗产，这个过程就是转继承。

由此可以看出，在法定继承的过程中，继承关系是十分复杂的。尤其是发生了类似于继承人法定关系不清楚、第一顺序继承人突发意外去世，或者财产的产权纠缠不清等问题，就会导致遗产的分配变得复杂。

三、信托传承

1. 什么是信托传承

信托传承也是财富传承的工具之一，以家族信托为主要传承方法。家族信托对人们来说可能是一个相对新的概念，但其实最早可以追溯到古罗马时期，当时的罗马人就已经开始通过受信任的第三方来对其遗产进行管理，从而达到财富传承的目的。

现代的家族信托是指委托人在签订信托合同之后将其财产所有权委托给受托人，让受托人进行管理，由受益人获得收益的一种方式。

家族信托是信托中的一种，如图 15.1 所示，委托人是家庭财富的原始持有者，通常为自然人；受托人是家庭财富的管理者，承担掌握、管理与处置家庭财富的责任，受托人需要以受益人利益为前提来管理家庭财富，并履行信托合同中的相关义务；受益人在家庭信托中一般为家庭中的成员，可以依据委托人的意愿获得相应的信托收益。

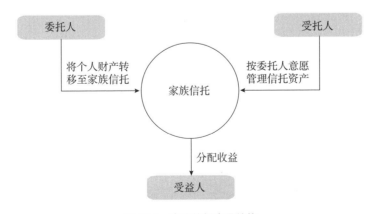

图 15.1　家族信托产品结构

2.我国信托传承的现状

改革开放后我国第一个家族信托成立于2012年,是由平安信托作为受托人,委托管理5 000万元资产,合同期限为50年的单一资金信托计划。2016年,我国以商业银行和信托公司为主的家族信托规模约为440亿元,有21家信托机构与14家商业银行可以合法开展家族信托业务。招商银行发布的《2020年中国家族信托报告》显示,2020年我国有意向进行家族信托的人群所拥有的家族信托资产规模大致为7.5万亿元,预计到2021年底,该规模可扩大至10万亿元。

3.信托传承的优势

家族信托主要面向于高净值人群。它在财富传承中具有传承灵活、财产隔离、信息保密三大优势。

传承灵活是家族信托的一大特色。财富传承是一项复杂的过程,但是通过家族信托进行财富传承,可以依据个人的实际需求定制不同的条款。例如受益人是谁、达到什么条件才能分配收益以及如何分配收益等。

此外,家族信托可以在财富传承的过程中起到防火墙的作用,即财产隔离。当家族信托成立时,财产的所有权会从委托人那里剥离,并转移至受托人处。在这样的情况下,即使受托人未来破产,信托财产也不需要算入破产财产进行清算,其债权人不能对信托名下的财产提出任何法律意义上的偿债要求。

最后,设立家族信托具有信息保密的作用。除特殊情况外,所有信托名下的财产均会以受托人的名义进行运作,受托人有为委托人保密的义务。

案例　平安信托家族信托

2012年,平安信托设立了国内首单家族信托,并于2015年注册了国内首个家族信托品牌鸿承世家。该品牌旗下包括鸿福、鸿睿、鸿晟、鸿图四种信托产品,这里简单介绍这四类信托产品。

鸿福系列为门槛100万元的保险金信托,兼具保险的保障功能和信托的财富传承、隔离和财产管理功能;鸿睿系列为门槛1 000万元的标准型家族信托,可接受客户提供现金、保单相关权利、金融产品等多种委托资产类别;鸿晟系列为定制型家族信托,该系列产品门槛为1 000万元,在为客户提供多元化委托资产类别的基础上,可充分按照客户意愿,设置专享的传承方案与投资方案;

鸿图系列为门槛 5 000 万元的尊享型家族信托，支持股权、房产、艺术品等多资产类别装入，可实现委托人个人及家族企业财富代代相传的目标。

以鸿晟系列——定制型家族信托产品为例，该产品起投门槛为 1 000 万元人民币以上，可以遵循委托人的意愿进行个性化资产配置，可将信托资产投资于债权、股票、PE 股权、大宗商品、海外资产。

图 15.2　鸿晟系列定制型家族信托

资料来源：中国平安官网。

该信托产品的特点有：(1) 信托资产可以是现金、保险金请求权、金融产品份额等多类别资产；(2) 每位受益人可以在多种传承方案中选择自由组合，该产品支持大部分传承目标；(3) 委托人可以选择 8 位受益人，可多代传承，也支持传给未出世的后代；(4) 为满足委托人的公益需求，该产品还可以设置为公益基金会或慈善信托，受益人可以是在民政部门登记的慈善组织。

案例　著名歌手家族信托

某著名女歌手因病早逝，在生命的最后一个月为家人设立了家族信托，将巨额房产、现金等资产委托给了某国际信托公司管理。根据信托合同规定，该信托公司每个月会支付上万元生活费给其母亲，在其母亲逝世后，信托中所有资产扣除其他费用后将全部捐给某公益组织。

该歌手之所以在逝世前将其遗产通过信托公司设立家族信托，而不是交给其母亲打理，是因为她的母亲有赌博的不良习惯，如果将遗产直接留给她，可能会被迅速挥霍，那么其母亲的晚年生活将失去保障。通过设立家族信托，可以将所有的遗产交由信托公司管理，信托公司每个月按照合同规定将生活费支

> 付给其母亲直至逝世,这样就可以安度晚年了。因此,设立家族信托不仅可以按照委托人的意愿对家庭财产进行管理,同时可以科学有效地进行财富传承,避免遗产被受益人挥霍殆尽。

四、保险传承

1. 什么是保险传承

保险传承是指成年人为自己的子女购买年金保险,可以选择一次性总付或分期(如按年或按月)购买保险,保险公司在若干年之后,按期向受益人给付保险金。也就是说,即使投保人在合同约定的给付期限内死亡,受益人也可以继续领取养老金直至年限期满。

人们可以通过购买年金保险来规划他们的财富传承,购买年金保险进行财富传承主要具有以下三个优势。

首先,防止子女挥霍。由于年金保险可以分期给付保险金,因此能在一定程度上避免子女拿到大额财产后,迅速挥霍一空的局面。

其次,避免财产外流。随着离婚率的攀升,很多高净值人士会担心,传承给子女的财产会因为离婚而被子女的配偶分割,导致财产外流。年金保险就可以很好地避免这种情况。

根据法律规定,只有在婚姻关系存续期间的收入,才属于夫妻共同财产,离婚时需要分割。如果子女离婚,那么在婚姻存续期间获取的保险金,属于夫妻共同财产;在离婚之后获取的保险金,属于个人所有。而年金保险可以分期给付保险金,这样一来,被分割的最多只是已领取的保险金,未领取的保险金并不算作共同财产。

最后,年金保险的赔付均为现金,这样就避免了被保险人去世时变卖各类财产可能出现的折现损失问题。尤其是对于不动产占比较高或有较多收藏品的家庭,对这些财产的变卖往往会导致较大的损失,但年金保险可以有效地避免这个问题。

2. 什么是年金保险的定向传承

不管是对于高净值客户还是普通人,年金保险都是相对来说既有效又方便的财富传承工具。以一个为儿女购买年金保险进行财富传承的故事为例,张先生是食品公司董事长，个人财产几千万元，他希望将来能将自己的财富留给膝下的一儿一女。然而，其子女有花钱大手大脚、铺张浪费的习惯，所以张先生选择了为两个孩子投保年金保险。按照合同约定，张先生的子女在 40 岁以后，每月可以收到保险公司给付的保险金。

假设张先生的女儿在 43 岁那年与丈夫离婚。因为张先生是通过年金保险来进行财富传承的，其女儿 43 岁以后未领取的保险金就不会作为共同财产被分割，年金保险也因此有效的起到了避免财富外流的作用。

案例　弘康人寿年金保险

这里以弘康人寿的金禧世家年金保险产品为例（如图 15.3），给大家分析一下如何通过购买年金保险进行财富传承。

这款保险产品一共有三个版本，分别是单人版、夫妻版和子女版，这里单独介绍子女版。它主要由生存年金、身故保障和可选全残关爱金组成，投保人不得超过 60 岁，可以按照个人的预算情况选择趸交或者分 5/10/15/20 年交费。

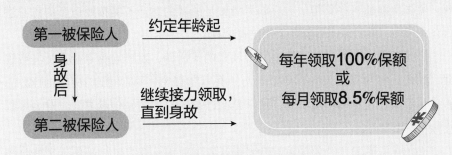

图 15.3　弘康人寿金禧世家年金保险

资料来源：慧择保险官网。

该保险产品亮点有以下两点。

（1）缴费领取灵活。领取期限和领取方式可以自由选择，起领时间可以选择在 55 岁、60 岁或者保单第 5/10/15 年，同时可以选择每年领 100% 的保额，或者每月领 8.5% 保额，根据被保险人情况而定；

（2）可以接力领取年金。该保险产品可以有两个被保险人，当第一被保险人身故后，第二被保险人还可以继续接力领取年金，直至其身故。

第三节　如何做好财富传承管理

一、不同传承方法的优劣势

遗嘱继承、法定继承、信托传承、保险传承四种方法各具备不同的优劣势。

遗嘱继承的优势在于大众接受程度较高，传承方式也较为简单明了。但遗嘱的劣势在于手续较为烦琐，遗嘱公证的程序较为复杂，更耗费时间和精力，并且未来有被征收遗产税的可能。一旦我国的遗产税开始征收，继承人能继承的财富有可能大打折扣。

法定继承的优势在于如果逝者没有立遗嘱，那么财产将按照法定继承顺序来继承，它是遗嘱继承的补充。另外，逝者可以不用在逝世对遗产进行主动规划，免去生前的一些负担。对应的劣势就是逝者的财产不能按照逝者的意愿进行自主分配，并且未来可能需要缴纳遗产税。

信托传承的优势是财产继承具有较大的灵活性，财产均由专业人员进行管理，受托人将对委托人的财产数量与种类进行保密，财产可以被有效地隔离。劣势在于信托传承的门槛较高，通常是高净值人群的财富传承方式，对大多数普通人并不友好。

在保险传承中，年金保险的给付方式较为简单，并且可以避免未来征收遗产税的风险。年金保险通常对于年龄较大、不能购买人身保险的人群较为友善。缺点是年金保险的保费相对较高，同时，财富传承的时间跨度一旦过长，受通货膨胀的影响，年金保险的保额可能会有贬值的风险。

二、财富传承管理的原则

财富传承并不是一项简单的工作。由于财富传承的过程中牵扯的财产数额较大、时间跨度较长、人物关系复杂、法律规章繁多等，导致财富传承的整个过程十分的复杂。因此，在财富传承管理的过程中注意以下几点，可以让子孙后代最大限度地继承家业。

第一,了解财富传承的各项方法。了解财富传承方法的优劣势,选择最合适的财富传承方法。由于财富传承涉及领域较多,且每个人的家庭情况又各不相同,所以在选择财富传承方法时,如有疑问,需要及时询问相关专业人士的意见,避免未来引起财产纠纷。例如财富传承中遗嘱继承的问题可以向律师咨询。

第二,财富传承管理要尽早。人们应该对财富传承予以重视,成年后就要开始考虑自身的财富传承规划。年迈时,各种疾病可能随之而来。在这种情况下,是否能做到理性思考还尚未可知,无法在合理的条件下完成财富传承的目的。

第三,对财富传承的规划定期更新。无论任何的财富传承方式都无法做到一劳永逸,我们的家庭状况与财富状况均会随着时间而改变。因此在进行财富传承时,需要每经过一段时间便依据现实情况的变化对财富传承的规划进行更改。例如每隔几年就对遗嘱进行审阅与修订,或依据现实的情况及时变更信托或者保险的受益人等。

第十六章

通往金融幸福之路

```
通往金融幸福之路
├── 书中自有黄金屋——学好金融知识
├── 似是而非，事与愿违——防范心理陷阱
├── 事预则立，不预则废——做好理财规划
├── 钱包有限，欲望无限——做到理性消费
├── 鸡蛋不要放在一个篮子里——做好资产分散化
├── 量入为出，量力而行——贷款要谨慎
├── 居安思危，未雨绸缪——配备必要保险
├── 高飞之鸟，亡于贪食——防范金融诈骗
├── 持之以恒，方得始终——执行理财规划
└── 与其坐而论道，莫如起而行之——理财行动起来
```

本书第一章为大家解释了什么是金融幸福。金融幸福是一种状态。在这种状态下,我们可以履行当下及未来持续的金融义务,例如支付日常开支、应对意外支出等,从长期看是可以保持良好的财务状况,并拥有追求高品质生活的权利。这就对我们的金融能力提出了要求,例如是否掌握了足够的金融知识,是否拥有了一定的金融技能,是否采取了合理的金融行为,等等。

本书的第三章到第十五章,分别从财务规划、资产管理、负债管理、风险管理、养老与传承五大篇章,介绍了有关家庭金融的方方面面,致力于加强我们对金融知识的理解、提高金融技能、改善金融行为,最终实现金融幸福。

本章基于前文内容,为读者提炼了通向金融幸福之路的十大核心原则。理解并坚持做到这十大原则,可以帮助我们改善金融状态,获得更高的金融幸福感。

一、书中自有黄金屋——学好金融知识

本书所有章节都在普及个人需要了解的基本金融知识。这些内容让我们明白人的一生很长,为未来做好规划十分必要;认识到自己的金融需求,避免冲动购买了不需要的产品;理性投资,明白收益与风险的匹配;让我们警惕各种虚假信息,知道这背后可能隐藏着金融欺诈。书中自有黄金屋——学好金融知识,是金融幸福的基础。

现在处于信息爆炸的时代,通过学好金融知识,提升辨别信息好与坏的能力,进而提高做出金融决策的能力是十分必要的。信息传播渠道如此之多,我们想要获得金融信息、理财建议并不难,难的是区分哪些建议是正确的、哪些建议是适合自己的,如何做出金融决策,以及如何具体执行。

因此，要树立正确的态度，积极认真地学习和掌握金融基本常识、基本概念。再将学到的金融知识运用于生活实践之中，通过多次实践，熟练运用。

例如，某金融营销人员在向我们推荐金融产品时，虽然明知我们是风险厌恶者，更合适的产品是较低风险的债券型基金，但是营销人员会从自己收入最大化出发为我们推荐较高风险的股票型基金。如果我们缺乏对金融产品风险的了解，很有可能被诱导购买。如果懂一些金融知识，可以判断他们在推荐产品时，有没有夸张描述，是不是在推荐不适合我们的产品。在判断清楚之余，最终能够做出符合自身利益的决策，拒绝不适合我们的产品，购买符合需求的产品。

二、似是而非，事与愿违——防范心理陷阱

我们都希望自己每次的投资决策都是正确的。但实际上，很多错误的想法已经深深地印在了我们的脑海里。在本书的第二章中，我们不仅学习了一些基本的金融知识，还了解了一些背离金融幸福的心理陷阱。基于各类心理陷阱的影响，我们很容易不知不觉地做出错误的判断，而错误的行为和想法会极大地影响我们的理财决策。防范心理陷阱是帮助我们提升金融幸福的重要秘诀。

当然，每个人的个性不同，有的人把钱看得很重要，有的人却视金钱如粪土。对于消费和储蓄的不同态度直观地影响了我们的金融幸福。我们也不可能完全防范心理陷阱，次次都能够冷静理智地做决策。

为了防范心理陷阱的影响，我们可以遵循以下两点：一是如果我们已经认识到自己受到某类心理陷阱的影响，那么可以总结经验教训，争取不再犯类似的错误；二是如果我们了解自己的性格，在制定理财规划、做出理财决策时就可以有意识地规避个性带来的影响。在了解了各类心理陷阱的基础上，才可以更好地规避心理陷阱。

三、事预则立，不预则废——做好理财规划

每个月出信用卡账单的时候，我们会不会产生这样的疑问：我怎么花了这么多？钱都花到哪里去了？查看了账单明细才恍然大悟，原来自己忘记了这么

多开支项。在本书的第三章,我们认识了家庭资产负债表、收支分析表以及理财规划表。通过这些报表,可以制定自己或家庭的理财规划。事预则立,不预则废——提前做好理财规划,是提升金融幸福的重要纲领。

如果对自己有多少钱一无所知,那么就谈不上管理资产;如果不知道自己每个月花了多少钱,那么也不知道该怎样储蓄、从哪些方面可以开源节流。我们先要了解自己的资产与负债,清楚自己每个月的收支情况,才能进行理财规划。然而,在理清自己的财务状况后,如果依旧毫无计划地花钱,那么仍然累积不到财富,更谈不上实现长远的财务目标。预先为自己的资产做出规划,并按照自己的收入计划支出,会使自己及家庭的资产越来越多,财务状况越来越好。

想要做好理财规划,要遵循以下两点。第一,不能只着眼于当下。从短期来看,只要满足日常的开支,或在开支后小有余钱,就已经体现了短期内金融幸福。但是,金融幸福并不只是一个短期内的感受。如果我们只过今天不想明天,将所有的收入挥霍一空,那么长期财务目标就无法实现,未来更高品质的生活也将化为泡影。第二,我们要为退休后的生活提前打算。从经济角度来说,通常退休后的收入会出现大幅下降,同时,患病、发生意外的风险大幅上升。为了安享晚年生活,我们也应该为自己理清财产状况,提前做好理财规划。

四、钱包有限,欲望无限——做到理性消费

理性消费在本书之中,虽然没有单独详细地介绍,但它其实影响着金融幸福的多个方面。消费行为、消费习惯会直接影响我们的储蓄、贷款、投资。消费多,储蓄就少,用于投资的财富也会减少。如果无法控制自己的购物冲动,出现超过收入的消费,贷款会增加,严重时会直接导致财务崩溃。钱包有限,欲望无限——做到理性消费,是执行制定的财务规划、维持财务的良好状况、持续获得金融幸福的重要力量。

理性消费是指我们花的每一分钱都应最大可能地物尽其用,包括生活中的每一笔日常开支,从下午的一杯奶茶、每天的两包烟,到大件商品、汽车等支出。

我们通过不断努力工作获得收入,目的是为了提高生活质量,而不是将辛苦赚到的钱白白浪费掉。做到理性消费的第一步是区分欲望与需求,要学会辨

别我们购买的是不是生活中真正需要的。例如，年收入10万元的人去购买一块标价30万元的手表，月薪2 000元却要办5 000元的健身卡，这都是不太理性的消费，不是真正的需求。第二步，确定购买的产品是否符合我们制定的理财规划，不要因为冲动购买导致家庭财务状况变得紧张。买车代步是正常生活需求，但是如果家里刚装修完新房，资金上并不宽裕，就没有必要在此时购置新车。第三步，做好功课，确定我们要买的产品与预期的品质相符，货比三家，以更优的价格购买产品。

五、鸡蛋不要放在一个篮子里——做好资产分散化

做好资产管理是避免已积累财富出现损失、抵抗通货膨胀、使资产保值增值的重要手段。资产分散化是做资产管理时需遵循的金律之一，也是获得金融幸福的关键一环。本书在第二章中普及了什么是资产分散化，在第五至第八章中普及了资产管理的基本概念、资产管理的原则和方法。

2001年轰动全球的安然破产事件，对于偏好单一化资产投资的投资者来说是一次血的教训。2000年8月安然的股价高达90多美元，但因财务造假，公司的股票在1年后跌到了每股0.26美元。投资者损失惨重，对安然的职工更是雪上加霜，因为大量安然职工参与的退休养老计划也购入了安然的股票。也就是说，安然的职工因公司破产没有了工资收入，又因公司股票大跌，未来的养老金也化为乌有。安然的职工损失了数以亿计的养老金和股票，虽然他们提起了诉讼，但只能挽回很小一部分损失。

如何做到资产分散化？第一，不要把所有鸡蛋放在一个篮子里，认识到家庭资产过于集中在单一资产上的风险极高。第二，不要配置或者投资相关性过高的产品，相关性过高会导致一损俱损的局面。第三，可以参考第五章的资产管理原则和资产管理办法，该章中的配置策略都执行了资产分散化的原则。

六、量入为出，量力而行——贷款要谨慎

在第十章，我们认识了贷款的构成要素和不同的贷款类型，同时我们也知道了保持良好的财务状况是拥有金融幸福的核心要素之一。因此，量入为出，

量力而行——贷款要谨慎，控制好个人的债务规模，是获得金融幸福的助推器。

贷款要谨慎，指的是我们对待贷款的态度要谨慎，不是不能贷款，而是当贷款能够提高我们的金融幸福时才去贷款。例如，在购置刚需房产时、在没有能力支付学费时，都可以通过贷款实现生活的改善。生活中，有时候会有贷款利率低于储蓄利率的情况，例如某4S店提供贷款利率仅为1%，而货币基金产品的利率为2.5%，这时候当然选择贷款购车，将手中现金投入货币基金产品。收益大于成本，贷款就是合适的选择。

我们要养成量入为出的生活习惯，而不是没有休止负债。《三联生活周刊》2020年第50期刊登了一篇《那些身陷消费贷的年轻人》，4位年轻人为了过上"令人向往的生活"借贷消费，以贷养贷，深陷负债的泥潭。而这泥潭更像沼泽地，一旦陷入，就可能越陷越深。一旦养成了负债消费的习惯，会导致债务不断地累积，而个人财务状况陷入危机只是时间早晚的问题。

互联网信息技术的发展，使贷款的可得性越来越高，一定程度上会放大人们的欲望。我们需要做的就是认真考虑以下两个问题：贷款购买的这件物品是我们真正需要的吗？符合我们的理财规划吗？答案如果是否定的，那么就到此为止。如果答案是肯定的，再考虑贷款。

七、居安思危，未雨绸缪——配备必要保险

在第十一章和第十二章里，我们认识了各种类型的保险。保生命的人寿保险、保健康的商业医疗保险、保意外的意外险、保汽车的汽车保险、保家庭财产的财产保险……不同类型的保险覆盖了生活中的方方面面。针对可能出现的、无法负担的风险，我们应该配备必要的保险。想要获得金融幸福，保险是一件不可或缺的重要工具。

在学习了各个章节之后，我们对于金融幸福的概念也有了更深的认识。在金融幸福的四个方面里，对于保持长期稳定的经济状况、不必担心短期的意外开支两个方面，保险可以发挥重要作用。"花小钱保大钱"，保险的核心意义是为家庭分摊风险。然而，市场上令人眼花缭乱的保险产品与各种销售话术，使消费者难以辨别自己真正的需求。我们"想买的"与我们"买到的"保险常常存在差异。

在购买保险时需要理清自己真正的需求，遵循以下几点原则。首先，购买的保险要覆盖自己无法承担的风险。其次，一定要及时、按时地缴纳社保。断缴社保对于医保报销、大城市买房等都会产生重大影响。最后，对于理财型保险要谨慎。许多理财型保险违背了我们购买保险的初衷——覆盖我们不愿承受、可能遭遇的风险。在购买保险时，要慎重选择自己真正需要的保险产品。

八、高飞之鸟，亡于贪食——防范金融诈骗

在第十三章中，我们已经了解了各类诈骗以及个人金融信息保护的相关信息，也了解到关于反金融诈骗的各种方式。可以说，反诈骗与个人金融信息保护是一脉相承的关系，保护好我们的金融信息也有利于防范金融诈骗。

金融诈骗在生活中无处不在。如果上当受骗，轻则损失生活费，情节严重的甚至可以让人倾家荡产，会对我们的生活产生巨大的影响。高飞之鸟，亡于贪食——在生活中切忌贪图便宜，因小失大，且需要提高警惕心理，防范各类金融诈骗。防范金融诈骗，是我们获得金融幸福需要严防死守的底线。

为防范金融诈骗，我们应做到以下几点。首先，放弃任何贪小便宜或一夜暴富的想法，切忌因小失大，当心"捡了芝麻，丢了西瓜"。其次，要提升防范心理，不要轻信各类不明来源的电话短信、网页链接，不要向陌生人汇款，对于陌生来源的信息做到不看、不信。最后，要注意个人信息保护，不要轻易泄露自己的电话、邮箱、银行卡、密码、工作地点等私人信息，防止不怀好意的人借此进行诈骗。

九、持之以恒，方得始终——执行理财规划

在学习了基本的金融知识、制作了属于自己的理财计划、了解了各项金融产品以后，我们需要贯彻、执行自己的理财计划。但是，这并不是一件轻松的事。一日坚持理财计划很简单，但日复一日地坚持理财计划并不容易。持之以恒，方得始终——坚持贯彻理财规划，是我们为了不断提升金融幸福，必不可少的执行原则。

通过对货币时间价值的学习，我们意识到，钱是可以赚取利息的。例如，

今天的 100 元比一年以后的 100 元更有价值。如果现在 30 岁，计划到 60 岁退休，从现在开始每个月储蓄 500 元，那么以 5% 的年收益率来算，60 岁退休时我们将会得到约 40 万元的存款。然而，如果从 40 岁开始每个月存储 500 元，同样以 5% 的年收益率来计算，60 岁退休时只能得到 20 万元左右的存款。同理，趁早开始执行理财计划，尽早开始储蓄，可以更快地实现我们的理财目标。

在每个月收到工资以后，我们是先把工资存一部分、花剩余的，还是直接花一部分、到月末再存剩下的呢？两种不同的方式会导致完全不同的结果。通常来说，如果想有计划地执行理财计划，最好的方式是在每个月收到工资时，先将本月需要储蓄的金额存下来，剩余的才作为本月的花销。这种方式会使我们的储蓄效率大大提高。不积跬步，无以至千里，只有坚持不懈地储蓄，才能实现我们设立的长期财务目标，才能获得更为长久的金融幸福。

十、与其坐而论道，莫如起而行之——理财行动起来

俗话说，最短的距离是从手到嘴，而最长的距离是从说到做。可想而知，从承诺到付诸实践也许是提升金融幸福最艰难的一步。虽然我们愿意获取新的知识，愿意改善目前的财务状况，但是如果迟迟没有行动，最终也不会改变我们的金融幸福程度。与其坐而论道，莫如起而行之——理财行动起来，是获得金融幸福的根源。

上述的 10 条原则，都是提升金融幸福感的重要途径，但它们都依赖于我们行动的开始。虽然拖延是大多数人的天性，很多事情不临近截止日期，都不会开始行动，但是我们需要督促自己，克服天性，向制定的理财目标前进。一旦开始了第一步，接下来的事情就会变得简单。

如何开始第一步？

对于没有储蓄的人，从养成储蓄习惯开始。对于现有"储蓄＝收入－支出"的人，纠正这个储蓄等式。选择使用"支出＝收入－储蓄"，即从收入中预留一部分，先储蓄，再消费。

对于已经养成良好储蓄习惯的人，检查专属的三张表（理财规划表、资产负债表、收支分析表）是不是已经制定好。如果没有，动起来！去清晰地了解

我们的财务状况。

如果已经有三张表了，那说明我们对自己的财务状况已经有了明确的规划和切实的行动。接下来，我们需要的就是设定不同阶段的理财目标，并开始为之努力。实现金融幸福，并没有想象的那么难！

声　明

本书的数据来源于官方发布、市场研究等，所含的市场信息、分析和结论均建立在上述数据的基础上。本书只供参考，并非提供全面资讯或取代任何专业意见，所含的信息和分析不包含任何类型的建议，不能用于判断、组建投资意图。作者已力求准确，但不保证本书中没有遗漏或错误。作者不必为任何因为使用或信任本报告中所含的信息和分析所造成的后果承担任何责任。

关于作者

廖　理
清华大学五道口金融学院讲席教授、博士生导师、教育部长江学者特聘教授。

张伟强
清华大学五道口金融学院副研究员、阳光互联网金融创新研究中心主任。